学校管理“非常道”

无痕管理的场域建设

陈兴杰 著

XUEXIAO GUANLI FEICHANG DAO
WU HEN GUANLI DE CHANGYU JIANSHE

江蘇鳳凰教育出版社
Phoenix Education Publishing, Ltd

图书在版编目（CIP）数据

学校管理"非常道"：无痕管理的场域建设 / 陈兴杰著．—南京：江苏凤凰教育出版社，2019.5

ISBN 978-7-5499-8065-9

Ⅰ．①学… Ⅱ．①陈… Ⅲ．①学校管理－研究 Ⅳ．①G47

中国版本图书馆CIP数据核字（2019）第097865号

书　　名 学校管理"非常道"——无痕管理的场域建设
著　　者 陈兴杰
责任编辑 雷利军　任占弟
出版发行 江苏凤凰教育出版社（南京市湖南路1号A楼　邮编210009）
苏教网址 http://www.1088.com.cn
照　　排 北京晨罡文化发展有限公司
印　　刷 三河市九洲财鑫印刷有限公司
厂　　址 河北省三河市灵山大口
开　　本 787毫米×1092毫米　1/16
印　　张 17.5
字　　数 259千字
版　　次 2019年8月第1版 2019年8月第1次印刷
书　　号 ISBN 978-7-5499-8065-9
定　　价 45.00元
网店地址 http://jsfhjy.taobao.com
邮购电话 025-85406265，85400774　短信 02585420909
E－mail jsep@vip.163.com
盗版举报 025-83658579

序　1

学者型校长的可能与可为

2018 年 9 月 12 日下午，北京师范大学教育部小学校长培训中心第十一期全国小学优秀校长高级研究班见面会上，我和陈兴杰校长认识并建立了合作研究的关系[①]。在见面会上，她介绍自己正在撰写《学校管理“非常道”：无痕管理的场域建设》这本著作。她的介绍当场就引起了其他校长的“艳羡”。会后面谈过程中，她邀请我为她的这本著作写序言。坦言之，我想拒绝，因为我从来没有做过这样的事。但是基于本页脚注中所说的“合作研究”关系，我也只能“欣然”接受邀请，否则就背离了我所说的“‘理论’与‘实践’彼此互相努力、互相靠拢、互相接近、互相倾听、互相行动，才有可能达到彼此都希望达到的状态”的理念。

2019 年的寒假，我收到了陈校长发来的书稿电子版，在断断续续的阅读中，一个概念、一种形象、一个立体的角色——学者型校长在我脑海中不断地盘旋。学者型校长“要具有很强的研究问题意识、科学收集资料和分析资料的方法以及理论视角”（朱志勇、崔雪娟，2013）。

她在“主持”一所薄弱学校的开始，就发现学校存在很多不良的现象

① 对于这样的“见面会”，制度性规定或传统性命名为“导师见面会”。面对每期各省遴选参与该项目的一线优秀校长，我不知道作为大学学者的同仁们有何感想。我本人排斥“导师”这个概念，因为在理论与实践两个层面，我缺少的，这些优秀校长肯定不缺；优秀校长缺少的，我也不一定有。因此，我本人倾向于使用“合作研究者”来指涉我和这些优秀校长在这个项目中的角色，我们之间合法而又合理的更趋合情的关系便是“合作研究”。基于平等的“合作”，“理论”与“实践”彼此互相努力、互相靠拢、互相接近、互相倾听、互相行动，才有可能达到彼此都希望达到的状态。

与问题——没有足够的资金保障、教师和领导彼此敌对、教师上访、信任危机、考核失效、教师专业发展困难、学校文化建设待兴、学生素质培养理念与方法陈旧、管理团队建设传统、家校关系发展艰难，等等。在此基础上，陈校长提炼出以下研究问题：教师们心目中的校长是什么样子？作为校长，我做成了什么样子？学校中的人际关系是一种什么样态？学校利益相关者所持有的人际关系模式是怎样的？无痕管理模式对这所薄弱学校产生了什么影响？无痕管理模式在已有的实践中构建了什么样的教师观、学生观、课堂观、知识观、学校观、家校关系观、社区观、教育观？这些研究问题一直贯穿于这部著作的字里行间，只是表述方式有差异。

面对这些研究问题，陈校长采取了“双管齐下”的方式。一种方式是探寻、实践、确定自己的理论视角。“任何一位学者或研究者不可能不持有一种理论视角来分析和解释自己观察到的现象、收集到的资料或证据”（朱志勇，2013）。无痕教育和无痕管理是一种理论，陈校长对这个理论采取了“拿来”和“本土再建构”的策略，使之更加具有解释力和实践指引力。难能可贵的是，陈校长基于自己的实践经验对无痕管理理论依托的基础理论进行了追问：无痕管理是在什么情境中实践的？经过大量的阅读和实践、个人的思考和追问，她找到了电磁场理论、欲望场理论、场域理论，这些理论更加坚固地支撑了她在学校管理中实践的无痕管理理论，进而使其本土化为她自己的学校管理理论：“信”的力量中无痕管理的“关系场”、“学”的力量中无痕管理的“动力场”，以及“文”的力量中无痕管理的“能量场”。

“双管齐下”的另一种方式就是为了避免个人的偏见，陈校长采用多元的资料收集方法，收集教育行政部门管理者、学校管理团队成员、教师、学生、家长等不同角色对于学校管理的不同想法。陈校长采用的方法有访谈法、观察法、实物收集法，这种循证研究（evidence-based research）最大限度地降低了个人经验的狭隘性、片面性、独断性，进而使得陈校长能够基于学校日常生活来构建“学校场域中无痕管理的模式”，能够科学地研判这种管理模式产生的影响，能够在学校未来发展中对这种模式的实践作出科学的决策——微调，整改，深改，等等。

以上三个层面使得学者型校长成为可能！学者型校长的重要可为之处在于“自我革命”（朱志勇、阮琳燕，2018；吴康宁，2014）。这本著作中处处可见陈校长不断的自我研究、自我反思、自我批判，进而不断地革新教学、教育、管理理念，并付诸实践。“自我革命”不仅是一种精神，更是一种实践行动，其旨趣在于解放自我，影响他人。

学者型校长的可为之处还有很多，这需要像我一样的读者们细细品读这本著作。

朱志勇

2019年4月7日于北京

[朱志勇，博士，北京师范大学教育管理学院教授，博士研究生指导教师。研究兴趣有学校教育与社区（会）发展、学校领导与管理、教师教育、族群教育、高等教育、质性研究。]

序 2

无痕之道“非常道”

2019年新年伊始，陈兴杰校长把她的《学校管理“非常道”——无痕管理的场域建设》书稿传给了我。虽然期末工作比较繁忙，我还是利用五个晚上看完了整本书稿。尽管我了解陈兴杰校长，因为她曾是我们辽宁教育行政学院专家型校长培训对象班的学员，还是辽宁省专家型校长工作室主持人、辽宁省专家型校长、辽宁省“十佳”校长、全国优秀校长，我还是为她这本关于无痕管理的所思与所行的新书所打动，为此书定位之准、感悟之深、成效之著、结构之谨、表达之畅感到欣喜。这是一部值得学校管理者、教育管理研究者、校长培训者等教育同仁品读的专著。

本书追问与回答了如何有效发挥校长的领导力。作为学校校长最核心的能力就是领导力。本书巧妙而深刻地回答了什么是校长领导力和如何发挥校长领导力。校长的领导力是以校长自身的综合素养为基础，以组织赋予的职务权利为凭借，对学校的发展、目标的达成和学校师生成长产生积极影响的能力。这种影响的能力，就是影响他人心理和行为改变的能力。“无痕”是本书的关键词，讲的就是“春风化雨、润物无声”的校长影响力的发挥。谈到“无痕”，我想到了20世纪90年代华中科技大学的涂又光教授提出的“泡菜理论”，即泡菜的味道取决于泡菜汤。虽然泡菜的原料、制作工艺、保存方式等会影响和决定泡菜的质量，但是真正决定泡菜口感风味的却是泡菜汤。管理是“助人自助”的过程。校长“无痕管理”的实质是在酿制与使用“泡菜汤”（场域），让受教育者和管理对象受到滋养化育而激发自身内动力主动成长的过程。这种管理把教育与管理的目的隐藏起来，通过营造良好的正向的文化氛围和理顺各种关系，用间接迂回的方法有效促进师生成长和学校目标的达成，实现校长领导力的充分的有效的彰显。

本书追问与回答了如何有效实施教育活动。许慎在《说文解字》中说，“教”是“上所施下所效也”，“育”是“养子使作善也”。孔子讲“其身正，不令而行；其身不正，虽令不从”。德国教育学家福禄贝尔说“教育无他，唯有爱和榜样”。古今中外的教育实践都说明了有效实施教育活动，离不开正向的积极的榜样力量，而校长就是这一能量的原点，是学校风气、文化氛围的缔造者和推动者，是教师之师。只有校长不断成长与修己，才能更好地发挥自身的影响力，化育与影响周遭的人，才能培育温暖、建设性的人际关系，才能让团队中的个体有归属感、满足感和价值感，才能让教育与管理真正发生。

本书追问与回答了如何有效实施无痕管理。如果说对前两个问题“如何有效发挥校长领导力”“如何有效实施教育活动”的回答是隐含的，那么对第三个问题“如何有效实施无痕管理”的回答则是显性的。陈兴杰校长从“引领教师专业进步，建立无痕管理的关系场”“基于儿童成长视角，建立无痕管理的动力场”和“建设现代学校制度，建立无痕管理的能量场”三个维度，用具体的管理实践有理有据地阐述了场域文化下的无痕管理之道，其间闪烁出的管理智慧可见一斑。

大道至简、大道无痕，思无界、行无疆。

让我们读此书，悟管理之道……

韩民

2019年1月9日于沈阳

（韩民系辽宁教育行政学院干训主任，辽宁省特级教师，正高级教师，全国优秀教师，“国培计划”专家。）

目录 CONTENTS

中　篇
基于儿童成长视角，建立无痕管理的动力场

下 篇 建设现代学校制度，建立无痕管理的能量场

附 录

后 记

引 言

追求无痕管理的新境界

对于无痕管理，我从自发地使用到自觉地践行，有过一段刻骨铭心的经历：

一、缘起

最初引发我思考无痕管理的是一个人、一本书。这个人就是江苏省的梅洪建老师，他在《做一个不再瞎忙的班主任》一书中阐释的“培育发展”的带班理念，触发了我对学校管理的深入思考，因为差班管理和薄弱学校治理，如出一辙。

当初做校长并非我所愿，因为区域教育行政领导的突然调动，让我这个支部书记主持学校工作。这样的经历我有过两次，第一次主持一所区域重点小学全面工作将近半年，最后却成为了另一所薄弱学校的支部书记；第二次，是以支部书记的身份主持这所薄弱学校，最后成为了真正的校长。主持工作过程的尴尬与无奈无法言说，好在当初我的心态比较平和，因为“无知无欲”便“无畏”。两次主持学校经历之后，我终于成为了一名真正的校长。

表面上职位的提升，看似成功，实际上迎接我的是更大的挑战。如果说成为校长是我的一次偶然经历，但这种经历带给我的却是心智上的磨炼和专业上的快速提升。

坦率地说，比起很多校长，我是幸运的，幸运的是我管理之初便遇到了一所薄弱学校，它带给我的有永生难忘的痛，更有无可比拟的“甜”（这是后话）。就是这所薄弱学校让我在与人的交往中学会平衡，走上了学校管理的摸索之路。做校长之前，我自认为看了很多书，但涉猎的知识并未给我的工作提供任何可供借鉴的有效经验，我所谓的才华最初也并没有成为让教师信服的理由。

薄弱，不仅仅是因为学校没有足够的资金保障，也不是因为学校地理位置不够优越，而是因为人文环境过于恶劣（这在我任支部书记时就感受到了）。最严重的是教师和领导彼此敌对，互相之间极度不信任（我知道这是有历史原因的）。

记得当初刚主持工作的时候，正赶上部分教师因为中级职称的评定闹得不可开交。组织者私自带领大家冲出校门去市里上访，并扬言如果市里不给解决，就去省里讨要说法。对于我这个主持者，他们不抱有任何希望，且不说主持者没有校长真正的职务和权力，单就他们心目中固有的领导的不作为，就会对我不屑一顾。上级领导的安抚，并没有让他们安心，他们依然三天两头来找我这个主持校长讨要说法。好在我的自控力比较强，并没有达到情绪崩溃的地步，但内心的煎熬也常常让我彻夜难眠。

如何面对这个群体，如何引领学校走出困境？有现成的答案吗？如梅老师所说，或许有，但我和他一样看到了很多解决这类问题或那类问题的“兵法”“智慧”和“技巧”，还有名校的很多高大上的宝贵经验，可“拿来”之后，都毫无用处。梅老师的反思让我深有同感：“此刻，我还有时间去‘看世界’吗？书上的方法失效，让我连看书的心情都没有了，甚至明白了，很多书都是‘童话’，而光良说‘童话都是骗人的’。我只有自己去想办法，从自我身上打捞带班的方法。”[①]

“自我打捞”“自我救赎”，多么有价值的痛定思痛后的反思啊！于是，我知道了一味地抱怨学校的薄弱没有用，抱怨教师的懈怠也没有用，抱怨

① 梅洪建 . 走进自我心，方能观天下 [DB/OL]. https://mp.weixin.qq.com/s?__biz=MzI5MTE3MTExOQ==&mid=2649547850&idx=1&sn=a2a17b7453f9c5afe87becd1e549bbbe&chksm=f40cfa0ac37b731c1f8872467e352205fb2cc7c3e02834f1b47ea9872021d8bbce213be7516b&mpshare=1&scene=23&srcid=08027XM5kuZuJTQADtRfHBOk&sharer_sharetime=1564734223703&sharer_shareid=66121b929a5217cd5fae4eb584682e79#rd.

成绩的低下更没有用。于是，我开始回想，开始调查，开始还原，开始回归——回想，回想自己做教师时的心理，不断追问自己期待遇到什么样的校长；调查，调查爱人作为“另类教师”对于每一项制度出台后的不同看法；还原，还原问题的真相，设身处地地分析事情的来龙去脉；回归，回归人之本性，寻根探源如何调动教师潜在的发展动力。

渐渐地，我明白了在人的管理和关系的处理中，改变别人太难了，唯有改变自己，于无声无息中影响他人才是管理之道；渐渐地，我重新调整了管理的思路，明晰了管理的方向——不改变，只影响。对！不改变，只影响！用以身示范的作用影响人，用和谐的人际关系影响人，用朴素的共同愿景影响人，用获取的成功体验影响人，用高品位的学校文化影响人……这不就是无痕管理的真谛吗？当时是越想越兴奋，越想越觉得有道理。经过多年的实践，我越来越发现于无形中无痕管理已经成了我管理学校的“制胜法宝”。毫不夸张地说，就是这“越来越”给了我坚定的信心。为此，我把自己的网名修改为“无痕”，个性签名为“不求立竿见影改变人，只求潜移默化影响人”。在我看来，真教育必须依靠影响的作用，不盲目跟潮流，不功利求功绩。也许这样的“影响”，其作用是缓慢的，但其功效却是持久恒定的，是历久弥深的。

在如今的南苑小学，我依然倡导无痕管理，5 年的管理经历更让我品尝到了团队成员互相影响、微进渐变、共同行走的幸福。就这样，无痕管理成了我管理学校的“非常道”，也正是这种管理的“非常道”让这所薄弱学校“置之死地而后生”，我也逐步赢得了教师的信任、学生的喜欢、家长的认可和社会的赞誉。

十多年的管理经历，也让我自己于无痕管理中得到了成长，我成为了《教师博览》杂志的首批签约作者，并出版了 4 部专著，主编或参编了 10 余部书稿，所写的有关管理的文章时常见诸报端，还曾被很多学校请去“传经送宝”。但是，在国家级的各种学习培训过程中，我越来越发现我的管理和研究缺少了理论的支撑——“知其然，不知其所以然”，导致我践行的无痕管理如空中楼阁，总有摇摇欲坠之感。

于是，我开始深入系统地阅读。在深入系统的阅读中，我明白了因为最初的阅读是靠名师名家推荐，多是被动的跟风式阅读，不能说这样的阅读一无是处，但却是没有针对性的，摄取的知识也是碎片化的。明白了阅读如果只靠他人推荐，而没有自我发现；如果只有"术"的层面上的累积，而没有"道"的层面上的提升，最终肯定会陷入进退维谷的境地。而今，在一些真正的良师、大家的熏陶感染下，我开始了"自我阅读"，才真正明白了"读书是为己之学"的内涵。

"人啊，最难认识的就是你自己"，但人只有认识自己之后，才能为自己的思考寻找阵地，寻找方向。这样的阅读才能架构起自己的知识体系和研究体系，才会更有研究和实践的价值。从基本的判断入手，如梅老师一般我也学会了"自我证明"：树立新的儿童观，我开始读卡尔·维特，读蒙台梭利，读杜威，读苏霍姆林斯基，读佐藤学；循着对管理的认知，我开始读老子的无为，读韩非子的建构，读德鲁克的管理，读《学习型社会》，读《领导力》，读《第五项修炼——学习型组织的艺术与实践》，读《如何调动和激励教师》，读《校长的平衡艺术——做人本校园的"独裁者"》，读《影响力》；从管理价值的本源认知，我又开始读管理心理学，读精神分析心理学，读行为心理学，读《乌合之众——大众心理研究》，读《人性管理》，读《拆掉思维里的墙——原来我还可以这样活》，读《少有人走的路：心智成熟的旅程》，读《自控力》……

要根据自己的"饥饿感"选择书目，万万不可盲从。有人说，崇拜一个人，不要光读他写的书，更要读他读过的书。多年来，就是在不断的阅读和自我证明中，我丰富了理论认知，确信了自己的思维判断和实践价值。在"道"与"术"的平衡之中，我的管理渐渐得心应手、从容淡定。

引发我系统梳理并提升无痕管理水平的也是一个人、一本书。这个人就是江苏教育家培养对象徐斌校长和他的《徐斌和无痕教育》一书。他的无痕教育给了我很多有益的启发，尤其是关于无痕教育的策略提升更使我如醍醐灌顶：不知不觉中开始、潜移默化中理解、循序渐进中掌握、春风化雨中提升。为此，我也针对学校管理的实际，逐渐摸索出了自己无痕管理的具体策略：以身示范中开始、人际关系中熏陶、引领学习中改变、文化培植中提升。不管其内在的逻辑关系是否科学，但它的确是我在管理实践中不断积累的结果。

有人曾质疑无痕管理是不是弱化了校长的职权领导力。我想说，那是因为他们窄化了无痕的本质和内涵。真正的无痕管理是让管理“看不见”，但一定要让管理的策略“看得见”，“看不见”的管理在“看得见”的策略中，“看得见”的策略在“看不见”的管理中，最终达到以“无痕”的管理之法达到“有迹”的教育之效。坚信“不管是最好的管”。“不管”不是放任自流，不是对学校、教师、学生的漠不关心，而是“无为而治”。虽然表面上看起来不作为，却是最有效、最长远、最有利的一种管理方法，可谓是教育管理的一种最高境界。

引发我思考场域文化下无痕管理的是一个人、一次讲座。这个人就是辽宁省教育行政学院的韩民主任。那次我受他的邀请，为“教育部—中移动”校长培训项目省“种子校长”班做了一次关于教师专业成长的讲座。我当时拟定的题目是“构建学习型组织，走内生式发展之路”：在思考教师专业发展路径的时候，我确立了三个小标题：理顺关系，建立“信”的心理场；达成共识，营造“学”的动力场；培植文化，构建“文”的能量场。在梳理学校管理经验时，反复揣摩之后，我忽然发现无痕管理实际上不就是一种“生命在场”的管理吗？在这种看似无形实则有意的教育场中，管理者悄然无痕地对团队中的个体施加影响。此时，“场域”这个词就在我的脑海里闪现出来。会后，和韩民主任探讨心理学和社会学的相关问题时，我再次萌生了对场域文化深入研究的兴致。

想法一旦产生，我便开始了更深刻、更广泛的跨界阅读，读布迪厄的场域理论，读考夫卡的格式塔心理学，读勒温的拓扑心理学，读张振学的欲望行为心理学、欲望场域心理学、欲望精神心理学……

阅读中，我一方面在想：在现实中，我们每个人都生活、工作在不同的场域之中，场域中的人、事、物无时无刻不在发生着变化，而自身和环境之间的相互影响、相互作用不可小觑；作为管理者，如果能从心理学和社会学的角度，基于人性、基于场域来实施管理，会不会更能体现教育的意义？另一方面，我也在不断地进行知识迁移，运用联系的观点不断地追问：学校的场域究竟有什么特别之处？基于场域文化的无痕管理到底有什么价值？这些问题既是教育管理者要面对的本源性问题，也是学校构建学习型组织、走内生式发展之路的关键所在。在不断的追问和理性思考中，我把物理学、心理学、社会学与学校的管理实践有机结合起来，逐渐发现了教育场域概念的内涵和价值。

在教育领域新名词层出不穷的时代，我无意跟随奔跑。场域文化下的无痕管理是我从教育实践中享受到的烟火人生，更是我不断追寻的诗意与远方。诗意不浓，远方不远，但肯定有微光，或许是逆光；微光也好，逆光也罢，都是一种力量，一种希望……

二、内涵

无痕，从字面上理解，就是没有痕迹，不留印记。无痕，常被作为一种哲学境界被众多哲人探寻，但其彰显出来的人性化和科学性光辉，足可以指导一切行为。

"把教育意图与目的隐蔽起来，通过间接、暗示或迂回的方式，给学生以教育的一种教育方式。"这是卢克谦对无痕教育最直接的解读。无痕教育的提出，来源于德育领域。苏霍姆林斯基的话为其找到了佐证："造成教育青少年困难的最重要的原因，在于把教育目的在学生面前以赤裸裸的形式进行。"[①] 也有人说，当学生意识到你在教育他时，就意味着你的教育已经失败了。古往今来，诸多的名人大家都对无痕教育有诸多的解读与阐释。我想，对学生的教育如此，那么作为校长，对学校的管理也应如此。

为了深入探寻无痕管理的内涵，我又把无痕管理放在了场域文化中进行研究。于是，我又开始思考：什么是"场"？什么是"场域"？什么是"教育场域"？一番阅读、查找之后，我发现，"场"最初源于物理学。物理学家提出的场论，特别是质量场、电磁场、温度场、引力场等各种物理

① 徐斌.徐斌和无痕教育［M］.北京：北京师范大学出版社，2016：4.

场，为我研究无痕管理中人的欲望场提供了诸多启示。欲望场的特点与电磁场的特点具有惊人的相似之处。“欲望场不但是一种矢量场，也是一种时变场，其场强和场力在不同环境和不同时间里会不断发生能量消长和能量转换性的变化。”[①]那么，如何在无痕管理中发挥欲望场之间相互吸引的作用就显得至关重要。

而“场域”[②]这一概念是法国社会学家布迪厄提出的，他说：“我将一个场域定义为位置间客观关系的一网络或一个形构，这些位置是经过客观限定的。”场域是由社会成员按照特定的逻辑要求共同建设的，是社会个体参与社会活动的主要场所。场域内的社会成员之间因为拥有了不同数量和质量的资本，在各自的行动逻辑之间就产生了冲突和竞争，而这些冲突和竞争就是场域的动力所在，场域的力量也因此而产生。

当场域与教育结合就生成了教育场域。“教育场域系指在教育者、受教育者及其他教育参与者相互之间所形成的一种以知识的生产、传承、传播和消费为依托，以人的发展、形成和提升为旨归的客观关系网络。”（刘生全，2006）[③]在布迪厄的场域视野中，教育不再是真理的殿堂和纯净的象牙塔，而是一个很功利、很世俗的资本运作领域，“场域中的每一个社会行动者都是资本的承载者，他们基于自身拥有的资本和在场域中的位置，养成一种积极行事的倾向，竭力维护或者颠覆现有的资本分配格局”（皮埃尔、布迪厄、华康德，2004）[④]。引发教育场域中竞争和冲突的实际上也有一种资本，只不过这种资本比较特殊，它是文化资本。

场域的特点具有文化和制度的特色。由于它是一个特定的组织单位，所以对人的行为具有一定的约束力。这就导致了不同的人在不同的组织单

① 张振学．欲望的世界——欲望与场域心理学［M］．北京：中国商业出版社，2017：13.

②［法］皮埃尔·布迪厄，［美］华康德．实践与反思——反思社会学导引［M］．李猛，李康译．北京：中央编译出版社，2004：133-134.

③ 玉苗．教育场域的权力合谋与失衡：社会工作专业发展的双重境遇分析［J］．社会工作，2016（4）：102-109.

④ 玉苗．教育场域的权力合谋与失衡：社会工作专业发展的双重境遇分析［J］．社会工作，2016（4）：102-109.

位中，比如在国企和在外资企业，同一个人的行为就会截然不同。

基于此，对于布迪厄的场域概念，我认为不能理解为被一定边界物包围的领地，它也不等同于一般的领域，而是在文化资本的运作中内含力量的、有生气的、有潜力的存在[①]。我特别赞赏他提出的场域理论中这种"内含力量"的存在，它对学校的内生式发展提供了有利的理论支撑。

基于心理学和布迪厄场域理论的思考，我重新界定了无痕管理的内涵。

无痕管理的心理学内涵。无痕管理是基于如何影响人、改变人提出来的。学校管理最重要的是人的管理和关系的处理。人的管理和关系的处理最难的就是人心的管理，如何将人心统一到一个中心上、一个方向上、一个目标上，是一门需要智慧的艺术。

心理学研究成果表明：一个人的心理，其内在结构，从表层到深层，具有相当的稳定性，即使外部条件有了某些改变，但其深层却是稳定的。一般表层的调节不会影响到深层的稳定。因而，表层的调节，尽管是真诚的，但很快就会被深层结构的反调节所消解（孙绍振教授语）。所以，管理奢谈改变，只求影响。理想的管理状态就是让团队中的人在潜移默化中和积极主动中受到熏陶、感染，更新观念、改变行为、培植文化、提升境界。

无痕管理的社会学内涵。无痕管理首先是在社会学领域中提出的。布迪厄的场域理论为其提供了强有力的理论支撑。场域的实质是关系。人从自然人到精神的人，再到社会的人，时刻处在关系之中。场域文化的内生力、同化力和向心力，让学校和个体在场域文化中精进共赢，不断成为充满活力的有机体。

无痕管理的哲学内涵。老子《道德经》有云："大白若辱，大方无隅，大器晚成，大音希声，大象无形。"庄子《逍遥游》也说："至人无已，神人无功，圣人无名。"正所谓，无中有，有中无，似有似无，若有若无。徜徉其中，你会发现无痕代表的是一种自信与优雅，是一种自由与包容，更是一种深厚与博大。

---

① 李全生 . 布迪厄场域理论简析［J］. 烟台大学学报（哲学社会科学版），2002，15（2）：146–150.

由此可见，无痕管理不仅是一种管理方式，更是一种教育思想，是遵循人的身心发展规律的，对人性本质和教育本源的探究与哲学境界的追寻，更是对物理学和社会学的拓展性应用。

三、价值

构成教育场域的行动主体包括国家和政府所属的各级各类教育机构、学校管理者、教师、学生及家长等。在这些行动主体之间形成的管理表现形式主要有两种，一是国家和政府所属的各级各类教育机构对学校的管理，二是学校自身的内部管理。而无痕管理主要针对的是后一种行动主体的管理的表现形式。

2017 年 12 月，教育部印发了《义务教育学校管理标准》。它是对义务教育学校管理的“导航仪”，为促进学校规范办学、科学管理，整体提高教育质量和办学水平，加快推进教育治理能力和治理水平现代化提供了有效的“路线图”。在仔细研读的过程中，我又从存在论的角度重新审视了学校管理的本源问题——学校作为场域而存在，需要一种生命在场的管理方式。而无痕管理中的场域实际上是一种关系管理，而这种关系中最重要的因素便是能让教育场域产生力量的文化资本。这种文化资本的力量与无痕管理中充满的人文关怀的潜移默化的影响力是同向的，是相生相发的。

无痕管理的实质就是借助教育场域和文化资本中惯习的力量。做“慢教育”——小步慢行，不急于求成。做“坚定的教育”——不轻易否定历史，动辄卷土重来；不轻易否定自己，动辄朝令夕改；在日积月累的坚持中，以微小的影响寻求改变。它相信“一厘米之变”（福建朱永通老师语[①]），强调从能改变的地方做起。每天努力一点点，每天影响一点点，用一点一滴的影响引起悄然无痕的微变，由微变到小变，由小变到大变，由大变到飞跃。这种量变的影响力累积到一定程度就会发生质变。

这样的无痕管理必须与时俱进，方能真正做到以人为本。习近平总书记曾在国际教育信息大会上强调指出：如今，随着信息技术的发展，推动

① 朱永通，华东师范大学出版社策划编辑，《教师月刊》首席编辑。

教育变革和创新，构建网络化、数字化、个性化、终身化的教育体系，建设“人人皆学、处处能学、时时可学”的学习型社会，培养大批创新人才，是人类共同面临的重大课题。面对这一重大课题，当前学校生存与发展的环境也发生了巨大的变化。随之而来的是，学校管理中存在的问题日益凸显。一是重学生管理，轻教师管理。管理者没有真正树立“教师第一”的管理理念，而杰出的教师队伍才是造就杰出学校的关键因素。二是重硬件建设，轻内涵发展。教育的投入一味地在大楼的高端豪华上用力，而忽视了学校文化建设和师生精神层面的内涵提高。三是重强制管控，轻关系处理。“重管轻理”最终造成了管理者与被管理者之间的矛盾不断升级，不利于构建和谐的人际关系。因为学校管理不同于其他管理，它以育人为目的，是充满人性化的特殊管理活动。

显而易见，学校作为场域存在，管理者只有平衡好各方面的关系，才能进行人文管理和自主管理，才能最大限度地实现教育特有的价值。梳理论证的过程中，我发现基于场域文化的无痕管理更具有人文性、过程性、情境性和自主性。人文性，即管理者要树立以人为本的理念，尊重人、理解人、关心人、发展人，对团队中的个体施加潜移默化的影响；过程性，即管理者虽然让管理无痕，但管理过程中的策略却要能看得见，要留有痕迹；情境性，即管理者通过具体的情境，诸如环境、氛围、活动，让团队中的个体充分感受到无痕管理的人文关怀；自主性，即管理者最终要通过榜样示范、情绪感化、引领激励、自我教育、民主管理达到“无为而治”的管理境界。

为此，我把“不求立竿见影改变人，只求潜移默化影响人”作为场域文化下“无痕管理”的最终目标，并在以下三方面具体彰显其价值。

第一，能让校长更好地进行自我修炼。布迪厄的场域理论让我认识到学校是一个场域，而校长作为学校的服务者、引领者和指导者，在这个场域中发挥着举足轻重的作用。要想处理好场域中的各种关系，校长除了要发挥角色本身的职权影响力之外，更重要的是要充分发挥非职权影响力。校长的人品、学识与修养是实施无痕管理的关键要素。孔子有云：“其身正，不令而行；其身不正，虽令不从。”校长以身示范的自我修炼在无痕管理中的影响力可见一斑。

第二，能更好地构建和谐的人际关系。场域文化的实质是关系文化。“人类社会关系就跟磁体与磁体之间的关系一样，不同磁体之间存在相吸关系，也存在相斥关系，因相吸而相慕、相好、联手、扶助、合作；因相斥而对立、干扰、冲突、竞争。”[①] 人与人之间的关系无论是相吸还是相斥，最终都要取决于欲望场中重叠范围的大小。作为校长，要想方设法把团队欲望场中人与人之间重叠部分中“相吸”的关系逐步扩大，并逐步将其变成“相惜”的关系。和谐的人际关系一旦建立，就会形成强大的驱动力，就会使场域文化下的正能量不断汇聚。

第三，能持续不断地促进学校高品位文化的形成。学校管理从人治到法治再到文治，需要一个漫长的过程。在这一过程中，我们发现，团队中每个成员的欲望层次逐步升级之后，就会形成更强大的能量场，在这样强大的能量场的互相激发之下，团队的凝聚力不断增强，形成积极向上的高品位的学校文化，引领学校不断向纵深发展。

四、策略

布迪厄说：“策略是实践意义上的产物。”[②] 基于此，在场域文化下如何实施无痕管理呢？我以为可以从以下三个方面着手。

（一）依靠“信”的力量，构建无痕管理的“关系场”

古语有言：“人无信不立”，“言不信者，行不果”。这里的“信”小而言之是“相信”“信任”之意，广而言之也有“信仰”之意。试想：一个国家不能得到老百姓的信任就要垮掉，学校管理亦如此。

那么，如何在学校建立一个“信”的心理场？我觉得最重要的就是要

① 张振学．欲望的世界——欲望与场域心理学［M］．北京：中国商业出版社，2017：17.

② 李全生．布迪厄场域理论简析［J］．烟台大学学报（哲学社会科学版），2002，15（2）：146–150.

在校长、教师、学生、家长之间建立一个“信”的关系场——校长信教师、教师信校长、教师信学生、学生信教师、家长信教师、教师信家长……

在“信”的力量的驱动下，人与人之间建立了积极的良好的关系场。这种场域文化能强化人与人之间互助成长的意愿及动机，推动其认知活动的开展，使每个人在接受、传递信息时处于思维活跃、神情专注的积极状态，从而有效地提高管理的质量。

在构建“信”的心理场时，我们一方面要营造积极的自我关系场，如校长要不断进行自我修炼，让教师、学生、家长、社会相信校长能办好教育；同时还要构建和谐的人际关系场，让团队成员在互相信任、互相合作中共赢成长。

1. 以身示范中开始。

让校长以身示范的影响在不知不觉中开始，是无痕管理追求的基本境界。实施无痕管理的前提是让教师、学生和家长理解、尊重和信任校长，并钦佩有加。因为一旦一个人对另一个人喜欢、欣赏、信任并佩服，才会从内心深处自觉调整并矫正自身行为，并心甘情愿跟随其一路前行。

2. 人际关系中熏陶。

人是环境的产物，更是关系的产物，而人与人之间的和谐关系具有潜移默化的力量，更是一种不可忽视的暗示。科学家研究认为，“人是唯一能接受暗示的动物”。积极的暗示，会对人的情绪和生理状态产生良好的影响，激发人的内在潜能，使人进取，催人奋进。这种积极向上的和谐关系产生的暗示对人的影响大都是慢性的、长期的和潜在的。

哥拉斯说：“学校的失败不在学术成绩方面，而在于培育温暖、建设性的人际关系方面。”“温暖”是让团队中的个体有归属感、满足感和存在感。人长期处于和谐、友爱、温暖的团队关系中，往往会自觉学习、主动接受并培养出较高的文化素养。

（二）依靠“学”的力量，构建无痕管理的“动力场”

勒温认为，人的心理和行为决定于内部需要和环境的相互作用。他借用物理学中“磁场”的概念，把人过去和现在形成的内在需求看成内在的心理力场。当人的需要未得到满足时，会产生内部力场的张力，即紧张状态，而环境起着导火索的作用。人的行为取向取决于内部力场和环境力场的交互作用，而主要的决定因素是内部力场的张力。

随着社会发展步伐的加快，社会的信息化程度越来越高，环境因素、学校因素、社会因素对教师心理状态以及专业发展动力等方面的影响日益加剧，使得学校构建学习型组织的任务越来越重要。

一般来讲，学习就是对学习材料进行信息收集、感知、输送、加工处理的认知过程，而这一过程需要动力驱动。学习动力场的心理结构，如对教育的认知、人的情绪、学校的人文氛围对人的学习行为的发生至关重要。在实践中，我们采用各种有效的策略激发教师学习的积极性和动力，不断引领其在学习中慢慢改变。

在学校管理中构建学习型组织，教师的观念和行动力的改变最难。在此方面，我们不妨借鉴一下商业中的营销策略。“洗脑、洗心”表面上是贬义词，实则是中性词，我们不得不承认，其在凝聚人心方面有巨大的正向作用。“洗脑”改变的是人的思维力，统一的不是思想，而是目标；“洗心”改变的是人的内驱力，激发的不是对名利的追逐，而是内心的自我觉醒；“洗手”改变的则是人的行为力，促进的不是盲动的变革，而是理性前行的坚守。

行为心理学研究表明，21 天以上的重复会形成习惯，90 天的重复会形成稳定的心理趋向。这告诉我们，教育如果要取得效果，就必须围绕一个主题，每天重复，连续 21 天以上；如果要达成教育目标，就必须连续重复 90 天。学校的管理不妨围绕专注的学习目标持续不断地对团队中的个体施加影响，通过引领教师学习逐步更新他们的教育观、质量观、教师观和学生观，通过小步慢行等策略推行一系列的教育教学改革，让教师在潜移默化中逐渐转变观念。

（三）依靠“文”的力量，构建无痕管理的“能量场”

旅美华人企业管理类图书畅销作家苏祺在《能量场》一书中提到：能

量场理论是气能道的核心理论之一。自然界中，能量不但可以从一个物体转移到另一个物体，多种能量之间还可以相互转化，这种特殊的循环就会产生能量场。

气能道能量场理论认为，“天地是一个大宇宙，人体是一个小宇宙”。古人在长期的自我修炼中发现每个人都有自己的生物能量场，只是强弱不同。能量场强（正向信息）的人不仅可以使自己保持身心健康，其强大的能量磁场还可以同化身边的人。

在无痕管理中，这样的能量场需要高品位的学校文化来滋养。高品位的学校文化对人的世界观、人生观和价值观的形成至关重要，而世界观、人生观、价值观是人的文化素养的核心和标志，它们一旦形成，就会对人的综合素质和终身发展产生持久而深远的影响。

强大的人能建立自己的能量场，智慧的人可进入他人的能量场。在学校管理中，当团队每个成员的需求层次逐步升级之后，就会形成更强大的能量场。在高品位文化的浸润下，在团队成员强大的能量场的互相激发之下，团队的凝聚力就会不断增强，进而产生积极向上的学校文化，最终引领学校不断向纵深发展。

实践出真知。近十年的对两所学校的管理实践，让我逐步验证了无痕管理的价值与作用。在对第一所薄弱学校的管理中，我充分发挥无痕管理的作用，以“弘德明信 和谐幸福”为共同愿景，努力打造“阳光教育”，让这所学校于困境中突围，精神风貌焕然一新，学校的教学成绩，由最初的倒数一路飙升，最后达到全区第二名的好成绩。不仅如此，学校开展各项活动的水平也逐步缩小了和区域内窗口名校的距离。省、市级家长学校现场会、课程改革现场会的召开提升了学校的知名度和美誉度，该校先后获得教育部关工委主题教育示范校、全国科研课题示范校、东北内蒙四省信息工作先进集体、辽宁省社区工作先进集体、辽宁省家长学校示范校、辽宁省课程改革示范校等荣誉称号。

如今的南苑小学，于特色中谋发展，课程中有创新，文化上见品位。学校美誉度逐年提升，尤其是学校“新三好”培根教育成效显著，省内外专家、领导、教师等共计 3000 多人次来校参观。学校被评为全国传统文化百佳实验学校、辽宁省校长培训基地、辽宁省首批文明校园、辽宁省课程改革示范学校、辽宁省家长学校示范校、辽宁省体育艺术 2+1 示范学校、辽宁省美育示范学校等；在辽宁省基础教育强区预检和终检、全国义务教育均衡县区检查中，均受到国家和省级教育专家的高度赞誉；针对无痕管理开展的各项课题研究，多次获得国家级、省级优秀科研成果一、二等奖，被评为辽宁省科研工作先进集体、辽宁省科研兴校百强校；“基于根文化的‘新三好’课程建设实践与探索”的课程经验在全国“本真教育”研讨会上进行交流，并获得辽宁省科研成果评选一等奖的第一名；学校“新三好”的办学特色和经验被辽宁电视台、《辽宁教育》《中小学教学研究》《基础教育论坛》《我们这样做校长》等媒体进行宣传报道。

如今展现在您面前的这本小书，就是我在践行无痕管理过程中的点滴见证。也许在您看来，它有些粗糙，甚至微不足道。不过，我唯愿它能够传递一束光，透过荧荧之光，能更好地照亮您执着前行之路。

大道无痕，行者无疆。我深知，场域文化下无痕管理的境界是“道”，策略是“术”，如何在“道”与“术”之间知行合一、道术兼修，仍然任重而道远……

上篇 引领教师专业进步，建立无痕管理的关系场

教育是塑造人的事业，以学生为本，塑造他们美好幸福的人生，是我们不懈的追求。[①] 学生的终身发展是学校的最终目的。而在这一过程中，我们必须树立“教师第一”的理念，只有打造高素质的教师队伍，才能真正实现我们的育人目标。《义务教育学校管理标准》中对于引领教师专业进步，从“加强教师管理和职业道德建设、提高教师教育教学能力、建立教师专业发展支持体系”三方面对我们提出了具体的要求。

多年的管理实践让我逐渐认识到：引领教师专业进步，最重要的是对人的管理和对关系的处理。而我倡导的无痕管理重点依靠“信”（相信、信任）的力量，通过在自我和教师之间建立一种积极和谐的关系场，引领教师不断走上专业成长之路。而这种关系场提倡的积极人性论，充分体现了以人为本的思想，真正恢复了心理学本来应有的功能和使命，体现了一种社会意义上的博爱和人性。[②]

---

① 李希贵．学生第二［M］．上海：华东师范大学出版社，2006：28–29.

② 宁娟，陈虎强．积极心理学的心理学意义与教育学价值［J］．当代教育论坛，2010（7）：46–47.

先理关系后做事，边理关系慢做事

实践证明：无痕管理中的关系场一定要遵循一个重要的原则，那就是先理关系后做事，边理关系慢做事。至于为什么会有这么深刻的感悟，还得从我最初上任时的失败经历谈起……

我最初任职的学校是一所薄弱学校，教师队伍年龄偏大、人心涣散，各项工作一直处于末流。

记得刚上任的那个暑假，区里对六年级的学生统一检测，我们学校的成绩再次跌入谷底。在质量分析会上看着被一次次标注为红色的校名，我如坐针毡。当时学校年级组长以上的中层领导都在场，我想大家的心情并无二致。会后，尽管有人用各种客观理由安慰我，可我仍觉得自己难辞其咎。成绩只是一个侧面，无形中却透露出管理的诸多问题。

质疑和否定的声音曾一度让我黯然神伤。仅仅是因为生源质量差吗？仅仅是因为自己刚刚接任校长吗？先前在这所学校担任过书记，对管理中的“深水”有些许了解，可也不至于后退到如此地步啊！自责、惭愧伴随着深深的思索，让我的那个假期难以平静……

后来有领导私下告诉我因为我太耿直了。仔细查找对照，隐约感觉到了问题的关键所在。在我的内心深处，“一个都不能少”是教育人的良知，不管是智障儿童，还是纯粹的学困生，他们都享有平等受教育的权利。但是在惯性思维下，我和很多教师，甚至一些领导并没有达成共识。“南辕北辙”的后果可想而知，教师们本就毫无动力的工作状态，加之我的“明察秋毫”，谁还愿意付出更多的努力去获取微弱的希望呢？

我是一个内心充满了诸多理想色彩的人。对于这样一所问题多多的薄弱学校，总想尽己所能，尽快扭转局面。可越是着急，往往越会适得其反。

当初的我并没有深谙“事缓则圆”之道。

我们学校地处城乡接合部，生源都是外来务工人员的子女。因他们多为生计忙碌，没有过多精力关注孩子的成长和教育，即便想关注，也因能力有限而力不从心。我内心知晓我们的家庭力量非常薄弱，但在现实面前，如果我们放弃了，学校教育势必会陷入更大的困境。

于是，为了让家教理念深入人心，我们组织家长和教师面对面共同探讨家庭教育的诸多困惑与问题，同时还有幸邀请到了著名的家庭教育专家亲自到学校讲学，召开了一场大型的报告会。本以为这是家校联手的良好契机，虽然不会有立竿见影的功效，但我们一直坚信这样的力量尽管微弱如星光，但点点汇聚依然可以照亮教育的幸福之路。没想到却引起了一场风波，各种风言风语不绝于耳：

“什么破会议啊，搞得如此兴师动众？还不是为了个人的名利！”

“咱们校长肯定待不长，捞完荣誉和利益就会走人的。”

“一场讲座能改变什么，简直是天方夜谭！”

各种牢骚如寒风里飘荡的雪花，纷纷扬扬直扑而来，让满怀热情的我猝不及防，宛如跌进无底的深渊。

我的内心如刀绞一般，怎么做点正事就这么难呢？其实在启动这项活动时，我最初只想在学校的阶梯教室进行，让我们学校的家长和教师参与。没想到当我向局长请示时却得到了他的认同。于是，会议的规模一再扩大，市区相关部门的领导和各所学校的教师近二百人来参加了会议。

当各种风言风语越传越邪乎的时候，我开始了冷静地思考，毕竟“无风不起浪”啊！到底哪些因素让大家会有如此牢骚呢？是学校规模小，从来没有举行过如此大的活动，引起如此轰动的效应吗？是怪我没有详细地把事情的来龙去脉一一说明，让别有用心之人有可乘之机吗？是我考虑不周，缺乏必要的解释和表白吗？

在我的管理生涯中，这两件事一直萦绕在心头，成了我心中抹不去的痛。尽管当时也进行了理性反思，但现在想来，还是因为我对学校没有更深入的了解，说到底就是没有理顺各方面的关系。一是自我关系没有理顺。

由于自己原来是主管教学的副校长，管理上多是“单线”思维，对各方面的关系兼顾不够，很多时候考虑问题不周全。二是没有理顺和教师的关系。做事的时候，没有从“人”出发，没有看清这支队伍中潜藏的需求。一旦校长和教师的价值观相悖，那么做事肯定就会受到阻碍。

之后，我从理顺关系开始，决定要先听听中层领导的声音——让每个人针对学校现状谈谈存在的问题以及对今后发展的构想。在领导班子会议上，大家畅所欲言我们管理中存在的问题。A指出，由于学校属于企业转制划归地方，导致学校教师老龄化比较严重。加之教师多年没有流动，长时间的思维定式让教师们的工作积极性锐减。B在一次班子会议上直接指出了我们教师队伍存在的问题：干好干坏一个样，很多教师看不到希望；量化考核限制了教师的良性发展，教师缺乏展示自我的机会。我从管理者的角度也详细分析了我们的优势与劣势，并对每个人的分工做了相应的调整，要求人人有事做，事事有人管。更多的是鼓励大家看到希望，因为我们这个团队并非一无是处，只要我们齐心协力，学校还是有很大的希望的。

在之后的管理中，我还充分发挥教代会的作用。一有机会，我就走近教师，或电话或面谈，充分了解了一线教师的心声。对于学校的重大事情，我也非常注意聆听来自各个层面的意见，并根据具体情况随时调整管理决策。

为了充分调动教师工作的积极性，在充分征求大家意见的基础上，我和领导班子成员从构建学校良性管理机制入手，修改了学校的量化考核细则，制订了教师教学质量阳光成长奖励方案，从教学质量、班级建设、爱心奉献、发展贡献、勇挑重担、团结协作、科研先进、安全管理、翰墨飘香和管理服务十个方面设置了奖项。尤其是在教学质量方面，又根据实际情况分设了不同的奖励级别，让教师认识到只要努力就会有前进的动力，只要前进就会看到莫大的希望。

第二学期开学初，方案一出台，我就从教师的目光中读到了惊喜。同时，在全体教师大会上，我实事求是地、坦率地承认了我在管理中的失职，并把学校面临的困境一一坦陈。

首先，因为居民楼拆迁的原因，学校生源逐年萎缩。如果我们不赢得家长的信任、不获取社会的认可，学校将面临归并的危机。到那时，每个人的切身利益都将受损。

其次，我们都曾经是优秀的师范毕业生，我们的素质并不比他人差。只是随着年龄的增长，我们的进取精神有些懈怠。但是只要我们共同努力，学校会让大家的每一分付出都有收获。永远记住：合作就是双赢。

最后，我也毫不留情地指出了团队中的不良现象，对于工作懈怠、不明是非和居心叵测的人都一一指出了典型的现象，并让大家了解到在我们这个集体里不欢迎暗地搞小动作的人，因为这样对集体的团结和大家的整体利益不利。尽管学校对这些搬弄是非的人心中有数，但也绝对不会暗地里搞打击报复，之所以指出来，是要提醒大家应该和谐相处。如果有人不收敛自己的行为，任意而为，而给大家、给学校造成了损失的话，学校会给予其通报批评和相应的处分。因为尊重的前提是自重。为了广开言路，让大家用正确的方式提出自己的意见，我公布了自己的邮箱，让对学校或对我个人有意见的教师正大光明地提意见。

我知道，人的思想的转变不能一蹴而就，只能“润物无声”地逐渐熏陶和感染。每次开学初的全体教师会，我一改照本宣科读计划提要求的套路，或是为教师们精心准备一些充满人性美好的经典故事，或是和他们一起收看类似《感动中国》的视频，让大家在浓郁的人文氛围中逐步消解不良情绪。而每年的总结会议，我又会收集感动西苑小学教师们的点点滴滴，让大家看到我们这个群体中隐藏的希望。其实最有说服力的是业绩，我们的教学成绩一路飙升，由最初的谷底成绩提升到全区第六名、第四名，以至到了我离开这所学校时的第二名。这一破纪录的成绩无形中激发了大家的斗志，让大家看到了我们光明的前景。其实，不光教学成绩有了大幅度提高，学校各项活动的水平也在逐步缩小和区内窗口名校的距离，国家级、省级、市级荣誉也接踵而来。

事实胜于雄辩。面对每一次进步，团队成员的心都为之震撼。我们用无数事实让大家相信，只要大家齐心努力，一切皆有可能。“学校兴亡，我的责任”已经成了大家前行的动力。

一路走来，我深刻地体会到，学校质量无法提升不能一味地抱怨教师没干劲，更多的时候是因为校长没有理顺好关系，缺乏管理的智慧。其实，我们这个集体是一个蕴藏着无限潜能的强大集体，只要肯付出，教师同样有热情，同样能出业绩。大家齐心协力凝聚起来的力量足以让我们战胜前进中的任何困难。因为“一滴水，只有融入大海才会永不干涸，而一旦无数滴的水汇成汪洋大海，将是一股无坚不摧的力量，也会使每一滴水得以永生，得以最大限度地发挥自己的作用”。尽管表面上大家获得的是物质上的奖励，但实际上我们更看重的是这份荣耀，是内心获得的对自我实现的认同和收获成功的幸福体验。

多年来，不论是在原来的学校，还是在现在的南苑小学，我都一直秉持着“先理关系后做事，边理关系慢做事”的原则，坚持无痕管理——不求立竿见影改变人，只求潜移默化影响人。

很多时候，好的关系胜过好的管理。如肯尼思·丁.格根所言：关系实际上是一种不断协调的过程[①]。而在具体的管理实践中，关系有时更像织毛衣，不理好“关系线”，怎么能按照最初的设想织好“新毛衣”呢？

①［美］肯尼思·丁.格根.关系性存在：超越自我与共同体［M］.杨莉萍译.上海：上海教育出版社，2017：1.

构建积极的自我关系场

关系的实质源于自己。一切关系最终都是与自己的关系，人只有处理好自己与自己的关系之后才能处理其他外在的关系。

现代型校长一定要构建积极的自我关系场，找准角色定位，明晰岗位职责，不断修炼自身，以身示范，做好师德榜样，促进自身和教师的专业成长。

在形成学校的场域文化方面，校长的服务是基础，引领是关键，沟通是艺术。尽管“一个好校长就是一所好学校”这句话未必完全正确，但是它确认了一个好校长在学校发展中的重要作用。一个好校长应有先进的教育思想、服务的教育意识、沟通的教育艺术、创新的引领理念，充分发挥自身的榜样作用，通过一言一行引领教师在教学技能、教育艺术、师德师风上的转变，从而提高办学质量。

首先要找准校长的角色定位。国外曾有专门研究校长的权威性的世界性组织明确表述：校长应首先是学校的教育者、管理者、领导者。

校长作为教育者，必须要做“育人的专家”，引领学校走内涵发展之路，促进团队整体素质的提升；校长作为管理者，必须要做“管理的精英”，懂得管理之道，引领学校逐步从“人治”走向“法治”，最终达到最高境界的“文治”；校长作为领导者，要成为“业内的专家”，要有自己的办学理念，要形成自己的育人哲学，拥有独特的教育思想。

其次要明晰校长的岗位职责。2013 年 2 月 4 日，教育部颁发了《义务教育学校校长专业标准》（以下简称《专业标准》），它由五个基本理念、六项专业职责和四方面实施要求三部分内容组成。此《专业标准》首次系统阐述了我国义务教育学校校长的六项专业职责，分别为规划学校发展、营造育人文化、领导课程教学、引领教师成长、优化内部管理、调适外部环境，明确了校长专业发展的主要方向，体现了倡导教育家办学的要求。

最后要做好校长的自我修炼。在自我修炼上，校长要遵循内心需求，引发内力，推动自我修炼，追寻职业幸福。陆枋校长在《校长的三个修炼》一文中曾提出：要修炼智者之勇——读懂社会、读懂历史，读懂人的发展；修炼学者之睿——修炼学习力、观察力和创新力；修炼长者之度——虚怀若谷、广纳百川、与时俱进。她说这是领袖型校长最好的修炼境界。

想要成为一名好校长，实属不易。如何在重复机械中做出灵气来、做出思想来、做出个性来、做出名堂来，确实值得我们深刻思考。

在以身示范中开始

每年冬日，北方下雪是常事。因为领导班子的以身示范作用，所以我现在任职的这所学校已经形成了一条不成文的规定：只要遇到下雪天气，领导班子成员和男教师都要提前到校清除积雪。值得称道的，还有我们学校的保安和值宿人员，他们往往比我们来得还要早些，在我们来之前，他们就已经清扫出一条小路，值宿人员把学生经过的台阶也都清扫干净了。就这样，我们的清扫队伍逐渐壮大，女教师、路过的学生也都纷纷加入其中。

还记得2009年9月开学的前一天，我不慎摔伤了右手。当时情况比较严重，医生建议我手术治疗，休养半年左右。刚刚开学，新书记刚到任，这个时候我怎么能休养那么长时间呢？后来我把骨折的片子发到了沈阳知名的骨科医院，在权衡后，还是采取了保守治疗——打石膏固定。即便这样，医生也建议我休息一个月，不然，骨头长不好会影响右手的功能。可我不想分散大家的注意力，让良好的工作局面陷入困境。于是，我瞒着全校教师，让书记告诉大家我去开会了。一周后，我带着打着石膏的右手上班了。大家惊诧万分。想要表达心意的人陆陆续续来到我的办公室，我都一一拒绝了。一位女教师劝说我：“校长，如果这件事发生在我们普通教师身上，你一定会去看我们，可你为什么要拒绝我们的心意呢？”我微笑着勉强抬起右手，告诉她我的伤不重，什么事情都不受影响。

就这样，白天我照常巡视，遇到地上的废纸弯腰用左手捡起，遇到“长明灯”，会用左手随时关掉。课间操的时候，我和教师们按时参加各种活动，只不过，更多的时候，我是看客。因为操我是无法做的。以前，教师冬天怕冷夏天怕热，出操情况不是很好。可自从我端着胳膊坚持上操后，那些偶尔偷点儿懒的人不见了……

说什么都不受影响是骗人的。其实，最难的就是写字。于是，我就练习用左手写字，慢慢地，我发现左手的功能也很强大啊，因为它写的字也不是很难看嘛！每当大家开玩笑的时候，我都幽默地宣称自己是名副其实的“一把手”。

一个月的时间很难熬。每天到家的时候，胳膊又酸又痛。因为休息不够，最初几天胳膊肿胀得非常厉害，夜里也常常疼醒。好在，咬咬牙，就挺过去了。

现在看着“当日事当日毕”校务日志上用左手书写留下的印迹时，我的内心都会涌起一阵复杂的情愫。但更多的时候，我还是感谢那次骨折，因为从中我发现领导者以身示范的力量，也看清了潜藏在教师内心深处的“那杆秤”，更读懂了眼神交汇处的理解与信任……

“请不要走在我前面，因为我不想跟随；请不要走在我后面，因为我不想领导；请走在我旁边，做我的朋友。”在管理实践中，我体验到校长要想实施**无痕管理，最首要的是要从自身做起，发挥自身以身示范的影响力，让管理从不知不觉中开始，并在潜移默化中施加影响**。

也许，校长以身示范要做的都是微不足道的小事，如按时到校、按时出操、不浪费粮食、不说脏话、不乱发脾气、不私相授受等，但这些看似细小的琐事，却发挥着无可比拟的作用。

在多年的管理中，我深谙以身示范的重要性。为了更好地督促自己理性管理，我形成了自己的“每日八问”：

1. 作为一名管理者，在行使权力的时候，有没有站在教师的角度考虑问题？

2. 作为一名管理者，在方向引领上，有没有走近教师和学生，积极地与之交流、沟通并充分发挥指导的作用？

3. 作为一名管理者，在闲暇的时间里，有没有既关心教师的工作，又关心教师的生活？

4. 作为一名管理者，在制度执行上，有没有以身示范，带头遵守学校的规章制度？

5. 作为一名管理者，在财务管理上，有没有开源节流，不乱花一分钱？

6. 作为一名管理者，在自我修炼上，有没有记录工作反思或管理日记，不断提高管理的智慧？

7. 作为一名管理者，在管理方式上，有没有故步自封，不断创新自己的工作方式？

8. 作为一名管理者，在愿景建立上，有没有着眼于未来，引领整个团队走得更远？

做读书写作的引领者

程红兵校长曾说：“很希望老师的身上有一种书卷气，要有一种读书人的味道。作为校长，或者作为管理者而言，能否把这个书卷气保留，是我管理是否成功的一个关键所在。”对此，我深有同感。为了构建学习型组织，在全校营造读书学习的场域文化，我以身示范，甘当学习的榜样，引领教师逐渐走上专业成长之路。

1992年毕业后，我先后担任过班主任、教导主任、教学副校长、支部书记和校长等职务，职务的变化带给我更多的是心智的磨炼和使命的担当。2008年11月，区教育局的突然任命让年轻的我成为一所薄弱学校的校长。从最初的跌跌撞撞到今日的快速成长，在两所普通学校连续近10年的校长经历，让我从一名管理新兵日渐成长为成熟的管理者。

我的博客签名上这样写道：“只有初恋般的热情和宗教般的意志，人才能成就某种事业。”这蕴含着我对教育的执着信念和痴情守望。在“骨感”的现实面前，我的梦想依然“丰满”。在求知路上，我总有一种时不我待的紧迫感和使命感，为此我告诫自己要不断地修炼，修炼做人的心胸，修炼做事的谦逊，修炼做学问的严谨。

为了加快专业成长的步伐，我在阅读方面经历了从随意阅读到专业阅读的过程，并有着自己的“悦读”经验。我把“悦读”作为心灵“护肤品”，以此来改变自己的精神面相，并提出“文字是心灵的氧气”，读书是“为己之学”。每个人都是独特的个体，根据“饥饿感”来选择书目，是“深度的内心觉醒”，只有这样的阅读自觉才能让“悦读”之路走得更坚定、更长远。

几十年光阴的缝隙里，我和亲人、朋友、同事享受着“悦读”的幸福，读书、写作俨然成了生命的常态。曾在《中国教育报·校长周刊》开设专栏，撰写的读书笔记等百余篇文章在国家级、省级刊物上发表。目前已出版专著四部，主编或参编书稿十余部，其中专著《优秀校长8堂修炼课》入选“教育部2014年中小学图书馆（室）推荐书目”；《优秀班主任99个成功的教育细节》被评为“2010年影响中国教师的100本图书”；《优秀校长99个成功的管理细节》入选“教育部2013年中小学图书馆（室）推荐书目”；《教师一定要知道的99个健康细节》入选“2010年《中国教育报》教师暑假阅读推荐书目”“2010年安徽省中小学图书馆（室）推荐书目”。

读书、写作为我的专业成长插上了腾飞的翅膀。迄今为止，我在1+1教育社区博客上发表文章1153篇，280多万字，访问量达到132万多人次。2010年4月，被1+1教育网评为“博客之星”；2012年3月，《北京教育》以“海·无痕”为题推荐了我的博客，并刊登了其中的3篇文章；2010年，我成为《教师博览》杂志首批签约作者，《追寻无痕管理的境界》发表在2018年第5期上；2009年7月，《中国教育报》为我开设“兴杰看校长”专栏，见证了我网络交流的成长。

2008年走上校长岗位后，我开始推广校园阅读。校园阅读推广面广、难度大，强制推进尽管会取得立竿见影的效果，但不会持久。我一直坚信：只有从每个人内心深处发出的阅读需求，才会点燃和唤醒真正的阅读热情。为此，我一贯主张静读书、慢读书。比如，在南苑小学设置的“流动书吧”——把图书室打开，让一本本书流动起来；无需借阅证，不填阅读单，随看随放，随心随性阅读。书架上的书签是为了方便流动阅读，由学生自己设计的。每天看到学生随时随地读书的身影，我的内心便无比喜悦。其实流动书吧中的书，无论变多还是变少，都是幸运而又幸福的事情。我们不奢望学生在六年里能有多少收获，但若干年后如果他们依然能保有阅读的兴趣，就是我们教育的成功。

在读书观念的转变上，我坚信“心动”的力量，以有效的激发求认同。我利用各种讲话和讲座的契机，把自己的读写经验和成长故事与大家分享，激发教师、学生和家长的读书欲望；营造良好的读书氛围，设立各种奖励机制，采用需求驱动、名人推动、榜样带动、合作拉动等方式，引领师生、家长自然而然地走上阅读之路。

在读书行动的坚守上，我更坚信“行动”的力量，以执着的信念求持久。阅读重要，其实比阅读更重要的是读什么，怎么读。为此，我和班子成员商议根据不同教师（新教师、骨干教师、班主任）、不同年龄学生和家长的需求，采用自荐和他荐的方式建立精品书目资源库；成立“校长书屋”，举办“幸福书吧”读书会，定期开展读书论坛、读书沙龙等各种联谊活动；开展“走进经典 浸染书香”大阅读活动，不惜重金改建图书室、阅览室，不断提升校园软实力；与所在社区联合开展图书室援建活动，策划“读书漂流”和亲子共读活动，精心编写经典诵读教材，举办古诗考级竞赛……

不仅如此，为了发挥以身示范的作用，我还引领教师走上以读写促专业发展之路。在学校开展了"幸福书吧"读书会，用读、思、悟、行，改变教师的"心智模式"；每学期为教师购书100余本，并把自己的专著作为礼物赠与教师，定期召开读书论坛、读书沙龙、读书分享会，和教师共同撰写读书笔记、读后感多达10万字；带领教师著书立说，在国家级、省级、市级刊物上发表文章108篇。我写的总结学校办读书会的经验的文章在华东师范大学出版社的《教师月刊》上发表，在全国引起了一定的反响。近10年来帮带青年教师快速成长，其中106人被评为省、市、区骨干教师，6人被评为省、市学科带头人，并指导他们多次在国家级、省级、市级的评选中获得各种奖励。在引领新教师成长的过程中，我完成了专著《新教师应该知道的50个问题》，由中国轻工业出版社出版，现已成为全国各地新教师培训用书。

在多年的以身示范、潜移默化的影响下，一些优秀教师、学生、家长联合整理出版了自己的各类文章，并在各级刊物上公开发表。学校的读书活动被当地媒体多次进行宣传报道，还被全国关工委评为"读书活动先进集体"。随之而来，学校"读好书 写好字 做好人"的办学特色也日益凸显。

一叶一菩提，一书一世界。慢行于"悦读"路上，不疾不徐地读书、写书、荐书、赠书、品书，通过这样的引领示范，我体味到的不仅是精神的丰盈享受，更多的是生活的智慧与信念，是阅读让我和周围的人拥有了情感相连、心灵共通的幸福密码。

学会控制自己的情绪

曾仕强在《情绪管理》一书中告诉我们：情绪管理就是用对的方法，用正确的方式，探索自己的情绪，然后调整自己的情绪，理解自己的情绪，放松自己。简单地说，情绪管理是对个体和群体的情绪感知、控制、调节的过程，其核心是将人本原理作为最重要的管理原理，使人性、人的情绪得到充分发展，人的价值得到充分体现；是从尊重人、依靠人、发展人、完善人出发，提高对情绪管理的自觉意识，抵制情绪低潮，保持乐观心态，不断进行自我激励、自我完善。

作为校长，如何运用好情绪管理是比较重要的修炼之一。学校管理中面临各种冲突在所难免，情绪便会随之而来。谁都不是神人或圣人，人人都有情绪上的变化。如同亚里士多德所言："任何人都会生气，这没什么难的。但要能适时适所，以适当的方式对适当的对象恰如其分地生气，可就难上加难。"也就是说，情绪管理指的是要适时适所，对适当对象恰如其分地表达情绪。

情绪管理是一门学问，也是一种艺术，我们要掌控得恰到好处。因此，要成为情绪的主人，必先觉察自我的情绪，并能觉察他人的情绪，进而能管理自我情绪，尤其要常保愉悦的心情面对人生。

在我的管理实践中，最初曾有控制不住情绪的时候，并因此错怪过下属。为此我曾深深自责，它时刻提醒我，作为校长遇到不符合心意之事，切不可盲目张口，更不可不问是非，不控制情绪。

那日一大早驱车来到学校，就看到有十余个家长堵在校门口，因为调换教师的事情找我讨要说法。

因为新学期有教师临时调动，这让学校一时之间措手不及。领导班子成员经过商议，综合各方面因素，让李老师担任四年（1）班的班主任。昨天已经和家长委员会代表说明了这次调动的本意。尽管当时也有个别家长提出了异议，但考虑学校暂时没有更合适的人选，他们也只好勉强通过了。

没想到，今天又有家长来讨要说法。个别家长情绪还十分激动："这样的调整，我们不认可！我们就要原来的张老师来当班主任！"

"可张老师另有安排啊，学校毕竟要综合考虑各方面因素的。而且新调换的李老师也是学校非常优秀的老师！你们可以四处打听一下！"副校长一再耐心地解释。

"打听什么？我们都问了，张老师说她也不认可学校的安排，她也愿意教现在的班级！学校为什么这样不通情理呢！"领导班子成员一直在进行耐心地解释和劝说，可这位家长的情绪还是十分激动，大有达不到目的就不罢休的架势。

我一见这种情形，情绪也有些激动，心想一定是张老师和家长们串通一气，故意鼓动家长来学校闹事。于是，拿起电话，没好气地叫张老师到校门口劝说家长。

等了几分钟，才看到她慢腾腾地从教学楼走出来。她这副漫不经心的样子让我的愤怒开始升级：怎么这么没有大局意识呢？一大早在教学楼里磨蹭什么呢？

我夹带着怒气的语调禁不住升高了："你怎么才下来？家长说你不愿意离开他们，他们的工作你来做吧！做不好，学校就通报批评你！"

她见我阴沉着脸，也满脸的不高兴。我没有理会，因为我还要到市里开安全工作紧急会议，便责成书记和副校长处理此事。

会议期间，书记发信息告诉我，家长们已经陆续离开了，张老师也已经做通了家长的工作。

中午回到办公室打开 QQ，不经意间进入了她的空间。

"当着那么多人的面说我和家长串通一气，太冤枉人了吧！有什么话不能好好说吗？态度干嘛那么强硬呢？"

"哎，看来 99 件做好了也没用，有一件事情没做好，照样挨批评！"……

下午召开副校级领导干部会议的时候，书记向我汇报了上午的情况。原来这个班有一个性格特殊的孩子，一直得到张老师的悉心照顾。只有她的话，孩子才听得进去。孩子一听说换班主任，就在家里哭闹不止，家长也舍不得，更担心新老师不了解孩子，让孩子一时之间无法适应，所以就召集了几名家长来学校做最后的沟通。而张老师，确实没有鼓动家长来学校，还一直夸新换的李老师非常优秀呢！

原来如此！听完书记的汇报，我才知道因一时心急错怪了张老师！

哎，怎么这么控制不住情绪呢？！内疚、自责涌上心头……

下午放学的时候，我赶紧找到她，说明了一大早上发火的原因，并真诚地向她道了歉。她没过多解释什么，但我抬头的时候，却发现她的眼圈红红的。好在及时做了善后处理，避免了她不良情绪的郁结。

这件事一直留存在记忆里，它时刻提醒我无论遇到什么事情，哪怕是违背自己本意的事情，在关键时刻都要控制好情绪。因为情绪失控下的举动极易对他人的心灵造成伤害。

其实，作为校长，除了要学会控制好情绪之外，还要适时适所地表达情绪。教师和学生最讨厌校长整天背着手，掐着腰，满脸严肃了。适当地将喜怒哀乐形于色，会让校长更有亲和力，更值得信赖。

有一次，在人手紧缺的情况下，学校参加区里组织的全新运动会。学校的体育成绩一直不太理想，再加上那时体育老师外调，人员更是紧张，尽管大家都十分卖力气，可主管领导暗示我不要抱有太大希望。我历来对比赛成绩不太看重，认为凡事顺其自然，尽心尽力便好。可没想到，那次运动会，我校师生“神性大爆发”（我总结中的夸张说辞），竟然获得了全区第二名的好成绩。在公布成绩的那一刻，我们的亲友团沸腾了！我也不再矜持，和老师们、孩子们紧紧相拥，大家不断地击掌祝贺！事后，一个六年级的小男孩跑到我身边，非要和我怪模怪样地合影留念，临走还做了个鬼脸：“校长，你像个孩子，真可爱！我们太喜欢你了！”

是啊，可爱的人谁不喜欢呢！在日常的管理中，我常以微笑的表情和赏识的动作展现无痕管理的魅力：为课堂上孩子的精彩发言鼓掌，为教师独具匠心的创意点赞，对领导班子成员团结协作的精神大加赞赏……

记得张振学老师在《欲望的世界——欲望与场域心理学》中曾说：“情绪是一个放任不羁的浪子，缺乏教养的浪子，但随着欲望层次的我不断提升，个体自我将越来越趋于理想，情绪也会在一定程度上受到理性的平抑与制衡。”

发泄情绪源于本能，控制情绪在于理性。合理控制情绪并适当表达情绪，让我深刻体会到：管理者情绪的好坏，事关个人的身心健康，更可影响到整个团队的气氛和工作的效率。所以学会情绪管理是校长自我修炼中一种难得的美德。

修炼淡定之心，拒绝"运动"

那日在南票参加高效课堂校长论坛活动，回来的路上接到领导电话，告知周五上午市电视台要来学校采访。我内心想要拒绝，但是领导的态度很坚决："好好准备吧。"采访的对象有领导、教师、学生和家长。既然是命令，便只能执行。

说心里话，对于这样的采访我一直不太喜欢，更多的是担心我们这方面的工作做得还不够好，毕竟不是窗口学校，一没有较高的知名度，二没有良好的师资和生源。唯一聊以自慰的是我们一直在踏踏实实做着本分的工作。但"做着"仅仅是一种常态的坚持，距离"拔高"式的精彩还相差甚远。平日里，看惯了那些精彩的采访镜头，真怕我们的教师、我们的学生、我们的家长达不到那样的"高标准、严要求"。

无奈中，按照领导的要求拟定了一份采访的提纲，犹惧这种模式化的采访呈现出我们拙劣的演技。好在电视台的魏导是一个求真务实之人，很多采访都是随机的，和预先的准备毫无关系。因为还原了真实，所以大家都很放松。

闲谈中，才知道这次采访对象有葫芦岛市一高中、兴城市第四初级中学，而我们是小学阶段的唯一代表。市里的推荐让我们很意外。魏导对教育的许多真知灼见让我心生感佩。他的采访力求还原真实，不盲目拔高，不夸大其词。这和我一贯的观点不谋而合。当知道我对媒体一直比较抗拒时，他笑谈是误导所致，并不是所有的宣传都是为了"宣传"，常态的才是真实的，真实的才更有生命力。很触碰心灵的一次交谈。

性格所致吧，内心一直抗拒"运动式"的夸大其词，惧怕热闹背后的"挖空心思"，害怕浮华背后的"迎来送往"。在学校的起步阶段，我只想默默地、一步一个脚印地、有条不紊地推进各项工作。心理咨询、社区教育、家长学校、课堂改革等一些所谓的特色工作我们都是慢慢地在做。时间久了，蕴藏着思想的东西就渐渐地浮出了水面，仅此而已。我知道，在现实面前，想要安安静静办学着实很难。所以，凡事没有起色时，我们力求低调，再低调。

一直以为“慢成长”才能更厚重，更坚定。对个人如此，对学校管理亦如此。初做管理者，因为人心不稳，即便怀揣理想，也不能用强制命令的方式推行自己的办学策略。好在，一路走来，我和团队成员携手并肩，认真梳理面临的困境，重新定位，不断探索，用养正品牌（养正品牌指的是学校以“弘德明信”为核心理念，注重培养师生的各种美德，学校“新三好”中的“做好人”便是这一品牌的有效载体）逐渐凝心聚气，让偏离轨道的“星星”及时调整了方向，终于开辟了属于我们自己的另一片天空。如今，一切正向“明亮那方”迈进。即便暂时没有鲜花为伴，但云和云的推动，却唤醒了灵魂。生命在场的状态，让我们的思想不断充盈。

深知自己是怀揣梦想的理想主义者，总想在现实的夹缝中寻求光明，寻求生机。知晓，对于更大的舞台，如果勉强为之，最后可能会面临更大的“碰壁”。如果能得到他人的认同，事业之路也许会更顺畅一些。

于是，不断提醒自己：在安静办学中，要试图用理性、专业、清晰的行为和声音，去处理、协调所有的事情。把教育当作事业，“用整个身心去工作”是坚守事业信念不变的情怀。

“走得太快，灵魂会走丢的。”每次咀嚼这句话，都觉得很有味道。行走在人生路上，如果每个人都能时刻提醒自己“蓄积灵魂”，我们的生命就不会遗失在世俗的风烟里。即便终至无痕，也会无憾。

构建和谐的人际关系场

戴尔·卡耐基说，一个人的成功，只有15%是靠智能和专业技术，85%是靠他的人际关系和处事能力。

校长是平等中的首席。不容置疑的是，这个“首席”是要承担作为团队领导者的职责的，无论是从权力因素还是从非权力因素的角度看，校长除了要修炼自身之外，还要在团队中构建和谐的人际关系。

“校长作为教师‘友好的伙伴’，要为教师提供情感上的支持和鼓励。教师的工作是情绪性劳动，教师对学校有认同感和亲近感时，才能对学校工作有真正而持久的投入。”①从马斯洛的需要层次理论看，校长要以需求为基础，以情感为纽带，以服务和沟通为手段，为教师营造和谐愉悦的工作氛围，建立基本的工作秩序，满足教师追求安全和公平的基本诉求；建立和谐的人际关系，鼓励教师参与决策，支持教师成长和创新，使教师感受到自己存在的价值，同时也增强教师对学校的认同感和投入感，从而满足教师追求归属和爱以及自尊的需求。和谐的人际关系易于联络感情、交流信息、形成合力，同时也有益于教师的身心健康。

构建和谐的人际关系，实际上最重要的就是如何用人的问题。人才对于任何组织的发展都非常重要。校长作为一所学校的领导者，要注重发现人才，培养人才，继而促进其在专业上有更大的发展。

在用人上要坚持这样的原则：用人不疑，疑人不用；任人唯贤，用人所长，人尽其才；重点关注骨干教师，辅以赞美、真诚、宽容……

在沟通原则上，校长要深谙心理学效应，如霍桑效应、自己人效应、互悦效应、鲶鱼效应……

---

① 陈罡．培养高素质教师队伍是学校的第一要务［J］．中国教师，2018（02）：46-48.

宽容管理绽放精彩

宽容管理是一种新型的管理理念与方式，正在显示出愈来愈强大的影响，它是著名经济与管理学家阿里·德赫斯提出的。德赫斯认为，宽容型管理是新经济形态下一种新型的管理理念与方式，也是世界上许多企业能保持持久的生命力，并成为“长寿公司”的活力所在。此种管理方式，同样适用于教育管理。

一、等待之中的宽容

这是巍第一次走进我的办公室，年轻的脸一如窗外初春的花儿，娇嫩而艳丽，浅浅的笑漾在举手投足之间。对于年轻人，我总是心生疼惜，因为从她们身上我总能寻到自己当初的影子，同时因为年龄的关系，更多的时候也把她们当成了自己的孩子，即便她们偶尔犯了错，也将心比心，多以等待的心态来看待。

一阵寒暄之后，她主动说明了来意。原来她是来请假的，因为她考上了省内一所师范大学的研究生，每年寒暑假都要抽出一定的时间来完成学业。欣喜祝贺之后，她忽然拉着我的手，一边抽噎一边说：“校长，谢谢您对我的宽容！”我一时诧异：“怎么哭起来了呢？有事慢慢说！”她惭愧地低下头：“上学期因为备考研究生，每天晚上都熬夜学习，第二天总是起不来，有几次还迟到了。副校长批评我时，我还顶嘴……本以为您会找我谈话，会批评我……没想到……”接着，又是一阵抽噎。

听她这样说，我依稀记起副校长确实和我反映过她迟到的事情。当时，副校长还非常生气，抱怨现在的年轻人个性太强，听不得批评，凡事总爱强词夺理。但看她平时工作态度一直很认真，我就让副校长提醒了几次，希望她自己反思后能主动改正。因为在我看来，“心房”的管理远胜于“门房”的管理。

通过闲聊，我了解到她确实是个有理想、有追求的年轻人。因为感觉自身底蕴不足，所以利用闲暇时间不断学习，期待自己在专业发展上有更大的提升。

“陈校长，我是巍，已经来到学校并开始上课，非常感谢您允假成全我求学的愿望，真的谢谢您！学业收获很大，希望所学对工作有所帮助，待学业有成再回报培养我的单位和一直崇拜的您！”读着她在学习期间发给我的短信，我深信不疑，并有所期待。

后来的实际情况证明，她一直心存感恩，没有辜负学校的期望：几次达标课、示范课都反响不错，班级管理水平也在原有的基础上有所提升。

由此，我开始反思管理的艺术：遇事就管，尤其是不问青红皂白的一味批评与谴责，往往会适得其反；而适当的等待、适当的宽容、适当的反思，会让年轻人的心灵更自由，行动更自觉。

二、冲突之中的宽容

管理之路从不会一帆风顺。与人发生冲突在所难免，不管是主动的还是被动的，关键在于如何应对冲突。

每年的年度评优我们都把最终的决定权交给教师。学校只注重平时的考核评定，各类人员的二分之一进入候选人评选之中。几年下来，教师们都非常认可这种公平公正的评选方式。

那日的评选如期进行。领导们和教师代表正在小会议室核定选票。这时，华正在隔壁怒气冲冲地和书记谈话。书记解释劝说无效后，只好求助于我。我来到隔壁办公室，见到华余怒未消。

“校长，这种方式太伤我自尊了！我不想参加评选！”

“你都进入候选了，怎么还不想参加评选呢？”

“我这个人平时说话直，又不善于拉关系，人缘不好，肯定评不上，所以我不想受刺激，我要退出评选！”

“你觉得大家评选光靠人缘吗？大家看的是你的实际工作业绩。你当上了候选人，说明你平时工作突出。参加评选你认为是受刺激，那没进入的人不更觉得丢脸了！”

“反正我不想参加评选！不想被你们耍弄！这种方式我不接受！”任凭我和书记怎么解释，她就是不参加评选，说到激动处，竟然还抹眼泪！

“已经进入核票环节了，如果有什么意见，明年再提！开学初就这件事征求意见的时候，让你提你不提，现在成为候选人，你还有意见？候选人名单公布的时候，你怎么不说？”书记也有些生气，到这个时候了，名单是无法撤除的。

其实，华平时工作极其认真，是学校中青年教师中的骨干力量。唯一不足的就是脾气不好、性情耿直，平时因为爱较真，和同事相处不太融洽。这次她担心评选时教师们只重情谊，不看业绩，认为与其评不上丢人现眼，还不如彻底不参加评选呢。

她的犟脾气上来了，无论我们怎么劝说都无济于事，临走时还怒摔了办公室的一盆花，说这种评选是玩人、耍人的把戏。

最后评选结果出来，她评上了！别人都说她太冲动，还没有结果呢，竟然和校长、书记去吵架！评选后填表时，她一脸的愧疚，也知道了自己当时的做法不理智。

尽管她当时的态度极度恶劣，但我总在想，领导怎么能和老师计较呢！何况，华的工作劲头是无人能比的！在之后的日子里，她虽然没有直接和我道歉，但从她游离的眼神和躲避的身影中，我明显感觉到她已经知道错了。所以，每次见到她，我都笑脸相迎，主动和她打招呼。

都说“宰相肚里能撑船”，虽然我不是宰相，但是容人的心胸还是有的。宽容别人，其实就是宽容我们自己。多一点对别人的宽容，我们的生命中就多了一点空间。实践证明，校长只有能容人、容事，才能真正成事。

搭建平台，给予舞台

转眼间，分配到学校的新教师时间最长的已经有三年了，在学校和谐愉悦的工作氛围影响下，他们通过自己的努力，得到了其他教师、学生和家长的一致认可。学校也在不断探索对新教师培养、管理的方式方法，以更好地发挥他们的积极性。“今天的白杨，明日的栋梁”是我们为学校的白杨文化赋予的崭新内涵。孩子们是学校的小白杨，新教师则是学校的大白杨，他们都是南苑小学的未来和希望。

为了让这些“大白杨”真正“下得去、待得住、干得好、流得动”，学校积极为他们的成长搭建平台，给予舞台。

对于刚进入学校的新教师，学校重点从教育培训、帮助带动、目标考核等方面入手，帮助他们顺利度过过渡期。一是营造氛围。学校尽最大努力为新教师的工作和生活提供便利条件，老教师的热情、骨干教师的示范，让他们抛却顾虑，很快融入我们这个大家庭之中。二是认真帮带。学校实行“青蓝工程”，采用“一帮一”的策略，即让优秀骨干教师与新教师结为帮扶对子，既传授工作经验又交流工作心得。“一带一”，即为每个新教师指定1名优秀骨干教师为辅导员，定期谈心、解疑释惑，帮助他们解决工作、生活中的难题。三是交流沟通。为新教师创建QQ群、微信平台，通过及时交流沟通，使他们在最短的时间内适应工作环境，融入学校生活。

萱是学校的英语教师，第一次听课时我们就发现她的素质特别好，是可造之材。于是，在教育局和进修学校视导检查的时候，我们就大力推荐她上了一节展示课，让领导和教研员认可她的能力，其目的是给她搭建一个更大的平台，以让她获取更好的展示舞台。恰巧，那时省里要举行英语教师课堂教学大赛，教研员发现她的潜力无限，决定破格提拔她作为候选人。为了提升她的综合素质，主管的主任、副校长和她一起深入钻研教材，锤炼她的课堂调控能力。我还借助多年的人脉资源，亲自邀请市里的教研员到学校对她进行指导，在多方努力下，萱作为葫芦岛市唯一的参赛选手参加了省里的比赛，最终不负众望，获得了省级英语课堂大赛一等奖，还被推荐参加国家级优质课的评选。

比赛回来之后，我们及时召开了“比赛归来话成长”青年教师座谈会，在会上，萱激动不已，以“专业成长且行且珍惜”为题畅谈了自己参加比赛的心路历程，其他年轻教师也备受鼓舞。

一次比赛，一次历练，一次成长。这次参赛的过程，对萱的触动很大，也有力地激发了其他年轻教师的工作积极性。

不仅如此，对于中青年骨干教师，我们积极搭建更大的平台，让他们有施展才华的舞台。

楠是学校的市级骨干教师，平时爱好读书写作，班级管理亮点频现。不过，她总是默默无闻地付出，不爱出头露面，用她自己的话说就是“一切都是自娱自乐”。我非常赞赏她管理班级的方法和能力。2016 年 8 月，学校和山东的徐洁教授联合举办了“全国本真教育之合作学习研讨会”，我争取到一个交流的名额，让她在会议上介绍她的班级管理经验。她以“班级管理巧遇（戴维）的高级需要”为题，结合班级管理的故事，从教育要满足学生的权利需要、交往需要和成就需要三个方面绘声绘色地介绍了自己的创意与经验，受到了与会领导和教师的高度赞誉。之后，我又把她的这篇文章推荐给了《当代教育家》杂志。

当她拿到稿费的时候，非要塞给我，说自己从没发表过文章，也没有过这样的奢望，更没拿到过稿费，如果没有我的推荐，这篇文章肯定是不能发表的。我怎么能要呢？她又非要请我吃饭，我心意领受！最后我告诉她一个小秘密：如果喜欢读书又没有足够的资金买书，那就尝试写书评发表，用挣得的稿费再买书，再买再写……她欣喜异常。

我们针对不同人的内心需求和发展需要，为他们搭建不同的舞台，并充分利用现有的平台，让教师们舞出多姿多彩、绚丽纷呈的华彩乐章。

用人所长，情谊绵长

玛丽凯在《掌握人性的管理》中曾说，每个人都渴望自己成为重要人物，管理的成功就在于使每个人都感到自己重要。"让每一个人都感到自己很重要。"这是最重要的用人之道。人才需要发现，作为校长，切忌以权力压人，以命令管人，而应慧眼识人。识人之后的用人更不要求全责备，而应用人所长。

敏是我们学校的一位微机教师，离异后一直单身。作息时间无规律，偶尔还会有迟到现象。她性格孤僻，不喜与人交往，但其做课件的水平相当高。如果不是区里要举办教师课件制作大赛，大家几乎要忘记了敏的存在。因为她整天把自己关在微机教室里，在公众场合，也是少言寡语的。

了解她，走近她，缘于一位好友的推荐。先前做书记的时候，电脑总出现故障，无奈之际，寻求帮助。看着她噼里啪啦一顿检修，我只有目瞪口呆的份儿了。修理的空隙与她闲聊，才知她经常上网，且与我同类，经常写博文，把自己做的课件与网友进行交流。当她兴奋地把她做的《妈妈，我等了你二十年》视频演示给我的时候，我惊呆了！没想到，我身边竟然有如此电脑高手，特别是她把自己与清华大学教授共同编写的电脑教材送给我的时候，我更加确认，她是个不可多得的人才。

一日，她和我探讨领导者如何看待教师工作期间上网的问题。她说自己经常聊天，不过聊天的话题都是探讨业务的。可是有些领导对此不甚理解，经常认为她不务正业，有时甚至还以查岗为名故意为难她。她为此苦闷了许久。我表明了自己的看法，如果教师上网是为了业务提升，无可厚非。即便是利用工作时间撰写博客，发表文章，只要没有影响到本职工作，都是应该加以鼓励和赞赏的。

可能是惺惺相惜吧，我们渐渐成了知己。那时的良好交流也为我们日后的合作打下了良好的基础。

后来，我担任了这所学校的校长。我一直非常欣赏有才华有个性的人，如果给他们搭建合适的平台，相信每个人都会有更好的发展。对于她偶尔的疏懒，我没有吹毛求疵，相反却在生活上更加关心她，在工作上给她足够的空间，让她在网络上自由呼吸。我相信，网络资源无限，她也是学校难得的人力资源。

2009年冬天，敏突然发现小腿上长了一个肿瘤。她非常害怕，经过多次确诊，医生建议她手术。因为亲属都在外地，无人照顾，家里虽有年迈的母亲，但为了不让老人担心，她想一个人面对手术。看到她孤助无依的样子，我和工会主席决定亲自陪伴她。因为手术日期的临时改动，她没来得及准备手术费用，我毅然拿出自己的积蓄。在住院的那段日子里，我和她的好友成了她的精神支柱。生活上的帮助让她心生感激。

为了让家长和社会更多的了解学校，我和领导班子成员曾商议建学校网站，虽然也寻找了一些社会力量进行帮助，可一想到日后的技术服务等问题，这个打算便一度搁浅了。

假期里，和好友闲聊，才知道敏一直在琢磨网站建设的事情，而且用了将近三个月的时间已经完成学校网站的雏形。我大喜过望，马上联系了她。没想到，敏很谦虚，说本想彻底把网站做好了再告诉我。多好的教师啊！我知道建一个网站并不是件容易的事情。很多学校都是花了很多钱找人帮忙的，费时费力不说，网站维护也是个大问题。没想到，这样的专业人才就在我们身边！

于是，我提议我们一起商议网站建设的诸多问题，敏欣然应允。从网站栏目的设置，到网站功能的开发，到服务器的申请，到后期的维护，听着她津津乐道，我的内心充满了感动。

就这样，不到半年的时间，网站就建好了。但她还是不太满意，总是在不断完善。

有一次，她因为校长信箱的页面链接和我探讨，当时我觉得已经很不错了，可她是个完美主义者，依然要修改。思路卡在了那里，我劝她暂时放一放。她郁闷了一整天。第二天一大早打电话告诉我，半夜的时候灵感突然降临竟然解决了难题，那兴奋的样子如发现了新大陆一般。

作为校长，有此教师实在是一件莫大的幸事。在她的身上，我更加领悟了用人所长的真谛：在用人的过程中如果能重视激励和表扬的作用，并善于用场域文化中的积极榜样带动更多的人形成正向能量场，那么，谁都有可能创造奇迹！宽松的环境，加上满溢的人文情怀会让"士为知己者死"，而校长也会成为最大的"富翁"。

如今，我已经离开了那所学校。最初的日子，她极度不适应，每隔一段时间就会给我打电话。其实，电话接通后，往往没有多少话可说，但听到彼此的声音，便会心满意足。那种只可意会不可言传的默契，让我更加坚信识人、用人、交心的重要性。

真情溢于言表。那日我忍不住提笔记录下我们之间分离之后的美好情谊。

被人想念是一种幸福

此时，只想说，被人想念是一种幸福。

没有及时接到你的电话，回复后，你迟疑了两秒，笑着说："打电话什么事都没有，就是……想你了，真的……想你了！"心暖——无所求的心绪表露，最能扣动心扉。虽然我们的谈话很随意，无关乎第三人，但你的心意，我懂。你说，想念的不只是你一人，还有她、她、她……我笑。是的，我知道。我又何尝不是呢？！

你说，我们之间的交往没有居高临下派生出的"上下"，只有脚步靠近时的"左右"和心灵契合后的重叠。

那天的见面因为公事，你在忙，我也在忙。没有过多的言语交流，但一个眼神，足矣。很幸运，我见证了昔日播种后的"辉煌"，曾经熟悉的一切，都留下了我们奋斗的足迹。有时，留有遗憾未必是坏事，那日我虽然不是"主角"，但从你和你们的微笑中、眼神里、言语间，"被记得""被认可""被盛赞”的感觉还是如此强烈。对于领导者而言，荣誉从来不属于“某一个”，它应该属于集体，属于“每一个”，它更不会因为某人的调任而褪色。

一直欣赏你的才华。曾经因为共同的爱好，打造了属于我们的精神家园。而今，看着它日渐荒芜，你伤，我也痛。还记得彻夜难眠时的苦思冥想，还记得清晨豁然开朗后的开心大笑，还记得因为一次误会的摩擦与纠结，还记得敞开心扉后的坦诚与释然……你为昔日的“不懂事”一个劲儿地道歉，这有什么呢？人与人的交往贵在真诚，我们是惺惺相惜的“臭味相投”啊！理解，有时真的应该“万岁，万万岁”。因为，那是一种很难得的“懂得”与“慈悲”。

一直担心你的身体。每到换季的时候，你都会感冒，看着你憔悴的面容，除了嗔怒，就是心疼。没有规律的作息时间，是最伤害身体的。身体不好的时候，你总有隐忧。那时，各类新闻媒体总报道孤寡之人的噩耗。你告诉我，如果发现你没来，一定要给你打电话，怕万一发生不好的事情，无人知晓。悲凉陡然升起，那一瞬间，我沉默了，有想流泪的哽咽，感动也逐渐升级，知晓你在内心深处把我当成了最亲近的人。这是一种多么难得的缘分啊！在对待你的问题上，我承认有时是有私心的，总想多帮助你一些，总想能给你开个“绿灯”，更希望能时刻提醒你好好吃饭、好好睡觉、好好锻炼……

也许，在别人眼中，你略显“格格不入”。但我，却一直欣赏你的真与纯，不矫情，不做作。分别后，接到过你很多次电话。有一次，你竟然在逛街时，不经意地拨通了我的电话：“我在……没事，就是想你了。真的没事，你忙吧。”看似淡淡的，但我体会得却很深刻，你内敛严谨，从不论人是非，但内心的纠结我还是能感受得到：“慢慢适应，会好的。”

“君子之交淡如水。”相聚时，彼此的好，如空谷幽兰，少识少懂。离开后，心沉静下来，思绪翻腾，当初的“好”如酵母发酵，愈发膨胀，愈发鲜明，愈发浓烈。是啊，谁也不会一辈子“春风得意”，唯有朴素的草根才能“接地气”，才能笑对“春风”。感情的酒，需要贮藏，需要用心酿就，唯其如此，才能更醇香，更长久，更深远。

你，和你们都是我继续行走的精神财富，我会珍藏，会感念。不管身在何位，心在何方，不断地告诫自己：永远做个好人。不求留影，不求留声，不求留名，只求心安。

心安即家。

发挥关键教师的无形领导力

为了提高学校团队的士气，校长通常会修炼自身的影响力。殊不知，关键教师的作用也不可小觑。

何为“关键教师”呢？他可以是明星教师，也可以是骨干教师。他们或业务精湛，或德高望重。总之，他们在学校中有很高的威望，能够起到示范引领的作用。

记得当初来到南苑小学的时候，因为有“每日三巡”的习惯，所以没用多久，我就发现了一位“关键教师”L，她酷爱读书写作，班级《作文通讯》是她与家长沟通的媒介，也是展示孩子们习作的良好平台。摩挲着精美的封面，品读着师生和家长素朴的文字，我的内心着实感动不已。

和她交谈时发现，她很低调，一直是默默地很随性地在做着这项工作。因为志趣相投，我与她分享了自己的博客，并把一些好书送给她。她读书的愿望很强烈。后来看她不太会用网络，我又帮她申请了QQ，建立了个人博客，她开始尝试着把自己的文章放在网上与大家分享。我应允她，如果她能持续带动学生和家长一起写作，学校会为她免费出版个人文集。

行动，是最好的证明。事实上，她一直在读、在写，在每一个平凡的日子里都细细品味着读写的乐趣，而她的学生、学生的家长，也一直在有效沟通中品味着读写的幸福。

时光飞逝，一切如约而至。我也兑现了自己的诺言，为她出版了文集并撰写了序言。

用心行走，梦想就会开花

——写给碧海蓝天老师

来到南苑小学近一年半了，还记得当初我们第一次倾心交谈后的承诺——孩子们“毕业”的时候，如果你能写出100篇文章，学校就为你出版个人文集。你当时只是谦虚地一笑：“我试试吧。”

一年过去了，看到你空间里的文章与日俱增，内心无比欣慰。我知道这不是靠行政命令高压下的被动接受，而是用心用情后自然生发的情愫表达。正因如此，我成了你每篇文章的忠实读者，咀嚼着从纯净的心灵里流淌出的文字，禁不住唏嘘慨叹：做教师，何其幸！做如你这般用心的教师的领导，更是何其幸运！

每次走进你的班级，都会看到你或是在激情讲解，或是在静思沉读，或是在耐心辅导，或是在认真批改……懂你的人，都会说你总是如树一般静立，经年不变。

记得第一次走进你的班级，就被班级的《作文通讯》强烈地吸引了。问询之后，才知晓为了引导孩子们读书写作，你已经默默地坚持十年了。十年的时间啊，不长不短，能够始终如一地坚持下来，实属不易。后来陆陆续续地从同事、家长和学生的口中“读”到你的“与众不同”：凡事都特别用心，哪怕是一次家庭作业的布置；凡事都特别有新意，哪怕是年年都要召开的家长会；凡事都踏踏实实，哪怕是一次班级内部的古诗考级……

有人说“用力做事可以把事情做完，用脑做事可以把事情做成，用心做事可以把事情做好”。用心是把事情做好的不二法门，而你，恰恰掌握了这个秘诀。

用心去爱。教育就是爱。在点点滴滴的日子里，你涂抹的爱的色彩更斑斓。每一个孩子的爱好、特长，你都如数家珍。即便是对发育迟缓的孩子，你也总能耐心等待。当读到《差生当上了“三好生”》时，我和孩子的姥姥一样激动，因为“平等”的含义在你的行动中得到了最深刻的诠释。

用心管理。管理出智慧，管理贵创新。在你的字典里，我看到了创新思维的火花渐次点燃，并光照四方。《护蛋行动》里的独特体验，让孩子们感受到了母爱的伟大；《窗台上的风景》让孩子们在瓶瓶罐罐的栽种中体会到了观察的乐趣；即便是全校普及的古诗考级过关，在你那里也是花样百出，什么“萝卜蹲”“抢凳子”“说质数”“唱反调”“戴眼镜的”“单眼皮的”“没穿马甲的”等五花八门的过关考级方式，既督促了孩子们的学习，又提高了孩子们背诵的乐趣。

用心成长。于漪老师说：“教育的生命力在教师的成长和发展，而教师真正的成长和发展在教师内心的深度觉醒。”这在你身上得到了最好的体现。

你虽然比我年长一岁，但对我总如小学生般毕恭毕敬，这让我忐忑不安。一次区级展示课，你邀请我去听课，课后非要我像对待新教师那样给你指点，还说希望以后多给你“受折磨”的机会！看着你认真的神情，我被震撼了——人到中年，还如此好学，真是难得！

你是个容易被激发和点燃的人。对于读书，你更是如饥似渴，当我把自己看过的经典书目推荐给你的时候，你欣喜若狂。一本一本地读，一篇一篇地写，从你的文字里我读懂了你如孩童般清澈的思想。

更难得的是，你把每次外出学习都当成了成长的福利。记得那次从北京学习回来，你滔滔不绝地给我讲述自己的心得体会，并热血澎湃地畅谈了自己今后的打算。受名师的启发，你在自己的班级成立了“五一俱乐部”，把具有朗诵、书法、绘画、才艺、奥数等相同特长或者对此有兴趣的孩子们聚在一起，让他们互相交流研讨，给他们搭建展示平台，让他们共同进步。

很多时候，面对孩子你总是津津乐道，面对工作你总是乐此不疲；面对误解和嘲讽，你也会有委屈的泪水、情绪的波动，不过风雨过后，依然彩虹满天。是啊，成功的人适当的时候必须学会“装聋作哑”，因为只有在经受了挫折磨砺之后，人才会更成熟、更强大。

如今，所有的酸甜苦辣都化作了你笔下的文字，一一铺陈在我们眼前。我知道，把日子写在纸上，流淌的不仅仅是岁月，还有一份珍存的眷念和幸福。于是，慢慢地懂得：于你，用心做事是一种态度，也是一种责任，更是一种幸福。

此时，再次品读着你的美文，不禁想起了美国诗人谢尔·希尔弗斯坦的小诗《总得有人去擦星星》：

总得有人去擦星星，
它们看起来灰蒙蒙；
总得有人去擦星星，
因为那些八哥、海鸥和老鹰
都抱怨星星又旧又生锈；
想要个新的我们没有，
所以还是带上水桶和抹布；
总得有人去擦星星，
是的，这个世界总得有人去擦亮星星。

你，就是那个心甘情愿擦星星的人。冒昧地借着泰戈尔的智慧，与你共勉：行动吧，沿着你的道路，用心行走，鲜花将不断开放！

渐渐地，在她的带动下，校园里多了一道读写的风景线。这种无形的力量，不仅优化了家校关系，也形成了一股正能量。

构建专业的发展关系场

“百年大计，教育为本，教育大计，教师为本。”这是众所周知的道理。从某种程度上说，教师专业发展是打造优质教育的关键所在，教师的专业化程度是教育质量的决定性因素。因此，打造一支专业化的教师队伍就显得尤为重要。教师只有走上专业自觉发展之路，才能始终把握时代的脉搏，洞悉教育的走向，不断发展自我、超越自我，乃至遇到更好的自我。在学校管理的关系场中，作为学校的管理者应该立足校本，从专业意识、自我反思、同伴互助、校本教研、专家引领等角度出发，不断引领教师的专业成长。

让博客成为有效沟通的桥梁

管理最重要的是人心的管理，而有效沟通无疑是非常重要的管理手段。当然有效沟通的方式有很多种，我觉得最能深入人心，容易引起心灵共鸣的是文字沟通。其间，超越时空和无可言说的默契会让沟通取得事半功倍的效果。

我一直有早起的习惯。在晨光中时常到“教育 1+1”“教育在线”“家庭教育网”等网站上闲逛。因为在那里有很多精神导师引领我成长。2006 年 2 月受一些名师大家的影响，我在新思考网站创建了自己的博客，命名为“无痕驿站”，后来随着“无痕”理念的深入，在“教育 1+1”上直接改名为“无痕”。2012 年又在新浪网上开通了实名博客。10 几年来一直笔耕不辍，撰写文章千余篇，150 余万字，其中有自己对教育和生活的感悟，也有有感而发的随性文字。

校长博客需要眼量。个人建立博客的初衷是发挥无痕教育的影响力，简而言之就是“利用个人的微力量影响团队的大格局”。大学毕业至今 27 年了，做了近 12 年校长，我一直倡导无痕管理，不求立竿见影改变人，只求潜移默化影响人。为了让无痕教育理念深入人心，争取尽快得到教师的认可，也为了避免工作中的正面冲突，我才想到了用博客这种有形的方式与教师进行心灵上的无形的沟通。这样一方面借助博客发表观点，与全国各地的教育同仁互相交流学习，另一方面也可以倾听教师、学生和家长的心声，将其作为管理工作的切入点，以便更加有的放矢地开展工作。其实最重要的，我是想通过博客播种思想并对大家起到示范引领的作用，于潜移默化中改变教师的精神状态，提高团队的生命质量。

校长博客需要肚量。教师、学生或家长有什么想法，可以在博客上同我直接交流，发表他们的意见。最初，因为刚刚接管一所学校，“异样”的声音常常不绝于耳。

比如，对于学校的各项管理，个别家长最初不是十分理解，甚至还有很多误解。记得一位家长曾发泄他的“不满”：“孩子小，忘记带东西不是很正常吗？我送到学校时，保安为什么不让进，是不是太过分了？”“我把小孩送到学校，就是让你们教育的，班主任为什么总让家长去学校？要我管，我还把他送到学校干什么？”

好在一些家长也能针对他们的不满表达自己的理解和看法，正能量的留言加上班主任和学校的及时疏导，最后家长的不满都能化解。

不过，也有针对学校工作提出的一些合理化建议：

“学校走廊流动书吧确实很美，但是图书是不是应该定期更换呢？”“学校古诗考级活动开展得有声有色，但是对于学有余力的孩子是不是也可以做相关拓展，让他们背一背初中的经典诗文？学校如果能有此方面的鼓励机制是不是会更好？”“学校开放日活动真好！孩子喜欢，家长也乐于参与。在关注成绩的同时，我们希望学校多开展有益学生身心的活动。家长一定大力支持！”

此时，家长的心声就是我们工作的方向。在他们的建议下，学校书吧成了一道流动的风景线，古诗考级活动不仅有必须达到的“考级”标准，还涌现出了更多“越级”的古诗小才子和小才女……

日久天长，一个良性的沟通平台渐渐形成，异样的声音渐渐少了。

校长博客需要力量。有人认为校长写博客的另一个隐含的目的是为了让大家都来“博一博”。其实我的初衷并非如此。有些人可能怕我提出这样的高要求吧！记得刚开博客不久，就有一位教师留言：“教师对新鲜事物的领悟能力是最慢的，大多数人来写博客不可能。正因为物以类聚，人以群分。每个人的爱好是不一样的，可都是走完自己的人生旅途。”于是，我毫不犹豫地敲下了下面的回复：“一直以为写博客是发自内心的行为，领导无法用行政指令强制。如果‘为了什么而什么’，写作就失去了意义——‘己所欲，亦勿施于人’。”

对于博客问题，我的态度一直很明朗：于己——“不用扬鞭自奋蹄”；于人——无痕渗透，个性选择，“你的地盘你做主”。个人理解，这是自我的觉醒和坚持，是个人成长中的醒悟状态，他人无权干涉和剥夺。一切缘于自悟、自救和自渡。如果管理者用各种奖励措施亦或强迫被管理者为之，其生命必如流星般消逝。诚如伏尔泰所说：“我可以不同意你的观点，但我誓死捍卫你说话的权利。”同样，我也捍卫教师写与不写的权利。

后来我把此事写成了一篇文章《己所欲，亦勿施于人》，其中再次阐述了自己的观点：真正的博客让肉体醒来，并且让灵魂醒来。“让灵魂醒来”，那是一种梦着的幸福，也是一种醒时的痛，毕竟我们每个人都无法奢求生存空间的绝对纯净。在虚无和荒诞面前，只有上帝能站得住脚，作为生命个体的抵达，那种撕裂的对于苦难的承付，那种担当的不自欺不妥协，那种对于命运的拷问，都需要如磐石般的坚守。草根即便贴着地面匍行，也需要心灵的引导，需要行者的坚定，需要共舞的搀扶！

教师的顾虑慢慢打消了。不过，有些爱好读书写作的教师还是开通了自己的博客，有的还开通了班级博客。这些没有行政指令的“无心插柳”，让博客的生命更长久，或许这才是无痕教育最大的魅力所在吧。

小创意，大世界。校长博客中流动的文字构成了一道道亮丽的风景线。我相信，文字传递的不仅仅是冰冷的符号，更传递了真情、信任和智慧，它也一定会成为学校管理中有效沟通的纽带和使者。

让故事成为改变行动的载体

商业图书作家兼自由评论家海尔在其《故事力》一书的序言中曾说："'知识就是力量。'而传播知识最有效的方法就是讲故事，因为故事易记忆易传播；故事贴近人生，更可赋予产品情感和生命力；给人思考空间，唤醒人内心的情绪。故事更是树立品牌个性的有力工具。"

在多年的学校管理实践中，我一直倡导两个"无限"：一个是无限相信书籍的力量，另一个则是无限相信故事的力量——因为故事的影响力更深远、更持久。每所学校都有故事，无论是校长、教师或是学生都要学会讲故事，因为它能在春风化雨中传递正能量，达到以情怡情、以情讲理的目的。

在南苑小学校园里，故事随处可见，随口可出。可以说，故事就是无痕管理的有效载体。这种无声无息的熏陶感染取代了空洞盲目的说教，让教育的因子深入人心、落地生根。在实践中，我们特别注重从传统文化和现实世界以及学生生活中汲取鲜活的故事，通过故事弘扬美德，传递正确的价值观。我们也善于用故事课程引领师生的文明雅行——通过环境文化展示故事、会议培训讲述故事、感动地带书写故事等方式，引领师生在潜移默化中受到教育，努力做"品正、行雅"的好人。

一、厅廊文化展示故事

为了打造学校"读好书写好字做好人"的办学特色，我们营造了和谐温馨的育人环境，在“弘德明信和谐幸福”共同愿景的指引下，在学校核心文化的设置上，重点从“立德、立言、立行”三个方面分别提出了做人的四个好习惯（相信自己，悦纳他人；尊重他人，谦虚礼让；与人友善，善待他人；严于律己，宽以待人）、做事的四个好心态（以责任心对待工作，以热爱心对待集体，以淡泊心对待名利，以平常心对待得失）、做学问的四种好精神（用心专一，用情专一，领域专一、始终如一），并在楼层主题文化的建设上，打造了以引人入胜的各种“故事”为载体的主题厅廊文化。

其中“德育大讲堂”板块，围绕儒家学说“仁义礼智信温良恭俭让”进行设计，通过古今中外的经典美德故事，在悄然慢行中培养学生良好的品行。比如，对于“仁”的故事，我们这样深入浅出地阐释——常州陈四，养了黑白两只鹅，两圈相邻，各有一群小鹅。一天大黑鹅死了，小黑鹅们失母悲鸣。大白鹅见此情景悲泣数声。从此，大白鹅每天早晨都带小鹅们同去吃食，到晚间又把小鹅们同护在翅下，人们见了都称赞大白鹅的仁爱之心。就是这样通俗易懂的小故事，让孩子们更易于内化于心，外化于行。

其他诸如“艺术直通车”板块通过一些书法、绘画名家的故事，引领学生走近名人大家，开阔了人文视野；“读书彩虹桥”板块通过名人读书故事、文学名著导读等引领学生走进经典，浸染书香，为学生文学修养的提高打下了坚实的基础。另外，教学楼外文化墙主题分别是“中华美德”故事，以及各个班级设置的故事文化长廊，定期更换的学生书写的感动故事，内容更是丰富多彩、感人至深。

二、会议培训讲述故事

未来研究所所长洛夫·杰森曾说，创造以及诉说故事的能力，是 21 世纪企业必须拥有的最重要技能。

作为校园文化的引领者，校长更应该是一个会讲故事的人。通过讲故事的方式建立共同愿景、倡导共同价值观，是一种十分有效的管理方式。对此，有学者做过这样的阐述：“故事可以是本部门的，也可以是外部的，甚至可以是外国的、古代的；故事可以是真实的，也可以是虚构的。关键是讲故事要有情节，要生动感人，使教师喜欢听你的故事，而且乐意到处讲你‘编’的故事和你讲的故事。”每个学期初的全体教师大会成了我施展自己讲故事才华的平台。在大会上，我除了公布学校的工作计划之外，还会精心准备一道丰盛的“精神大餐”——讲述一些富有哲理的小故事，讲述时或声情并茂，或风趣幽默，或意蕴深刻，伴随着温暖亲切的声音，配合形象生动的画面，用小故事蕴含的大道理深深地震撼着大家的身心。

比如，针对个别教师爱抱怨、不能正确认识自身工作价值这一现象，我讲述了“十字架”的故事，阐释了为了暂时的轻松前行，而不断把自己的“十字架”（自身承担的工作）砍掉一截的严重后果，让大家认识到不要抱怨工作太繁重，只有努力工作，尽可能地将我们的“十字架”延长，才能跨过一道道“沟壑”，朝着更高层次的目标前进。

再如，针对大家在工作中各自为政、缺少合作意识的现象，我首先讲述了阿姆斯特朗登陆月球成功的故事。让大家认识到：成功不必在我，团队的成功就是我的成功。成人之美不但是一种修养，更是一种美德。接着我又针对如何处理好个人与团队的关系，绘声绘色地讲述了铅笔的故事……在大家你一言我一语的讨论中，我们达成了共识：在团队里，我们都要做这样的铅笔。只有被一只大手握住，才能书写生命的记忆。这只大手就是团队的凝聚力。没有团队的良好环境也就没有生命的磁场，自己这支笔就会散漫无边，一事无成。尤其是在我们这个近百人的团队中，不同的人有不同的利益诉求，不同的人有不同的个性特点和处事风格，我们必须融入团队这种正能量“场”中，去感受它的强劲力量，在合作中做事，在做事中共进，以良好的作风和形象推动学校发展，促进校园和谐。

当然，心灵鸡汤喝多了，营养会过剩；大道理听多了，也会心生厌倦。如韩寒所说，我们听过很多大道理，却依然过不好这一生。为什么呢？我的理解是这些大道理并没有与我们的生活经验和个人体验相连，它们是空洞的、孤立的，但是一旦与我们每一个个体相连，它的发酵作用就会适时得以显现。

因此，在讲故事的时候，我一定会与管理中存在的问题、教师关心的热点问题相关联，或是结合自身成长的经历，让教师入情入理地明晰“盐”溶于“水”的道理。比如，在谈到如何做教师，如何做教育的时候，我讲述了《被欣赏的与被淘汰的》故事，通过江老师挑选女婿和评价好学生的不同标准，让大家认识到培养学生的健康、品行、性格、情趣的重要性。尤其是故事之后关于“你希望你的孩子遇到什么样的老师”或“你希望你未来的儿媳妇或女婿是什么样”的讨论，更让大家深刻体悟到如今我们所处的教育生态的无奈和痛苦，并不断反思如何从教育的原点再出发的重要性，以及在行动上如何保持我们应有的教育良知和教育智慧。

做校长近 10 年，一直坚持这样讲故事。难能可贵的是，从教师们日常点点滴滴的变化中，我发现了这些故事散发着的无穷魅力，我品尝到了这种潜移默化的无痕教育具有的神奇魔力，因为它悄悄地传播着理解、信任、热情与感动，逐渐融化了教师们长久以来冰封的心海，消解了一些人内心郁结的不良情绪。有时候，带有感染力的故事还会让渐渐浮出水面的问题于无形中自灭。

故事的力量无可比拟，但仅仅依靠于此并妄图一蹴而就地改变他人的思想是不可能的。讲故事只是为了引领和浸润人的思想，领导者的身体力行更重要。作为校长，不要一味地想着去改变他人，而要学着用各种推陈出新的示范引领人、熏陶人、影响人。

三、感动地带书写故事

每个人都是校园的主人，每个人都要做生活的有心人。拥有一双善于发现真、善、美的眼睛，就会在感动地带随时发现好人的身影。

我们曾经开展“寻找身边最美的好人”活动，引领师生去寻找感动，发现感动，书写感动。其中，“我的好同学”故事精彩纷呈；“我的好老师”故事让人心生敬意；“我的好父母”故事让人热泪盈眶。好同学、好老师、好父母，他们用美好的品德、美好的行为，给我们留下了诸多感动，他们所传递的那种至真至善至美的正能量，不断滋养着我们的灵魂与精神。

且看哲同学对好同学乐于助人的赞扬：

“有一次我和他在校外补习班的门前玩，一不小心从台阶上摔了下来，他连忙跑到我的身边，将我慢慢扶起来，我的两个膝盖都磕破了，只要轻轻一动，就会立刻传来钻心的疼痛。这时，我突然感觉到自己的双脚离开了地面，只听见身底下传来气喘吁吁的声音‘别害怕，我来把你背回教室吧’。当同学们有困难时，他总是第一个站出来，帮助同学。”

且看宁同学对好母亲给予的关爱的感动：

“我们母子俩撑着仅有的一把雨伞，步履维艰地顶着风雨往家走。这时妈妈打了一个很大的冷战，我不禁看了看妈妈，忍不住哭了起来，原来妈妈把一大半的雨伞都给了我，自己却暴露在风雨中！妈妈，您真是太无私了。到了家中，望着湿透了的妈妈，我再次扑进了她的怀抱……”

再看奥同学眼中好老师对特殊孩子无微不至的关照：

“有时我偷偷地想：崔老师对我这么好，一定是因为我爸爸也是学校的老师。可是，慢慢的，我发现，崔老师对我们班所有的同学都一视同仁。

下面就说说我们班的赵金玙同学吧。她是一个特殊的女孩，从小患有唐氏综合征，连最起码的学习习惯都没有。刚开学的时候，她不但上课不会听课，还不说话，连崔老师问话她都不理不睬，我们都觉得很奇怪。为了能让她有进步，崔老师可费了不少心。崔老师把她放在最前排，并且安排了一个学习好的学生和她做同桌并帮助她，崔老师自己也时时给予她指导、纠正、帮助。为了让她多学一些知识，她课上听不明白时，崔老师就在课下给她补课；只要她有点滴进步，就表扬她，鼓励她，让她感受成功的喜悦。当她不自觉地犯错误时，崔老师就找她谈心；当她有困难时，崔老师就号召大家伸出援助之手帮助她。平时崔老师还安排同学课间和她一起游戏。中午就餐时，崔老师和她一桌吃饭，崔老师的关心教育宛如春风化雨，滋润着这棵幼苗。慢慢的，我们全班同学都惊奇地发现：赵金玙同学变了，她能和我们交流了，好的学习习惯也正在养成，学习成绩也渐渐提高了。这次的语、数、英单项检测，她的成绩都很好。在班会上，崔老师不但表扬了她，还给了她一个大大的拥抱，我们大家也用最热烈的掌声祝贺她。”

可以说，这样的故事比比皆是，这样的发现感人至深，这样的书写情真意切，字里行间虽没有华丽的词藻，篇章段落中却涌动着汩汩清泉。这样的发现与书写不知不觉间便积淀为每个人精神世界里最丰盈的财富。

没有故事的教育是苍白的，充满故事的校园何其美妙！

“幸福书吧”教师读书会

每天种一棵花，不久的将来就会鲜花满园；每天读一篇文章，不久就会腹有诗书气自华。只有读书，才能有源头活水，才能滋润心田；只有读书，才能与他人进行心灵沟通，实现心灵对话。爱读书的人，就是最幸福的人……秉承着这样的阅读理念，我们成立了教师“幸福书吧”读书会。

还记得2013年11月28日，冬阳的妩媚为南苑小学的校园带来丝丝温馨的暖意，我和15名青年教师及主管教学的几位领导聚集在三楼小会议室，召开了以“幸福书吧”为主题的第一次读书交流活动。会上的气氛和谐愉悦，每位教师都做了精彩的发言，结合自己的教育教学实际，对自己从书中得到的启迪与收获、进行了细致的阐述。这次心灵之旅留下了教师们的感悟与思考、反思与困惑。

当时，我在会议上做了“幸福人生，从读书开始”的讲话。

幸福的人生，我认为有两点至关重要。

一是爱上你的职业，并能将其当作事业对待——尤其是刚刚走上工作岗位的新教师，如果你无法改行，又别无选择，那就学会喜欢它，直至爱上它，不然你的人生会黯淡无光，乃至无味。

二是用读书滋养心灵——作为独特的个体，读书是“为己之学”，为了自己的心态更平和、更阳光、更积极，不断提高个人的修为，要读书；为了把自己的下一代教育得更好，创设和谐的家庭氛围，让孩子的身上多些正能量，也要读书；为了自己的专业成长，不断地体会到职业的成就感和幸福感，更要读书。

有人说，一个人能走多远，要看他与谁同行；一个人有多优秀，要看他能得到谁的指点。在这里，我想把这个“谁”换成“书”——一个人能走多远，要看他是否与书同行；一个人有多优秀，要看他得到了多少优秀书籍的指点。

的确如此，“腹有诗书气自华”。书是我们的精神食粮，书是我们的良师益友。与它同行，我们的心灵会更丰盈；与它相伴，我们的人生会更丰硕。

“读吧”，读吧！但愿“幸福书吧”会开启你人生的那扇光明之门。期待着，有一天从中走出的你，更阳光，更幸福……

有了良好的开端，一切便顺势而为。教师们平时按照自己的喜好，阅读自己中意的书籍，感受到阅读的乐趣，体验到生活的幸福。除此之外，再阅读一至两本学校定期推荐的书籍，如《教育智慧从哪里来——点评100个教育案例（小学）》《优秀班主任99个成功的教育细节》《新教师应该知道的50个问题》《名师教你做父母》《今年，我教小学一年级》《致青年教师》《做一个幸福的教师——陶继新教育讲演录》等。

在自由阅读充实文明生活的基础上，学校每半年都要召开一次“幸福书吧”青年教师读书交流会。还记得刚刚参加工作的年轻教师们的阅读感受：庄婧怡老师的“班主任老师要掌握好表扬的艺术”，高巍老师的“读书帮我走出迷茫”，赵丽丽老师的“读书让我拥有一颗反思之心”，杨航老师的“读书使我减压”。已为人母的王倩、于靖老师深有感触地说：“为了自己孩子的发展，也应该读书！”……

浸润书香，乐此不疲。杨航老师分享的《人生不设限——我那好得不像话的生命体验》，让我们深刻地感受到人类的潜质是无限的，我们要像身残志坚的胡哲那样，做一个生活的强者。谷龙老师与我们分享的是《第56号教室的奇迹》，听完他的陈述，我们不禁沉思：雷夫老师用他创新的教育方式，把孩子变成学习的天使；用他热情的教育态度，把教室变成了温暖的家。作为教师，我们应该以他为榜样，去创造属于自己的教育奇迹。于靖老师分享的《最美的教育最简单》，让我们再一次领略到尹建莉老师在《好妈妈胜过好老师——一个教育专家16年的教子手记》里呈现出的教育理念。高帅老师分享的《阅读的意义》，阐述了人生的两大要素：一是人，二是书，人的一生离不开书籍的滋养和浸润。杜爽老师分享的《做党和人民的好老师》，让我们看到了我校青年教师努力工作的决心和信心……

多次大型读书交流会，让我们幸福地体会到：读书启智慧，美善成良习。

教师丰厚的知识素养和健康人格的形成，都要靠长期书香的浸润。苏霍姆林斯基说：“要天天看书，终身以书为友，这是一天也不能断流的潺潺小溪，它充实着思想。”让阅读成为教师终身的生活习惯，让教师成为终身阅读者，是促进专业成长的不竭动力。

附录：

幸福读吧

南苑小学　李亚楠

我最早听说过“舞吧”“酒吧”“网吧”，认为那里都是花天酒地、醉生梦死的地方，自己的秉性与那里格格不入，从不曾想去。后来到沈阳听课，又看到“水吧”“茶吧”，听前卫人士说那是白领及蓝领聊天、休息的高级场所。我想象着会是一种怎样的情形呢？再后来又知道有“读吧”，就是图书馆的代名词，没想到一个偶然的机会，自己成了一名参与者。

谈到读书，那要感谢陈校长了。

原本我是一个比较“宅”的人，不会唱歌、不爱跳舞，不会打麻将、不爱上网玩游戏，不会穿着打扮、不爱逛街购物。周六、周日窝在家里看看电视剧，或者瞅瞅网上的纪录片，偶尔翻翻书，有感觉了就写写体会，表达一下自己的想法，记录当时的收获，积累一些经验和教训，和那些认识的、陌生的朋友分享一下。

没想到，我的这种生活状态却被校长发现了。她送我两本书，一本是《教育智慧从哪里来——点评 100 个教育案例（小学）》，一本是《新教师应该知道的 50 个问题》，我一下子被吸引住了。看书，不仅仅是因为知识上的贫乏——老师，进谏大夫到底是一个多么大的官呢？三峡大坝的修建有没有副作用啊？盘古他爸妈是谁呀？我无法回答孩子们的这些问题。更主要的是我越来越感到自己管理班级、教育学生的方式方法太欠缺了。对于低年级的孩子，高声吓一次，敲两下桌子，或者找个优点表扬一下，送个小礼物什么的就可以，非常好哄。到了高年级，学生这样的经历多了，也就习惯了，自然也就不太好管理了。“有理不在声高”——大声、敲桌子不好使了；自己开始有零用钱了——表扬、小礼物对他们也没有吸引力了。而且，随着年龄的增长、见识的拓宽，他们的主意也越来越正了，歪着脖子，瞪着眼，颠着腿儿，七个不服、八个不愤，来软的不长记性，下回还犯，甚至变本加厉，来硬的，当着同学们的面和你对着干，真让你下不来台。面对这样的学生，你怎么办？一个微笑、一个大拇指、一朵红花根本不管用，声嘶力竭、抄课文、罚站他也不放在眼里。最后一招，找家长谈谈吧：或者和你一样，恨铁不成钢，要求挺严的、管理挺紧的，但孩子就是不听；或者父母的形，孩子的影，家长比孩子还过分，“我负责养，你负责育，当老师的管不了学生，说明你没能耐”；或者父母离异、留守儿童，家庭教育一片空白。这些问题困扰着你，你必须要面对，所以，不看看书，不学学人家的奇思妙想、高招绝计，你就无法愉快地工作、幸福地生活。

所以，在陈校长的指引下，我选择了看书，走进了读吧。

在读吧里，我知道了班主任的重要性，“你的一言一行、一举一动，会有很多人关注品评；你的为人处世、你的情趣品格，会有很多人效仿从而受到影响”。我知道了“‘教学和教育的技巧和艺术成就在于，要使每一个儿童的力量和可能性发挥出来，使他享受到脑力劳动中的成功的快乐’。每一位教师，如果你不能使你的学生感到快乐，那你就不够格”。我还知道了“‘教师，你的教鞭下有瓦特，你的冷眼里有牛顿，你的讥讽中有爱迪生’，要公正而公平地对待学生，严爱有度，教无定法，必须得法”。

在读吧里，我阅读了许多优秀教师的教学案例、班级管理案例、特色学生的个性案例，受益匪浅。在一届届你来我往的班级中，经常遇到的也无外乎上课不听讲、下课纪律乱、回家不爱写作业等十几种情形。孩子们的性格、脾气也就那么几种：有外向的爱说爱闹爱张扬、内向的少言寡语不吱声、上课不动脑筋就举手站起来吭吭哧哧的、心里有数却死活不肯发言的；有平淡的、活泼的、认真的、冲动的。这些案例让我一下子学到了很多，懂得了很多，我庆幸没有和它们失之交臂，我也慨叹与它们相见恨晚。

在读吧里，我了解了尹建莉老师的育儿之道：让孩子彻底地玩得快乐吧，哪怕身子滚得像个泥球。而我怕孩子把衣服弄脏，小时候根本就没让儿子吃过冰棍。惭愧！

在读吧里，我见识了杜甫的积极豁达与乐观向上：到洛阳考进士，名落孙山，却写下了“会当凌绝顶，一览众山小”的《望岳》；在小儿已饿死，小女啃手指，“床头屋漏无干处，雨脚如麻未断绝”的茅草房里，却诞生了“安得广厦千万间，大庇天下寒士俱欢颜”的《茅屋为秋风所破歌》。而我却因没有大房子总是找老公的茬。没必要！

……

在读吧，我进一步学到了教师应该怎样才能当好，工作怎样干才能顺利，生活怎样安排才能幸福。

你想要这些感觉吗？——请到南苑小学的“幸福读吧”来吧。

“学科论坛”点燃智慧火花

“学科论坛”是我们搭建的一个富有特色又有实效的学习平台，依托这一有效载体，学校开展了多种形式的校本教研活动，注重理论和实践的结合，注重提高研究的实效性、扩大教师的受益面。“学科论坛”分成八大板块：专家引领板块，定期聘请区、市进修学校主管业务的领导来校举办讲座，并现场答疑，及时将最前沿的教育信息引进校园。专题讲座板块，定期结合学校教研实际，由副校长或教导主任进行专题培训或互动交流。这种培训形式贴近教学实际，颇受教师的欢迎。听课观摩板块，学校每学期定期举行“教学大练兵擂台赛”“小荷杯”课堂教学大赛、年级组研讨课观摩等活动，使教师集思广益，开阔眼界，活化思想。案例剖析板块，通过对教学中典型案例的剖析，反思质问，追根溯源，提炼成功经验，探究失败原因。教学诊断板块，由年级组牵头开展组际活动，由学校或其他年级组教师对课堂教学情况进行会诊，帮助教师发现问题，找到解决方法，或提炼特色。集体备课板块，提早公布集体备课的课题，各成员搜集资料，在会上各抒己见，言无巨细，取长补短，力求精品，充分发挥团队合作的力量。互助观课板块，对教师的研讨课从各个角度提出欣赏或批判，对授课教师进行质疑问询，授课教师给予答复，以达到思想的共融和提升。问题研讨板块，是针对教学中存在的共性问题，大家在一起各抒己见，寻找解决问题的最佳方式和途径。

在日常的交流中，常常听一些领导感叹现在的教师工作状态如何懈怠，如何不求上进。默然的我总是满心期待。因为那份期待里有一种无形的力量总在潜滋暗长，它时时汇聚成一股奔涌的激流，让我和我的教师们徜徉其中。

在一次次的“学科论坛”活动中，我一睹教师们的风采。或许是低估的思维落差形成的震撼，我忽然感觉4年潜移默化的影响也是巨大的。原来，我的“无痕”一直在他们的心中激起圈圈“有痕”的涟漪；原来，他们在琐碎的工作之余，一直在思考，一直在成长——中年人的成熟稳健，年轻人的热情灵性，字字句句、点点滴滴，都让我欣喜万分。我为有这样的好同事好姐妹庆幸，为我们共同营造的和谐氛围而自豪。

那次市级检查评估中，在教师教学论坛上，我再次领略了教师们的风采！“××小学的教师就是不一样！”“理论水平高，素质高！”当检查的领导发出啧啧赞叹的时候，我的内心是掩饰不住的喜悦和惊叹！在私下的交谈里，体味着大家津津乐道的诉说；在博客的交流中，品读着“春风化雨”老师的留言，我更增添了行走的力量——“今天的教师教学论坛不知是否成功。走下讲坛，望着你的微笑，回味着大家精彩的演绎，我的内心几起波澜。通过这次教研，我收获了很多，感悟了很多，觉的自己的底蕴又厚了些，自己的眼界又广了些。如果说情境与知识是盐和水的关系，那么，在教学的这碗汤里，你是我的盐，没有你便少了滋味。谢谢你，让我在不断的提升中找到自信和快乐。你是独一无二的无痕校长，我是你永远的粉丝！”

为了留住这永恒的记忆，我愿把其间生成的精彩展示在这里，相信这广阔的平台会催生我们更多的智慧。

（主持人王春风）：大家好，今天我们相聚在这里，我想大家肯定和我一样珍视学校组织的这次教研活动，因为每次我们都能从中有所收获。有人说：“课堂教学是课程改革的主战场。”富有历史责任感和专业追求精神的我们，正以自己的激情、智慧、勤奋，绘就绚丽多彩的“教学景观”。在教学这条路上，我们不断探索，并肩前进。

去年，我校开展的校本教研有特色，有成绩。今年继“青蓝工程”启动之后，我校针对全市的“教学情境年”开展了一系列与教学情境有关的教学活动。上周五，我们共同聆听了余文森教授所做的有关教学情境的讲座，受益匪浅！创设教学情境一直被教育者视为能达到最佳效果的一种教学方法，有人说“无情境，不教学”。那么这次，我们就以“教学情境”为主题，进行一次现场的教学论坛，论坛主要围绕三个方面的内容进行：

1. 在实际课堂教学中，你尝试创设过哪些教学情境？

2. 在创设情境过程中，你遇到了哪些困惑？

3. 你认为如何创设有价值的教学情境？

每次教研，各位老师都热情高涨、发言踊跃，那么这次我相信大家肯定也会精彩迭现。现在请大家畅所欲言吧。

龙旭霞：前几天，我上了一节数学课，内容是“三角形的分类”。这节课我是利用多媒体来创设情境的。

新课伊始，我使用课件演示由多个三角形拼成的智慧船，并对学生说：“孩子们，新的学期开始了，我们又面临着新的学习、新的挑战，在此老师送给大家一艘智慧船，希望同学们在知识的海洋里遨游，一帆风顺。”当孩子们兴致盎然地欣赏完智慧船后，我又对孩子们说：“孩子们，这艘美丽的智慧船是用我们熟悉的三角形组成的，别小看这些三角形，它们里面还藏着许多秘密呢！等你们和老师共同学习完‘三角形的分类’，就能发现其中的奥秘。”这样的情境设计，充分利用了学生熟悉的事物，在最短的时间内激起了学生探究的欲望，让学生全身心地投入到新课的学习当中。

巩固练习部分我也充分利用了智慧船这一情境。首先，大屏幕演示智慧船在知识的海洋中航行时遇到礁石，我适时引导：“孩子们，我们的智慧船现在遇到了危险，只有通过知识的力量，才能击沉礁石，使我们的大船扬帆远航。”这一情境立刻激起了学生的好胜心，他们迫不及待地想通过自己的努力答对习题，教学达到了事半功倍的效果。

当然，情境的创设要因课而异，因生而异，因师而异，但是不管教师创设何种情境，都应该让情境为教学服务，让情境更好地促进学生快乐、有效地学习。

朱晓翠：余教授关于“如何创设教学情境”的讲座，让我受益匪浅。联系自己以前的课堂教学，我也曾创设过许多的教学情境。比如，在讲《月光曲》一课时，我借助图像和多媒体创设教学情境，使学生在听觉上感知乐曲的美，在视觉上感受美的画面，为学生学习课文奠定了良好的基础。在讲《草船借箭》一课时，由于故事发生在东汉末年，离学生的现实生活较远，学生学起来比较困难，针对这一点，我借助背景创设教学情境，详细介绍了课文的写作背景、故事中的人物和人物之间的关系，为学生更好地理解和学习课文搭建了桥梁，学生的学习兴趣也大大提高了。除了语文，在数学课上，我也经常通过创设情境带领学生学习新知。比如，在教学行程问题时，我发现学生对“相遇”“相遇时间”“同时”“不同地”等概念理解起来有困难。针对这一点，我借助活动创设教学情境，组织学生切身感受这些概念，活动后，学生再遇到类似问题时便能以活动中的感性材料为依据，这类问题便迎刃而解了。综合以上几点，可以说，在教学活动中，我确实尝到了创设教学情境所带来的甜头，我最深的体会就是——创设教学情境，要以学生为本、以内容为载体，只有这样，教学情境才能发挥有效的作用。

李赫男：对于英语教师来说，课堂中情境的创设更是必不可少。课堂中常用的录音机、单词图片、简笔画、头饰，都为学生提供了良好的、真实的语言学习环境。TPR（全身动作反应法）、表演、游戏、童谣等更是为学生操练、巩固、掌握英语提供了有效的途径。

我在英语词汇教学中最常用的就是TPR，如果这个单词能用肢体语言来表达，我就尽最大努力做到让学生猜出这个单词为止，并且在学生猜出单词的意思后，也让他们用肢体语言来表达，以此来加深和巩固学生对单词的记忆。如在教授dance这个单词时，我在讲台上做了几个舞蹈动作，学生马上喊“舞蹈”“跳舞”，然后，我会和学生一起边说这个单词边走几个舞步，来加深学生对dance的记忆。

实物也好，图像也好，动作也好，活动也好，以上几种教学情境的创设，我想是每个英语老师基本上都能做到的。此外，在情境教学中，我还曾尝到过另一种类型教学情境创设的“甜头”，那就是借助语言来创设教学情境，我从中体会到形象的语言表达能够使听者的脑中呈现出一个个鲜明而简洁的画面，而不是一些抽象的语义代码。

有一次，在英语课上，铃响几分钟后教室里还静不下来。我本来想通过一些动作让他们猜我正在做什么，来巩固现在进行时的用法，以此作为我讲课的头场戏。没想到乱糟糟的状况让我无法用动作来吸引他们的注意力，我灵机一动，改了方法："哎哟，我怎么看到一只可爱的猴子在跳呢！好像还有一只小鸟在唱歌！"学生们听到我的声音后，陆续静了下来，都在寻找着教室里的猴子和小鸟。这时，我适时开口："这样吧，你们都假设自己在森林中，把你看到的动物正在做什么告诉我，好不好？"结果大家都争先恐后地举手发言："The elephant is walking.""The frog is singing.""The rabbit is dancing."把现在进行时运用得十分完美。这节课我非常高兴，一点想象力的发挥，换来了学生知识的巩固，并且顺利达到了教学的预期效果。

看来，在适当情况下，用语言来创设情境，更能为学生提供思维发展的空间，从而激发他们的想象力。

李晶：刚才听了经验丰富的老师的发言，我受益匪浅。在实际教学中，我也尝试过创设情境，收到了可喜的效果。同时，也遇到了一些困惑，今天正好借这个机会和大家研讨一下。上学期，我在教学《珍贵的教科书》一课时，感觉情境创设得很失败。讲课之前，我首先向学生简单地介绍了课文的时代背景，希望学生能进入当时的艰苦环境。但在实际教学中，这个目标没有达到，尤其是当一个学生读到指导员牺牲前说的话时，却意外地笑了，课堂情境一下子就被打破了，致使情感教学目标没能实现。

使我困惑的是，作为一名年轻的教师，自己本身就离当时的年代比较久远，对当时的情况认识不是很到位，更何况新时代的学生呢？这是一个很现实的问题，而我当时恰恰没有认识到这个问题。通过上周五的讲座和刚才大家的研讨，我知道了对于这种远离当前时代的课文，应不惜时间介绍时代背景，让学生充分与当时的时代接轨，真正地走入文本，并在教师入情入境的语言渲染下进行学习。以教师的真情来感染学生，来打动学生，真正做到以情移情、以情促情、以情激情。如果这样，教学效果一定会很好。

王英：刚才李晶老师所讲的这点困惑我也有。的确，语文课本中有一些远离当今时代、远离学生生活实际的课文，如《珍贵的教科书》《董存瑞》《十里长街送总理》《为人民服务》等。讲解这类课文，教师如果不为学生营造良好的情绪氛围，提供丰富的知识背景，学生就很难真正走进文本。

记得一次听一位同事讲《十里长街送总理》一文，这位女教师一上课就哭丧着脸，几乎用哭腔来讲课，令台下听课的老师很不自在，学生们也是一脸茫然。整节课教师花了很大力气指导学生朗读，学生也没读出味道，根本谈不上被周总理的伟大精神所感动。还有的教师讲这一课时，黑板两边布置成灵堂的模样，摆放着花圈，放着哀乐，胆大的孩子偷偷乐，胆小的孩子都被吓到了。

我认为这样的情境创设有点儿过了，显得矫揉造作。创设情境的目的是让学生走进文本，充分理解课文内容。教学这样的文章应通过背景介绍来创设情境。选一些学生可以接受的、能理解的事物。比如，课前可以让学生广泛收集周总理的光辉事迹，还可以让学生展开调查、访问，问问爷爷奶奶是否了解周总理逝世时的情景，了解一下爷爷奶奶心中的周总理是什么样的。

在情境创设中，背景知识是学生理解课文的一个重要的认知停靠点，没有必要的背景知识，阅读思考往往是无法进行的。背景知识介绍到位，学生才能够走进时代、走进文本，充分感知人物的伟大形象，这是我个人的一点看法。

朱晓翠：刚才听了王老师和李老师所介绍的案例，我觉得这两个案例存在的共同缺点就是：除了背景知识介绍不充分外，教师也没有真情的流露。余教授在讲座中讲到，教学情境中，“境”是一个维度，而“情”是另一个维度，教师在课堂教学中，要善于直触学生的学习心向。正如一位学者所指出的，从血管里流出来的是血，从山泉里流出来的是水，从一位充满爱心和追求的教师的课堂上喷涌出来的，则是一股股强大的感染力，它可以使学生产生同样的或与之相似的情感。因此，要想使学生对学习投入情感，教师首先要投入情感，要善于把对教材的理解和对教学的情感体验传达给学生，让学生产生情感的共鸣，受到情感的熏陶，享受审美乐趣。综上所述，我认为教学情境中除了必要的背景知识介绍外，更重要的一点就是教师的真情。

陶昀：刚才坐下来之前，我还有这样的困惑：一讲公开课就为做课件的事发愁，因为没有课件总觉得不是一节完整的课。每次做课件，自己费心设计不说，还总得麻烦别人。是不是每节课都得使用课件呢？是不是这样的课才是一节好课呢？

很高兴的是，听了各位老师的研讨，我豁然开朗，并不是每节课都得做课件，有些课适合，如龙老师利用课件送给学生智慧船，这一情境创设就收到了很好的效果，还有朱老师执教《月光曲》时利用图像和音乐也很成功。可是，像王英老师谈到的《十里长街送总理》一文的情境创设就很不适合，费心思摆花圈、设灵堂，也没起到一点效果。有的课不适合创设复杂的情境或利用课件，就完全可以采用简单而低耗的手段来创设情境，力求在常态课上达到短时高效，让课堂永远充满生机与活力。

李赫男：我一直都很钦佩陶昀老师对于教学的自悟能力，她很聪明，在大家的论谈中解开了教学中是否使用课件这一困惑，但是，针对这一问题我还想深说几句，和大家共同探讨一下。

有的教师常常为了显示一节课的完美，为了达到创设情境这一目的，在教学中使用课件。当然我不否认多媒体的介入对课堂情境的创设的确起到了很好的辅助效果，但是为了一节课而花两三个星期做个课件，值得吗？

在一节公开课上，我见过一位英语老师为了讲授 Goodmorning, Goodafternoon 两个单词，做了一个 Flash，画面上呈现的是按照太阳出现位置的不同，学生在校园里与教师问好的过程。评课老师对此提了一点建议：可以在黑板上画个钟表，变换不同时间来表示 morning 和 afternoon，然后在课堂上随时可以创设一个教师和同学在校园里相遇互相问好的情境。这样的简笔画可以省时省力地让学生明白 morning 和 afternoon，而且课堂中真实的师生问好更能让知识贴近学生的实际生活。

我个人还认为，过多使用多媒体，容易造成一些学生的注意力只集中在课件的画面和音效上而不注重语言的现象，导致学生的思维处于被动和僵化的状态。教师也只顾埋头于鼠标和键盘之间，成了实现这一模式的机械操作工，而忽视了课堂活动的主体是人，缺少了师生之间的情感交流。

为了课堂的绚丽，为了表演而不考虑实用性地使用多媒体，我认为完全忽视了情境教学的价值。这里我想把政治经济学理论融入课堂情境之中，以此表达我对情境教学价值观的感悟，那就是“用最小的投入生成最大的产出”。

另外，我也发现，有些教师为了打造课堂的绚丽而忽视学情，没有发挥情境教学生活性、实际性、有效性的价值。上学期，我去兴城农村一所学校“送课下乡”。上完那节课，我明白了：要想让情境教学有价值就不能忽视学情。去之前，我准备了一张精美、漂亮的录音机图片，我以为学生看到这张图片，一定会表现出极大的兴趣，recorder这个单词一定能被很好地掌握。可是事与愿违，在我呈现图片教完发音后，这些学生中没有几个对这张精美、漂亮的图片表示出极大兴趣，当然会发recorder的音的也寥寥无几。面对几十双求知的眼睛，我马上拿起讲台上讲课用的录音机，以真实的物体展示，让他们每个人都看到了录音机上的“record”键，告知学生“record”是动词“录音”的意思，在其后加上er就表示实物了，之后，我再教他们发音，这样课堂效果才有了起色。

看来单纯为了打造课堂的绚丽而创设情境，或只考虑情境的价值也是失败的教学，所以要实现情境教学的价值，还应考虑学情。在学生鲜活的日常生活中发现、挖掘情境资源，不应为了上公开课或为了课堂的漂亮与完美而不考虑实用性地去创设情境，一定要突出教学情境的生活性、实际性、有效性，这样才能实现其价值。

田晓凌：听了大家的经验和困惑，深有感触，因为我曾经也有过困惑。

我教低年级的语文，常常用到表演这种教学方式，课堂上看起来热热闹闹的，可静下心来细想，那只是少数人的展示，大部分同学被晾在一边，无所事事，教学效果并不理想。

听了余教授的讲座，又想起了于永正老师讲的《狐假虎威》一课，我认真地进行了反思，得到两点启示，与大家共享。

1. 表演是一种情境，但它只是手段，读才是目的，要切实做到“以演促读”。

语文教学要以读为本，但一遍又一遍地傻读、呆读，学生肯定不喜欢。教师必须激起学生读书的欲望，提高学生读书的效率，而表演正符合儿童的心理。但语文教学毕竟不是表演的艺术，它的主要任务是让学生学习语言，不能为演而演，只能借表演这一情境，引导学生更好地潜心体会，真正做到以演促读。

2. 表演活动应面向全体。于永正老师的高明之处在于把观看表演的学生置于导演的位置，让他们指导表演者，从而促使他们更好地读书。另外，表演时，让一些人旁白，教师还可以适时提问，让表演者有所感悟，这样，全体学生各司其责，在不同角色中得到发展。

这种表演情境的创设，促进了全体学生快乐有效地学习语文，非常值得我们学习。

主持人王春凤：刚才田老师谈到了“读”与“情境”的创设是密不可分的，我也有同感。如果把情境与知识的关系比作盐和水的关系，那么“读”就相当于搅拌器，它使盐更快地溶解于水，使学生更快地进入情境，从而达到良好的教学效果。

有幸听到王自文老师讲的《秋夜将晓出篱门迎凉有感》，其中一个精彩片段至今记忆犹新，拿出来与大家分享。

他教学“遗民泪尽胡尘里，南望王师又一年”时，先让学生读，然后用语言把学生带入情境。“这是怎样的泪？这是老人失去孩子的泪，这是孩子失去父亲的泪，这是妻子失去丈夫的泪！生灵涂炭，妻离子散，这是遗民的斑斑血泪呀！流着泪，作者南望王朝的军队，一天又一天，一年又一年，一望就是65年，一望就是23769天。一年过去了，学生读‘遗民泪尽胡尘里，南望王师又一年’。又一个十年过去了，学生读‘遗民泪尽胡尘里，南望王师又一年'。65年过去了，学生读'遗民泪尽胡尘里，南望王师又一年'。"我分明听到他们的声音是发颤的。

师：作者遗憾地闭上眼睛，我们不禁要问王师的军队在哪？南宋的权贵们在哪？

生：他们在寻欢作乐、花天酒地，吃喝玩乐、醉生梦死。

师：你想对他们说什么？

生：我想指着他们的鼻子问：西湖歌舞几时休？

生：我想怒斥他们：你们的皇帝昏庸无道，你们恬不知耻。

生：我想质问他们：国家兴亡，匹夫有责。你们的责任心哪去了？你们的良知哪去了？你们"先天下之忧而忧"的风格哪去了？

当时受感染的不仅是学生们，还有后面听课的老师，真的很想跟着学生们一起读读这首诗，一起来怒斥南宋的权贵们。

我佩服王老师没有用任何课件，仅凭语言描述就创设了这么好的情境，这是功夫，这是底蕴，这是智慧，这也是我矢志不渝追求的教学境界！

王壮：在教学中，我们不但要创设教学情境，还要注重和把握好课堂上生成的教学情境。这使我想起了几天前听王春凤老师讲授《自然之道》一课时的情景。

课堂上，王老师让学生想象食肉鸟饱餐一顿是一个什么样的悲惨场面时，有学生说："凶猛的食肉鸟用锋利如钢刀的尖嘴一口一口地啄着小龟身体，小龟疼得浑身颤抖。一会儿沙滩上就出现了一个个血肉模糊的龟壳。"有学生说："无数只食肉鸟争先恐后地飞来，就像孙悟空吃蟠桃那样，叼起这只，吃几口扔下，又啄起那只，小龟的血染红了沙滩。"当学生们纷纷对幼龟表示同情，对食肉鸟表示愤恨的时候，有一个学生突然站起来，大声说："食肉鸟没有错！"这句话可以说是语惊四座，我心中不禁一怔。这来自不同角度的声音肯定是王老师没有预设到的。只见她微笑着表扬了这个学生，轻声地问："他说的对吗？别急于回答，和同桌讨论一下，说话要有理有据。"不一会儿，学生们纷纷举起手来。

"食肉鸟没有错，它不吃幼龟就会饿死。"

“食肉鸟没有错，如果我们真的保护幼龟，食肉鸟就会灭绝，那么我们就破坏了生态平衡。”

“食肉鸟没有错，自然界弱肉强食是规律，人类不能参与。”

……

这时，王老师激动地说：“是呀，这就是自然之道啊！既然是自然之道，就让它顺其自然吧！”

当时我很欣赏王老师的这种教学机智，能够驾驭生成的教学情境，收到了良好的教学效果。

所以，我认为在实际教学中，把握好生成的教学情境也很重要。

主持人王春凤：刚才王壮老师谈到了我教学《自然之道》这篇课文时的片段，谈到了生成性的教学情境，我想大家在平时的教学中肯定都有过类似的动态生成，但能及时地捕捉它，真正地驾驭它，恰到好处地创设一种情境，从而实现一次情感的升华，那并不是一朝一夕就能做到的事，不是轻而易举的事。它需要我们在平时的课堂教学中不断历练！

由于时间关系，这次的教师论坛已接近尾声。现在，我把各位老师的发言总结提炼一下。通过刚才的研讨，我们提出了在创设情境中遇到的三种困惑：

1. 在讲授离现在的时代较久远的课文内容时，如何创设教学情境？

2. 是否只有运用多媒体才能创设有效的教学情境？

3. 通过表演创设情境时，为何有时达不到预想的效果？

可喜的是，这三种困惑在我们研讨的过程中都迎刃而解、“自产自销”了，我想这应该是我们此次论坛最大的收获。

另外，对于如何创设有价值的教学情境，我们又探索出了以下几种途径：

1. 注重与生活的联系，创设贴近学生生活实际的情境。

2. 创设简单低耗的情境，“用最小的投入生成最大的产出”。

3. 创设直观有意义的情境。

4. 了解学情，用真情去创设情境。

也许，我们对教学情境的研讨还停留在理论的层面，那么在近期学校举行的创设情境校本教研研讨会上，希望大家都能在自己的实际教学中创设出有价值的教学情境，让我们的课堂因为创设情境而亮点迭现。

实践证明，“学科论坛”为教师的专业成长搭建了平台。教师在帮助学生发展的同时，也努力使自己获得发展，成为教育的学习者、研究者、思考者、创新者和促进者。他们在互动中拓宽了自己的视野，在对话中分享了教学的快乐，在交流中丰富了研究的思路。在这浓浓的氛围中，教师的专业水平在不知不觉中得到了提高。在尝到学习的甜头后，学习变成了教师内心真正的需要。

专题研究促进教师专业成长

实现教师的专业成长，无疑有很多方式和途径。我们认为，专题研究是促进教师专业成长的重要途径，因为专题研究可以提高教师的科研意识和研究能力，也可以促进教师教育教学能力的提高。这样的专题研究就像一个培训班，它在创造可持续发展成果的同时，通过有目的、有组织、有计划的展示、研讨、反思与重构，培养了一批教学骨干，进而带动了教育教学质量的提高。由于专题研究的主体是教师，研究时又是以教育教学中的具体问题为研究对象，以学校的发展为根本目的，因此，它能更好地调动教师的积极性、主动性，发挥教师的主人翁精神，能使教师正视学校的问题，关心学校的问题，从而为学校的发展注入不竭的动力。

基于此，我们重新建立了以校为本的教研制度，进一步修订了教师校本教研手册，构建了以专题研讨与课例评析为主要形式的培训模式。具体操作步骤如下：

1. 确立研究专题。问题的发现与界定是专题研究的起点。专题的确立主要以问题为中心，以促进学生的发展为根本，从教师实际需要出发，切实解决实践中的疑问。在充分发挥教研组每位教师主动性的基础上，把大家的困惑进行归纳、筛选，最后确定一个研讨的专题，使教师经历“计划—行动—研讨—反思”这一互联互动的螺旋式的渐进过程，求得问题的解决；使教师真正开展自己的教学研究、解决自己的教学问题、发表自己的研究成果、改善自己的教学实践，不断积累经验，提高教育教学研究能力。经过全校教师的积极参与与激烈商讨，最后形成了六大研究专题：低年级——如何培养学生的语文自主学习能力，中年级——阅读教学如何培养学生的语感，高年级——如何提高学生的写作能力；科任组——如何调动学生对科任学科学习的积极性，英语组——如何提高学生的口语交际能力，艺术组——如何有效地开展小组合作学习。在具体实施中，各个教研组又制订了具体的阶段目标，并在实践中逐步形成本组的教学模式。

2. 以课为范例，进行专题研究。在专题确立之后，各个教研组以具体的课为例，围绕专题集思广益，以真正提高课堂教学质量，促进学生发展。

3. 专题课堂教学展示及第一次教学诊断与反思。在大家充分研讨的过程中，由一人代表整个教研组进行现场课堂教学展示，课后组内成员再围绕专题进行教学诊断与反思，要做到客观、全面，有启发性和导向性，为下一次重构课堂指明方向。

4. 二次重构课堂并进行二次教学诊断与反思。在第一轮诊断与反思的基础上，重新展示构建的新课堂，然后组内教师再进行研讨反思。如果没有达到预期的教学效果，还可以多次重构课堂和多次进行研讨反思。

5. 把此次专题研讨的成果在组内推广。组内的每位教师都要以自己的课堂为例，进行深入的研讨与探索。

为了和大家分享专题研究的成果，现把我们中年级组针对“阅读教学如何培养学生语感”的研讨过程展示如下：

【研究专题】阅读教学如何培养学生的语感

【研究背景】

在实际中阅读教学存在诸多问题：

1. 朗读方面，水平参差不齐。水平高的学生读得有声有色，水平中等的学生读得流畅，水平差一点的学生逃避读课文，学过的课文读起来还很吃力。

2. 只会积累，不能把积累的知识运用到写作之中。

3. 读书时不会提问题，学习处于被动状态。

4. 不会抓住重点词、句去理解、体会。

【研究目标】

紧扣新课改精神，采取行之有效的方法来提高学生的语感，使学生真正学会品词析句、有感情朗读，提高想象力，真正走进课文之中，与作者产生共鸣。

【研究方法】观察法，参与法，评比激励法。

【实施阶段】

第一阶段：品词析句，读中感悟

第二阶段：读写结合，拓展迁移

第一次专题课堂教学展示

——小学语文S版三年级上册第17课《七颗钻石》教学设计1

师生互相问好。

生：老师，您好！

师：同学们好！同学们语文课快乐！

生：老师语文课快乐！

一、导入

师（播放课件）：同学们，看到了美丽神奇的夜空，看到了明亮的北斗七星，大家一定想到了我们昨天读过的一篇课文，课文的题目就是——《七颗钻石》（生齐读）。昨天，我们在读书中解决了字、词方面的问题。现在，我们再来读一读课文，看看同学们有没有新的问题产生。

二、通读课文，自主提问

1. 生自由通读全文。

2. 指名提问题。同学们的问题很有价值，看来你们很会读书。

三、细读课文，感悟理解

（一）学习第 1 自然段，引导学生理解旱情的严重

1. 生自由读第 1 自然段。

2. 师：谁感受到了旱情非常严重？给大家说一说吧。

3. 播放旱灾图片（边播放师边做简单讲解）。

4. 指名读第 1 自然段（观看大屏幕）。

师：刚才你们都体会到了旱灾的残酷，那么，能让所有人在你的朗读中感受到这场旱灾的严重吗？

（二）学习第 2~7 自然段

1. 指名读水罐发生变化的句子。

师：同学们，就在这场旱灾中，小姑娘的水罐发生了一次又一次神奇的变化，还记得吗？我们在读书的过程中已经把描写水罐变化的句子画出来了，谁愿意读一读？

2. 默读 2～7 自然段。

师：水罐为什么会发生这么神奇的变化？请大家默读第 2～7 自然段，试着找出其中的答案。

3. 将故事划分为四个情节，分阶段学习。

师：在大家刚才的回答中，都提到了小姑娘的爱心，那么，通过读课文我们都感受到小姑娘对谁的爱了呢？指名回答。

4. 学习第一个情节（为妈妈找水）。

（1）生自由读第 2 自然段。

师：请大家自由读第 2 自然段，你从哪体会到了小姑娘非常爱她的妈妈？

（2）引导学生抓重点词体会，指导学生朗读。（观看大屏幕，找哇，找哇，终于，小心翼翼，一滴一滴等）

（3）角色体验：如果你就是这个小姑娘，你找了这么久，小姑娘，你不累吗？小姑娘，你等了这么久，你不渴吗？（评价参考：你真是个有孝心的孩子）

（4）引导想象：看到这满满的一罐水，小姑娘，你心里想些什么？（引导学生体会小姑娘快乐的心情，想象小姑娘当时的样子）

5. 学习第 2、3 个情节，重点学习第 4 个情节。

（1）略讲第 2、3 个情节。

师（边指板书边说）：刚才我们谈到了，小姑娘把水给了小狗，木水罐变成了银水罐，当她把水罐递给妈妈时，银水罐又变成了金水罐。那么，在这一次又一次的变化中，你觉得哪一次变化最神奇？（最后一次）

（2）默读最后一个情节，思考：这是一个什么样的过路人？

（3）汇报交流。

（4）角色体验：这可是大旱之年，这点水非常宝贵，有了水就有活下去的希望，小姑娘，你怎么还把水给了过路人呢？

（5）分角色朗读（同桌练习、指名读、评价）。

四、引导想象，丰富情节

师：让我们再来想象一下，大地有水了，会是什么样？请同学们自己读一读大屏幕上的话，并试着填一填。

课件出示：金水罐变成了一个泉眼，涌出了一股清澈的水流。花儿不再（　　　　　　　　），草木不再（　　　　　　　），人和动物不再（　　　　　　　）。

五、回归主题，感情升华

1. 师：在这一次又一次的变化中，你有什么发现吗？（生观察板书）

2. 小组讨论：水罐为什么会变得越来越珍贵？

3. 师（小结）：对小动物的爱是美丽的爱，对母亲的爱是本能的爱，对陌生人的爱是博大的爱，小姑娘的爱一次比一次博大、无私，水罐就变得一次比一次珍贵。（板书“爱”）

六、歌曲欣赏，课外拓展

1. 师：同学们，博大无私的爱能创造奇迹，这七颗钻石升到了天上，变成了七颗星星，永远照耀人间，这不就是爱满天下吗？

2. 欣赏歌曲《爱的奉献》。

3. 佳句积累（在听歌的同时出示佳句）。

师：是啊，只要人人都献出一点爱，世界将变成美好的人间。

4. 课外推荐。

师：我这里有一本意大利作家亚米契斯的《爱的教育》，这里充溢着博大的人间真爱，愿你们能从中感受到更多、更神奇的爱的力量。

年级组第一次教学诊断与研讨

执教者李晶个人反思

《七颗钻石》是俄国作家列夫·托尔斯泰的一篇童话。讲述的是地球上发生了大旱灾，许多人和动物都焦渴而死，一个小姑娘抱着水罐出门为生病的母亲找水，爱心使水罐一次又一次发生了神奇的变化，最后水罐里涌出了一股清澈的水流，从水罐里跳出的七颗钻石升到了天上，变成了七颗星星。这篇课文情节比较简单，但内涵比较深刻。通过上次的教研，我们确定了我们年级组的教研专题是“阅读教学如何培养学生的语感”，所以，这堂课我在培养学生语感方面做了如下努力：

一、在形式多样的朗读中发展语言

在教学中，以读为本，采用多种形式让学生朗读，引导学生自读自悟，在感知、思考、质疑、探究、发现、交流等多种学习活动中，加强理解和体验，进而有所感悟和生成。

二、抓住重点语句，指导有感情地朗读

授人以鱼，不如授人以渔。教学中，我让学生在读通课文的基础上默读，画出让他们最感动的语句，并思考是什么让他们一次又一次地感动。找出重点词，如“找哇，找哇，终于，小心翼翼，一滴一滴”等，最后全班交流。在全班交流的时候，我指导学生有感情地朗读，并让学生在各种读的方式下，总结出如何将课文读得有感情，如何去体会课文所蕴含的情感，并让学生在有感情朗读的同时习得读书的方法。

三、发挥想象，丰富情节

这一节课结束了，可是留给我的是深深的思考。现在回过头来细细反思课堂，我总结出以下做得不完善的几点，今后应该改正。

1. 课堂时间没有把握好，主要原因是落了一个“学生分角色朗读过路人和小姑娘的对话”的环节。

2. 理解“小心翼翼”这个词时，我的引导语不明确，导致学生的理解不到位。

我会汲取本节课教学的经验和教训，用于以后的课堂教学。

教研组成员研讨反思

王英——李老师执教的《七颗钻石》一课，教学重点突出，在深入浅出地品析语言文字的基础上，让学生以情带读，读中感悟，培养了语感。我个人认为这节课有以下几点不足之处，值得大家共同探讨：教学第 2 自然段时，应着重让学生体会水的珍贵，感悟小姑娘的爱心。体会水的珍贵，应结合第 1 自然段旱灾的背景创设情境，让学生边读边想象小姑娘找水的景象，体会找水的艰辛。学生体会出水的珍贵后，还可以让学生做比喻，如水像什么一样珍贵，学生会说这水是救命的水，它比生命还珍贵。这样，在多元感悟中，学生身临其境，就不难体会到小姑娘高尚的品质了。

龙旭霞——李晶老师的这节课在品词析句，训练语感；以读为本，培养语感方面对学生进行了充分的训练。其中，在教学第 2 自然段时，教师虽然抓住了“找哇，小心翼翼”等关键词，却没有及时把学生带入文中去理解、感悟；整节课虽然书声琅琅，学生读得充分，读出了对小姑娘的赞美，但教师没有引导学生之间进行评价，应注意对学生这方面能力的培养。

刘颖——品词析句、培养语感，这些只有和想象密切地联系到一起，才能引起学生感情上的共鸣。教学时，李晶老师抓住课文最后一句话让学生去想象，“七颗钻石变成了七颗星星挂在了天空，爱心普照大地，这时大地上又是一番什么景象，”与前文形成对比，更显出小姑娘的爱的博大。让学生通过想象有所感悟，也使文章的主题得到了升华。另外，在第 2 自然段中，小姑娘到处为母亲找水，可以让学生想象一下她都遇到了什么困难，这样更能够体现小姑娘的伟大。还有第 7 自然段中对路人的描写也可以让学生展开想象：他当时是什么样的，嘴干到什么程度了？更能体现水的珍贵，也能体现小姑娘爱的博大。

田晓凌——上次，我们年级组确定的教研专题为“阅读教学如何培养学生的语感”。李老师在这堂课中迈出了可喜的一步。具体表现在：注意了品词析句，引导学生体悟语感。

李老师抓住了文章当中令人感动的第 2 和第 6 自然段，带领学生进行了各种形式的朗读，并掌握了朗读的语气，尤其是抓住了“找哇、找哇，终于”等词进行细细品味。让学生品悟书中这些词语所蕴含的对母亲、对过路人的无私和博大的爱，让爱自然而然地浸润到学生的内心深处，从而激起学生情感的共鸣，使学生在不知不觉中提高了语言能力，培养了语感。读写结合，有所感才能有所言，正所谓有感而发。因而在教学中我们要以读促写，组织学生进行一些与课文内容有关的口头语言表达，或书面的写作，让学生在运用语言的过程中，进一步感悟语言之神妙，使课文的思想得以延续，自身的语感得以发展。

李老师在课堂中结合第 1 自然段描写的地球上发生了旱灾的景况，让学生想象如今水罐里涌出清澈的泉水，大地会出现什么样的景象。这既能让学生的想象飞起来，又帮助学生体会了爱的神奇力量，理解了这则童话的深刻内涵，也突出了文章的重点，发展了学生的创造性思维，并使学生在运用语言的过程中，发展了语感。

几点建议：

（1）品词析句，体悟语感，有一个较重要的方法，那就是换词。如对文中第 2 自然段的“滴”和第 7 自然段的“涌”能否进行换词练习，这样对体悟爱心、发展学生的语感会起到更好的作用。

（2）李老师之所以提前下课，是因为在有些环节中缺少等待。在教学中，应让学生充分想象之后，再畅所欲言，教师再运用一些激励性语言适时评价，这样肯定会收到更好的效果。

第二次重构课堂教学展示

——小学语文 S 版三年级上册第 17 课《七颗钻石》教学设计 2

（师生互相问好）

生：老师，您好！

师：同学们好！同学们语文课快乐！

生：老师语文课快乐！

一、诱发兴趣，激情导入

师（播放课件）：同学们，看到美丽神奇的夜空，看到明亮的北斗七星，大家一定想到了我们昨天读过的一篇课文，课文的题目就是——《七颗钻石》（生齐读）。

二、把握线索，重点回顾

师：昨天，我们在读书中了解到水罐发生了神奇的变化。那么，它都发生了哪些变化呢？（生说，师贴图）水罐为什么会发生这样的变化呢？（板书：给小狗、给母亲、给过路人）

三、品词析句，读中感悟

1. 自由读课文。

师：看样子，大家已经初步了解了课文的脉络，下面请大家自由读课文，说说你觉得哪一自然段最令你感动。

2. 指名汇报。

3. 生自读最令自己感动的段落，说让自己感动的原因。

4. 学习第 2 自然段（在巡视的过程中了解学生的选择）。

（1）指名读，说说你读懂了什么？（小姑娘为母亲找水不容易）

（2）从哪里看出小姑娘为母亲找水不容易？抓住重点词“找哇，找哇，终于”来理解。指名读。

（3）想象：小姑娘找水时会遇到哪些困难？她心里会想什么？范读，练读，指名读，男女配合读。

（4）还从哪里看出了小姑娘找水不容易？抓住“一滴一滴、小心翼翼、很久”来理解。让学生做动作理解“小心翼翼”一词，体会水的珍贵。指名读，分组读。

（5）换词理解：水从岩缝里慢慢地滴（流）下来。齐读，比赛读，评读。

（6）从这一自然段中，你除了体会到小姑娘找水不容易外，还体会到了什么？（小姑娘对母亲的爱。）

（7）面对这个小姑娘，你想说些什么？

5. 学习第 6 自然段。

（1）指名读。

师：谁还能说一说还有哪一段令你感动？你能读一读吗？

（2）说说令你感动的原因。

师：谁和他的选择相同？能说说这段令你感动的原因吗？（把水送给了过路人）

（3）想象：这个过路人是什么样子的？（脸色苍白、有气无力）他的话该怎样读？

（4）小姑娘当时是怎么想的？是怎样做的？（重点理解“全都”）

（5）针对学生的质疑，讨论：小姑娘可以把水给过路人喝一点儿，自己再留一点儿，这个两全其美的办法，行不行？

（6）学生想象：大旱之年，这点水非常宝贵，有水就有活下去的希望，此时小姑娘又想些什么？

（7）分角色朗读（同桌练习、指名读、评价）。

四、创生想象，深化感悟

1. 读第 7 自然段。

师：当小姑娘把水送给过路人时，水罐发生了更加神奇的变化，大家能在书中找到相关的句子读一读吗？

2.“涌”字能换成“流”字或“滴”字吗？为什么？（可联系上下文体会）

师：金水罐变成了一个泉眼，涌出了一股清澈的水流。让我们再来想象一下，大地有水了，会是什么样？请同学们自己读一读大屏幕上的话，并试着填一填。

课件出示：金水罐变成了一个泉眼，涌出了一股清澈的水流。花儿（　　），草木（　　），人和动物（　　）。

五、回归主题，情感升华

1. 师：在这一次又一次的变化中，你有什么发现吗？（生观察板书）

2. 小组讨论：水罐为什么会变得越来越珍贵？

3. 师（小结）：对小动物的爱是美丽的爱，对母亲的爱是本能的爱，对陌生人的爱是博大的爱，小姑娘的爱一次比一次博大、无私，水罐就变得一次比一次珍贵。

六、歌曲欣赏，课外拓展

1. 师：同学们，博大无私的爱能创造奇迹，这七颗钻石升到了天上，变成了七颗星星，永远照耀人间，这不就是爱满天下吗？

2. 欣赏歌曲《爱的奉献》。

3. 佳句积累（在听歌的同时出示佳句）。

师：是啊，只要人人都献出一点爱，世界将变成美好的人间。

4. 课外推荐。

师：我这里有一本意大利作家亚米契斯的《爱的教育》，这里充溢着博大的人间真爱，愿你们能从中感受到更多、更神奇的爱的力量。

年级组第二次诊断与研讨

略。

学校最后的整体建议

1. 教研从实际需要出发，非常具有针对性和实效性。教研组研讨气氛热烈，充分发挥了团队的合作精神，使年级组的教研工作落到了实处。长此以往，一定会使教师的专业能力有更长足的发展。

2. 对于专题确立后的研究策略选择非常得当，符合中年级学生的年龄特点和学习实际。在具体品读课文时，教师没有仅仅停留在文字表面，而是引导学生借助丰富的想象体会文字蕴含的意思。这样由表及里，层层感悟，强化了语感的有效培养。随着年级的升高，建议把培养学生语感的途径拓宽，如诵读、积累、仿说、仿写等。

3. 对于课堂上生成的问题，教师要做到“顺学而导，顺势而教”。如换词比较时，有的学生说“滴”字可以换成“流”字；教学第 6 自然段，学生讨论时，有人认为两全其美的办法可行（小姑娘可以把水留给自己一点儿，然后再给过路人喝一点儿，而不是让过路人把水全都喝了）。

4. 建议把此次研讨的成果推广，让年级组其他教师以《平分生命》一文为例，继续研究探讨这个课题。

学校年轻教师比较多，年轻就是资本。在校本教研中全体教师要“勤于学，敏于行，善于思，得于法”，不断提升教学理念，切实解决教学中的实际困惑，让我们的“资产”不断增值，并能形成自发自觉的教学研究行为。

新课程背景之下，如果我们的教学研究始终能够紧密联系教育教学实际，真正做到想自己的问题、做自己的工作、说自己的故事、讲自己的道理，就一定能极大地提高教研工作的效率。这样我们的校本教研工作也必将成为教师成长的平台和展示团队凝聚力、个人教育教学魅力的舞台。

教育部基础教育司原副司长朱慕菊曾指出，以校为本的教研，是将教学研究的重心下移到学校，以课程实施过程中教师所面对的各种具体问题为对象，以教师为研究主体，理论人员和专业人员共同参与。强调理论指导下的实践性研究，既注重解决实际问题，又注重经验的总结、理论的提升、规律的探索和教师的专业发展，是保证新课程实验向纵深发展的新的推进策略。

课堂观察主题教研让教师享受研究的幸福

众所周知，校本教研基于学校，基于教师，搞好了，对本校教学有巨大的促进作用。然而，有两种现象令人担忧：一是流于形式主义，二是肤浅不深刻。其实，校本教研的内容很多，涵盖教学的方方面面，而课堂教学就是其中重要的一个“点”。这个“点”涉及教材、教法、学法、教学手段、教学资源的应用等，所以抓住了课堂教学这个“点”就是抓住了教研的重点。目前就我校来说，虽然我们也把课堂教学评价作为教研的重要内容，但只是“点阵式”的，没有“串成线”“铺成面”，没有形成良好的习惯。教师们听课评课大多是叙事式的，评价肤浅空洞，更多时候是完成任务式的应付，这对教师的成长是非常不利的。

苏霍姆林斯基曾说：“如果你想让教师的劳动能够给教师带来乐趣，使天天上课不至于变成一种单调乏味的义务，那你就应当引导每一位教师走上从事研究这条幸福的道路上来。”歌德也曾经说过：“每个人都想成功，但没想到成长。”成功是外在的东西，是由别人去评价的，而成长却是一个持续好多年的过程，是内在的，能使个人的内心更愉悦。实际上，每个教师都希望成长，急需一个成长的平台、一个良好的成长环境。

2013 年，在辽宁省校长提高班培训者会议上，我第一次接触到“课堂观察”这个词，通过专家的讲述并结合学校的实际，我觉得这是一种有效的校本教研形式。

课堂观察在国内已经开展很多年了，是课堂研究广为使用的一种方法。课堂观察就是指研究者或观察者带着明确的目的，凭借自身感官（如眼、耳等）以及有关辅助工具（观察表，录音、录像设备等），直接或间接（主要是直接）地从课堂中收集资料，并依据资料做相应研究的一种教育科学研究方法。它的基本程序是课前会议、课中观察和课后诊断。

培训回来之后，我没有急于求成，而是和主管教学的副校长及主任们共同分析其在我校落地生根的可行性。没想到，他们一致赞同尝试运用这种方法。于是，我们买来陈瑶和崔允漷教授关于课堂观察的相关书籍，学习、研究、讨论，再学习、再研究、再讨论……

为了能够让教师们也认同课堂观察的相关理念，我们小步慢行，实施了“四步走”策略。

第一步：理论“洗脑”。通过多次培训，统一了思想和目标，让这一理论逐步得到主管领导和教师的认同。

第二步：示范引领。以身示范开展课堂观察教研活动，先从语文学科开始，让教研组长先尝到课堂观察的“甜头”，初步体验成功的喜悦。

第三步：实践“洗心”。组成研究团队，开展课堂观察活动，使全体教师在参与中品味成功，收获合作的幸福。

第四步：成长展望。认真总结经验及教训，并邀请上级有关部门来校指导，为广大教师积极搭建成长的平台，为专业成长助力。

第一次尝试正赶上区域教学视导检查，我亲自上阵带领教师们进行课堂观察主题教研，尽管还有不尽如人意之处，但是得到了区域教研部门的高度认可，激发了教师后续参与的积极性和主动性。教师们开始认识到这样有目的的观察后的议课和以往的评课有很大的区别：一是议课并不完全是从旁观者的角度来评论上课教师，而是把自己融入到课堂教学中去，从执教教师的角度来观察和思考课堂教学过程中所出现的问题；二是议课者与执教者是在完全平等的基础上进行交流，是议论式的而不是评判式的。所以这种议课不是针对“某一个”进行评判，而是启发“每一个”的思维，达到“同在共行”“共同成长”的目的。

最重要的是，大家基于问题、基于证据、基于合作的研讨来源于实践，教师们接受起来并没有生涩感。这样的研讨更多的是草根式的，是“接地气”的，追求的是“第一现场”的真实再现，因为只有常态的才是最真实的，只有最真实的才具有鲜活的生命力。

就这样，我们从语文学科开始，从中年级组开始，到现在全学科、全年级组的参与，已经走过了 5 个年头。这其间，我们尽管也听到过异样的声音，但是从未停止过研究的步伐。把异样的声音变成改进的策略，把遇到的困惑变成前行的力量，如今，我们终于品尝到了合作研究的幸福。经过一段时间的实践，课堂观察教研活动给我们带来了可喜的变化：

一是唤醒了教师的主体意识。因为这种教研形式“接地气”，贴近教学实际，能满足教师自身需要，所以教师的主体意识被唤醒，参与的热情大大提高。

二是培养了教师的教研热情。教师们从最初的犹疑、观望，到现在的积极参与，自身的潜能得到了展示与释放，进一步感受到成功的喜悦和被人认同的幸福，从而促进了个体教育智慧的生成，促进了自身的可持续发展。

三是培养了教师的探究精神。从开始的不了解，到积极通过各种途径查资料，教师的学习、探究意识得以激发。

四是培养了教师的合作精神。共同查找资料，共同制订选择量表，共同评价课的得失，改变了“单兵作战”的形式，在分工合作中发挥了团队的智慧。

五是初步形成了学校的教研文化。在教研活动中人人想说，人人敢说，人人会说，这种互相合作、切磋交流的对话氛围令人感动，使不同个体的知识与能力在探讨、碰撞、分享等行为之中得到提升，营造了良好的合作、学习、探究的学校文化。

“运用课堂观察进行主题教研的实践与策略研究”获得了省级科研成果一等奖，省级教学案例二等奖，5 人因此获得了省、市级优质课的评选。十余次主题研讨活动面向区域内外的同行进行展示交流，并在全国本真教育合作学习研讨会上进行交流。

“路漫漫其修远兮，吾将上下而求索。”对于课堂观察，我们刚刚起步，初次的尝试，已经让我们尝到了研究的幸福。但是随着实践的逐步深入，我们清醒地认识到，我们还缺乏必要的专业指导。未来的探索必定艰辛，不过，我们坚信：在时间走到某一时刻，今日之行定会播撒一粒粒种子，而等待我们的将是更加明媚的春天……

中篇 基于儿童成长视角，建立无痕管理的动力场

每一名儿童都是不可复制的独特存在，他们的独立人格、独特个性都值得我们尊重与呵护。基于儿童立场，我们始终把儿童的发展放在第一位，“基于每一个”“研究每一个”“发展每一个”“成就每一个”是我们恪守的儿童观。尤其是学习了《义务教育学校管理标准》之后，我们更是在保障学生平等权益、促进学生全面发展上大做文章。

在实践中，我们从儿童的身心发展规律、兴趣、经验和情感需求出发，站在儿童自我需求和自我发展的角度，让儿童在潜移默化中发展自我、唤醒自我，在积极和谐的文化场域中，不断激发儿童成长的内驱力，让他们积极主动地选择、积极主动地体验，从而获得积极主动的成长。

让课堂充满生活的味道

语文课上，孩子们正在预习课文《柳笛和榆钱》。这时小郭鑫忽然问我："老师，课文中说柳笛和榆钱在我们北方农村很常见，那柳笛究竟是什么样的？榆钱真那么好吃吗？比糖葫芦还好吃？"于是，我用切身体验向孩子们描绘了柳笛的样子和榆钱的味道，甚至还上网查找了一些图片。可是，在城市长大的孩子们仍然一脸茫然。

"榆钱是黄色的还是绿色的？书上的图看不清楚啊！"

"榆钱真那么甜美吗？"

一个个问号在孩子们的脑中盘旋。

课堂上，为了让孩子们能有身临其境之感，我声情并茂地引读，让孩子们尽情地咀嚼文字的味道。尽管课堂高潮迭起、热闹非凡，但在和谐愉悦的背后，我总感觉缺少些什么？

第二天，我读到了小郭鑫的日记，从字里行间我读到了他内心真挚的期待——《盼望中的柳笛和榆钱》。

今天我预习了《柳笛和榆钱》一课，我的小脑瓜中蹦出来一个个小问号：榆钱是什么东西？柳笛究竟是什么样子的呢？

读了课文我才知道，柳笛是用柳枝做的，它吹出来的声音的高低和柳管的粗细有关；榆钱不是花的那个"钱"，是榆树送给人们的美味。看到课文中那么美的描写，我不由自主地咽了一口唾沫。

于是，我又问爸爸。他告诉我，他小时候经常吹柳笛，那清脆的声音就像鸟儿在鸣叫。我想：我要是能做一个柳笛，亲自吹一吹，该多好啊！爸爸还告诉我，榆钱是他小时候唯一的天然"小食品"。听着爸爸津津有味的描述，我说："我也要吃榆钱。"爸爸满口答应了。

妈妈也赶紧上网查找了有关柳笛和榆钱的图片，可惜没有找到满意的。看来还是“百闻不如一见”，我一定要亲自去吹一吹、尝一尝了！

此时，我忽然领悟到，我的语文课上缺少了一种味道，这种味道叫体验！

遗憾的是，此时我们这里农村的天气依然很冷，柳枝和榆钱还没有成熟。不过，内心里我为自己留了一份作业。

在一个个平静的日子里，我的盼望潜滋暗长。那一日，回到农村，我终于把小小的梦想变成了现实。征得主人的同意后，我给孩子们带回了几支做好的柳笛和一袋子榆钱。

当我展示给孩子们的时候，他们欢呼雀跃，异常兴奋。

在这热闹的氛围里，我的神思瞬间恍惚。其实，为了学好《柳笛和榆钱》这篇课文，当春天来临的时候，如果条件允许，我们不妨带领孩子们走进大自然，让他们亲自做一支柳笛吹一吹，亲手摘一串榆钱尝一尝。也许柳笛的声音并不悠扬，也许榆钱的味道并不甜美，但那份体验是文字和讲述无法超越的！那时，我们再引领孩子们回读此文，在感性体验的获取和身临其境的交流中，相信孩子们对语言文字的感悟会像品茶那样，愈品愈香，愈品愈回味无穷。

有人戏说：数学清清楚楚一条线，语文模模糊糊一大片。一语道破语文课太散，越来越难教。尽管各种教学策略花样百出，但静思之余，我们会发现语文课的味道越来越淡了。

我认为，语文课应有两种味道：一是“本味”，二是“情味”。“本味”是语文课与生俱来的味道，它既有咬文嚼字的“品味”，也有动情诵读的“读味”，还有潜心运用的“写味”。而“情味”是语文课借助语言文字催生出来的味道。它既有情感熏陶的价值之味，也有注重体验的情趣之味，还有浸染人文关怀的幸福之味。

综观小学语文教材，其中有许多描写大自然的佳作，有些内容虽然是生活中常见的、比较熟悉的现象，但往往又是学生熟视无睹或知之甚少的。据了解，有些学生甚至不知道花生长在地下，分不清地瓜和土豆。

日本川村学园女子大学的教育社会学教授齐藤哲瑯曾对日本的中小学生进行过一次自然体验调查。调查发现，竟有过半数的受访者“从出生到现在没有看过一次日出或日落”；有四成受访者“没有在河里或海里钓过鱼”“没有爬过比自己高的树”。我们的教育现状不也是如此吗？

如果我们培养的学生“四体不勤，五谷不分”，这对于我们的教育来说，无疑也是一种遗憾和缺失。针对这种情况，教师和家长应该鼓励学生走进大自然，借助大自然的课堂，引导学生去捕捉课文所展示的大自然的生命活力。

当文本还原成生活场景，其生命活力便会在欣欣然中得到张扬。正所谓，生活决定教育，有什么样的生活就有什么样的教育。语文课因其承载的两大特性（工具性和人文性），不管是“本味”，还是“情味”，如果缺少了学生原生态的真实体验，不管作家的笔触如何细腻，教师的讲解多么生动，学生最终的体验也是苍白的、肤浅的。如此，一切也都将成为“无源之水，无本之木”。

直面“谁”的问题

40 分钟结束了，她一脸沮丧。

一个一个的理由淹没在埋怨和谴责里，连缀后逐渐清晰起来：

“今天学生好像太紧张了，跟霜打了似的，太蔫了。”

“我班学生可笨了，一节课讲完了，最后连谁是质数、谁是合数都还没弄懂呢！”

“后边的几个学生总溜号，从来不听课。”

“那些家长就更别提了，根本就不管孩子……”

“农村的孩子，经济条件太差了……”

沉默中，听着她不厌其烦地诉说。其实，不想和她过多地讨论这些理由的是与非，因为课堂效率似乎与此不太搭界，还是真实地还原课堂细节，进行多向度归因更有利于提高课堂教学的有效性。毕竟，具体的课堂细节远比关于它的各种定性评价包含的真理多。

她的课堂教学设计思路大致如下。

一、铺垫孕伏

写出 1~12 的所有因数。

二、探究新知

1. 引导学生归纳，按因数个数的多少进行分类。

有一个因数的＿＿＿＿＿＿ 有两个因数的＿＿＿＿＿＿

有三个因数的＿＿＿＿＿＿ 有四个因数的＿＿＿＿＿＿

有六个因数的＿＿＿＿＿＿

（教师提示归纳有两个以上因数的数。）

2. 观察比较发现特点，引出质数与合数的定义。

（1）一个数，如果只有 1 和它本身两个因数，这样的数叫作质数（或素数）。

（2）一个数，如果除了 1 和它本身还有别的因数，这样的数叫作合数。

（3）教师强调：因为 1 只有一个因数，既不符合质数的特点，又不符合合数的特点，所以 1 既不是质数，也不是合数。

3. 学生用学具拼小正方形，进一步理解质数与合数的定义。

三、拓展延伸

1. 归纳 100 以内质数的判定规律。

2. 猜教师家的电话号码。

不知道这样的梳理能否真正体现她最初的设计本意，但从中我们不难看出她的教学理念和与之相对应的教学方法。

第一，新旧教材知识点认知过程冲突。课堂上，教师采用的依然是过去教材提供的教学方法，通过找 1~12 的因数归纳出质数与合数的定义。而北师大版实验教材是通过让学生摆学具小正方形引导归类、认知定义的。这里，教师把编者的意图误解了，只把摆学具作为进一步验证的手段，环节上明显颠倒。“新鞋”于无形中成了摆设。

第二，“经历数学”体现得明显不足。只有自己亲身体验了，印象才最深刻。即便是用过去的教学方法，教师在课堂上也没有让学生充分体验发现归纳的过程，而是一味地讲授，甚至不等学生的话说完，就急于公布观察的结果。在这节课中，从最初引导学生根据因数个数分类，教师就没有完全放手让学生互相讨论。到后来的定义引出，也是教师包办代替，没有给学生充分思考的空间。即便学生说得不准确、不完善又有何妨？很多时候，我们就是缺少等待的耐心。

第三，缺少必要的“台阶”，不利于思维触角的充分展开。最后一个环节的设计，一下子把懵懂的学生引入了困境。没有任何“台阶”，在学生的认识还稀里糊涂时，他们是难以真正分清质数与合数的。难怪到最后有些学生还说 1 是合数呢！如果教师先让学生找找 20 以内的质数，再扩展到 50 以内，最后再通过对 100 以内质数的归纳引出判断质数的另一个规律，可能学生便不会出现一知半解的情况。另外，猜电话号码的练习设计，教师明显是在开“空头支票”，因为那个号码根本不是教师家的。学生心理期待的长期落空会导致更大的恶性循环。

从整节课来看，教师没有给学生充分思考的时间和空间，学生如木偶一般听从教师的引导，一会儿云里，一会儿雾里。对于课堂的无效，教师也没有理性地进行归因，而是过多地把责任推到了学生甚至是家长身上。“我以为”的思维只是在为自己辩解。如果大象在房间里（英文中屋子里的大象常用来比喻麻烦或隐患），就要承认它的存在，埋怨、推卸责任都于事无补。

真正的课堂，预先设计的方案并不重要，重要的是人。“谁”远比“什么”更直指问题的本质。决定课堂是否有效的关键变量也并非学生，而是教师，教师的归因决定着课堂的成败。如果教师能够真正领会新教材的特点，如果教师能多给学生一些信任，如果教师能让学生多讨论一下，如果……那么问题的解决也许会有另外的转机。威特克尔说：“优秀的教师总是在努力反思并提高自己，并且集中关注自己所能控制的东西——他们自己的表现。”

延伸开来，如果每位教师在考虑“谁”的问题时都能对照自己的行为，那么我们学校必将取得长足的发展。因为只有自己这个关键变量才是最容易被我们控制和影响的。

从现在开始，不再抱怨“谁”的问题。尤其是管理者。

常态课堂需要心与心的交流

从来没有仔细观察过“帽”字的写法。今天，在这位教师一笔一画的示范中，跟随着孩子们一起记忆“帽”——“宽大的帽檐里，藏着一条小虫子……”标注的红色，强调“帽”的右上角是“曰”，不是“日”；右下角是“目”，也不是“日”。后来教师又让孩子们用会意的方式对字形进行阐释，个性化的记忆方法让人不得不佩服孩子们的想象力。

《帽子和鸟窝》是语文S版三年级上册的一篇课文，字里行间充满了浓浓的儿童情趣。课上，教师紧紧围绕“趣”字，带领孩子通过抓住丢帽子、找帽子、追帽子、挑帽子、送帽子时的心情变化，理解翔翔在不同情况下的心情。整个环节中，教师满怀激情，少见预设的精巧，多是师生互动生成的精彩。

此时，孩子们又在品味“七嘴八舌”的意韵了。因为坐在教室前面，孩子们的一颦一笑都一览无余。叽叽喳喳的样子，甚是可爱。

“猜一猜，‘七嘴八舌’是一个什么样的情景？”教师充满激情地抛出一个问题，孩子们的小手如林。

“七张嘴，八条舌！”最前面的一个小男孩率性而为，抢了先。

“啊？谁能长成这个样子呀？莫非是怪物？”教师夸张的表情，逗得大家哈哈大笑。因字生义，是小孩子的天真。笑过之后，教师对孩子的细心观察给予了充分的肯定。

“就是一个人不停地说来说去。”一位梳着羊角辫的小女孩赢得了表现的机会，小女孩的眼神充满期待，在教师的微笑里她兴奋地坐下。

“那你们就一个人七嘴八舌地读读课文中他们议论的话吧。”

孩子们投入地、充满激情地读了一遍又一遍。

“有七嘴八舌的感觉吗？”站起，坐下。试读，评议。孩子们一次又一次地摇头。

“看来，我们不是配音演员，一个人‘七嘴八舌’有些难度。怎么办呢？”教师故作愁苦状。

“叫四个同学来读，每人读一个角色！”在孩子们的建议下，大家开始“七嘴八舌”地读起来。

在孩子们你一言我一语的角色朗读里，大家找到了“七嘴八舌”的感觉，快乐溢满小脸。

“这个成语长得真有特点，你发现了吗？试着七嘴八舌地说几个这样的词语？”

“一心一意”“一五一十”“千军万马”“七上八下”“十全十美”“九牛一毛”……

那么多的成语如肥皂泡一般，从孩子们的口中快速地飞出。

“七嘴八舌”，如此精彩！没有一味地否定，没有枯燥地说教，顺着孩子们思维的触角，教师一点儿一点儿地催发。

“如果帽子是你的，你该怎么办？”一个小男孩大大方方地站起来：“我要把帽子拿回来。”一阵唏嘘声中，教师依然微笑着，耐心地等待。“我要先养着这只小鸟，等它长大了再让它自由地飞翔。”

时间，在素朴的流逝中闪耀着光泽。惊叹教师扎实的教学功底和孩子们鲜活的思维，不禁猜想着她的常态课堂。一个字音、一个字形、一个词语、一个标点，都如生了根的嫩芽，在她幽默的智慧里开花。于是，孩子们灵动的思维也长了翅膀，渐渐地学会了飞翔。

课后，跟随教研员一起查看了孩子们的“采蜜集”和“小溪流”日记。精心的策划、鲜活的内容，让人瞠目。如此细心、用心的教师，实属难得。

如果说课堂上的激情只是短促的精神升华，那么在常态教学中，更需要持久的关注和激发。“播种”是一种积极的心态，“催发”则需要坚守的智慧。从点滴的细节里，我们分明看到师生心灵之间涓涓流淌着一条清澈的溪流。

让遗忘的角落充满阳光

多年前上公开课前的一幕幕，至今让我的心隐隐作痛。

某领导义正辞严地明确指示，参加讲课的孩子不能超过 40 人。可我们班一共 58 人，剩下的 18 个孩子怎么办？不让谁参加？用什么理由拒绝一颗颗雀跃的心？

看着一张张阳光灿烂的笑脸，我的心莫名地浮沉不定。不忍心用牵强的、残忍的、伤自尊的理由再一次“蒙昧”良心！可领导亲自参与的调配让人无言以对。

“今天谁表现最好，明天就让谁代表班级参加配课！（“配”课？！）”

“×××，你发言声音太小，明天就别去了！”

“×××，你总也不发言，你也别去了，在教室里写作业吧。”

“×××和×××，你们两个上课总爱挑刺，你们也别去了，到时候讲课老师多尴尬啊！”

“×××和×××，你们两个纪律太差，在班级里安心上自习吧。”

……

一个个看似合理又牵强的理由把 18 个孩子拒绝在了课堂之外。被选中的“欢呼”“自豪”“洋洋得意”，被淘汰的不情愿地放下高举的小手，或沉默，或叹息，或沮丧，或内心埋怨不已。这样的情形经常在我们的校园里出现，我们也都或多或少地充当过这样的角色，但我们很少真正去考虑过被淘汰、被忽略的这 18 个孩子的心！（有时候又岂止是 18 个）尽管有诸多的理由为自己辩解，但是一旦面对晶莹剔透的童心，我们只能无言、无奈！

正因为很少有人真正在意过这些被忽视的心灵，所以没有阳光的角落才会充满阴霾，不被关注的心灵才会日渐发霉！

事后，俯下身子，我听到了孩子们真正的心声：

“当时，我多么希望老师能点名让我参加！”

“坐在教室里上自习，心里很难受……”

“参加的同学回来后，使劲地气我们，当时我真想揍他一顿！”

“如果老师能让我参加，我一定积极举手发言，绝对不会让老师失望。可是我连这样的机会都没有……”

……

听着孩子们真挚的话语，再狠心的人也会为之动容。是啊，谁不希望被肯定、被赏识？记得美国一位著名教育家说过，欣赏犹如阳光，获得别人肯定的欣赏是人们共同的心理需要。在现实生活中，人们总是自觉不自觉地从他人那里寻找自身的存在价值，每个人内心深处都有被重视、被肯定、被尊敬、被欣赏的渴望，当这种渴望实现时，人们的许多潜能和真善美的情感便会被奇迹般地激发出来。美国心理学家威廉·詹姆斯也说：“人性中最深切的本质就是被人赏识的渴望。”我们成人都渴望得到别人的欣赏，更何况是尚未成熟的孩子呢？

欣赏高山，就会在高山的巍峨中领略到强悍和凝重；欣赏大河，就会在大河的澎湃中感悟到壮美与开阔；欣赏大树，就会在大树的伟岸中品味到自立与尊严；欣赏小草，同样会在小草的葳蕤中吸纳到执着与希望。

不管什么样的孩子，其内心世界都是丰富多彩的。他能向教师打开心灵的窗口，让风进来，让雨进来，让阳光进来，教师应该感到无比荣幸。

被忽视的孩子脚下没有红地毯，头上没有满天霞，所以教师的欣赏、一次垂青的机会都会让他们受宠若惊。说不定这一次机会的恩赐会成为他们自己独特的永恒的风景。

我承认，当初自己为了顾全大局，因为自己的软弱和妥协伤害了一些孩子幼小的心灵。因此，当我成为校长之后，我不断地告诫自己：一定不要再让阴暗角落的草儿低声哭泣。

于是，六一儿童节的入队仪式上，不会再出现因为分两批次入队，而让一些孩子苦苦哀求的场面。

于是，公开课的讲台上，频频出现每一个孩子的身影，哪怕他身体残疾，表达迟缓。

于是，校园歌咏比赛上，我们看到了班主任搀扶着腿脚不灵便的孩子，走上舞台的那份淡定与从容。

于是，古诗考级活动中，我们看到了智障孩子拿到考级证书的那份自信与幸福。

于是，升旗仪式上，我们见证了失聪、口吃的孩子作为升旗手的原生态的表现。

因为关注童心，守候童心，于是，我们见证了每一个孩子点点滴滴的成长。哪怕他们脚步蹒跚，哪怕他们枝丫斜出，哪怕他们顽劣出格……

一直喜欢这样的格言妙论：

草说：我是一根草，被遗忘在角落。

人说：我是一个人，被遗忘在角落。

人从草受伤的叶脉上看出了失望与寂寞。在那一瞬，人对草伸出了友好的手，草对人伸出了颤抖的叶子。

草在遗忘的角落里逡巡。

人对被遗忘的草伸出了友好的手，投去了赞许的目光。从被遗忘的颤抖中，人终于读懂了阳光的真正含义。

“天下有一人知己，可以不恨。”

是啊，童心无瑕。孩子的心纯净如玉石，以其凝聚的光泽，闪烁着不变的色彩；孩子的心绚丽如彩虹，以其幻化的多姿，点缀着心灵的天空。儿童在乎小鱼，在乎自然界的一草一木，在乎每一个孱弱的生命，他们稚嫩的双眼能够体察万事万物的悲鸣。“花开的声音”是他们耳中最美的音符，“生命的对话”是他们眼中最美的画卷。

有人说，教育需要有教育情怀的人来坚守。坚守，是耐心的付出，是安静的等待，是对童心至高的理解和尊重。这份坚守关乎我们的尊严，关乎我们的道德操守，也关乎我们的人生价值取向……

用更丰富、更博大的视野去容纳这群灵动的精灵吧，不要让他们感到被忽略，被遗忘！给他们一缕阳光，他们会回报以整个春天！我相信，请你也坚信。

让特殊成为普通，让普通更出色

在我们的校园里难免会有这样的孩子：他们或先天失聪，或肢体残疾，或听力障碍，或自我封闭……

据我了解，这些孩子的家长大多不愿意让孩子进入特殊学校。因为孩子异于他人，实属不幸。如果再把他们放入特殊群体中，家长会觉得更加不利于孩子身心的健康发展。而进入普通学校，孩子最起码能和正常孩子接触，或多或少会学到些知识，哪怕学不到知识，也可以学着和正常人交往。归根结底，这些家长不希望孩子与社会隔离，希望孩子能融入群体之中接受正常的教育。家长的这些想法从感情上讲，无可厚非，至于是否符合儿童身心发展规律，则另当别论。

目前，在我们学校有两个患唐氏综合征的孩子，一个听力失聪的孩子，一个智障的孩子，还有一个肢体残疾（靠坐轮椅来上学）的孩子。根据家长的意愿，我们都让他们融入班级接受了正常的教育，并选择了经验丰富、富有爱心的优秀教师任教。

那个肢体残疾的小男孩特别懂事，听她妈妈讲，每天早饭他都不敢吃太多，也不愿意多喝水，因为害怕在学校会上厕所。不过呢，我们的教师非常有爱心，给他准备了尿壶，每天会为他接尿。偶然遇到大便困难，还会为他擦洗身子，换洗衣服。学校考虑到孩子坐轮椅不方便上楼，所以他们班的教室一直在一楼；考虑到他家庭困难，学校为他减免了一切费用。家长对此感激不已。

最让我们欣慰的是听力不好的原同学，他特别上进，尽管听力不好，语言功能不全，但是他靠着观察教师和同学的口型辨别意思，学习成绩一直不错，与同学相处也非常融洽。在学校古诗考级中还获得了“古诗小才子”的称号呢！

2017 年 9 月 18 日的升旗仪式上，他光荣地担任了升旗手。

“我是六年级（3）班的 ×××……”模糊不清的吐字，断断续续的发言，本以为下面的孩子们会一片哗然，但伴随着班长的同声翻译，大家却报以热烈的掌声。

我一方面为孩子的展示喝彩，同时也为我们的班主任陈老师点赞，因为她的勇气，更因为她的智慧。事后，她告诉我，班级竞选升旗手的时候，她发现原同学的小手举得高高的，明亮的小眼睛里闪着迫切的光芒，嘴里喃喃地费力地表达着：“我……我……”想着他平时优秀的表现，陈老师征求同学们的意见后，决定把这个机会给他，但还是有点儿担心全校同学的反应。班级同学都了解他，也非常喜欢他，当然不会嘲笑他，可全校同学呢？为了避免尴尬的场面出现，她和同学们想出了这样的好办法——原同学现场演讲，班长同声翻译。

原同学出场时，大家真为他捏了一把汗（因为事先没有透漏给全校同学），结果却出乎意料，全校没有一个同学窃窃私语，更没有一个人嘲笑他，相反却对他肃然起敬，会场几次响起热烈的掌声！

一次特殊的升旗仪式，原同学成了学生的优秀榜样！下午的班会课上，每个班级都以身残志坚的原同学为榜样，开展了热烈的讨论。学校又征得其家长的同意，录制了原同学在学习和生活中的典型事迹，在校园电视台进行展播。

以前到全国各地参观学习，发现一些名校对待这样的孩子的做法是尊重个性，为他们单独编班，单独配备教师。但看到原同学的成长，我发现这样的孩子真正需要的不是隔离教育，而是融合教育。人，只有在群体中才能学会生存、学会交往、学会学习，特殊孩子也不例外。让特殊成为普通，让普通日渐出色，更加坚定了我们办融合教育的决心和信心。

对于这样的特殊群体，我们的教师真是煞费苦心。虽然孩子在班级中正常学习，但我们的教师会在学习上给予他们个别辅导，也会在生活上特别关照他们。当初教过原同学的李老师记录了他在学校生活的点点滴滴，有文字，有图片，也有视频。用她自己的话说："这样的孩子，已经很不幸了，所以在他们成长的过程中，我愿意当陪伴者和引领者，愿意做擦星星的人。"

总得有人去擦星星，
它们看起来灰蒙蒙；
总得有人去擦星星，
因为那些八哥、海鸥和老鹰
都抱怨星星又旧又生锈；
想要个新的我们没有，
所以还是带上水桶和抹布；
总得有人去擦星星，
是的，这个世界总得有人去擦亮星星。

附：

用纸条沟通的孩子

李亚楠

今年暑期开学，我接了一个新班。开学第一天，我刚进教室，看见有几个孩子已经先到了。

"大家好，你们先把教室打扫一下，等人来全了，咱们再相互认识吧。"孩子们怔怔地打量着我。事先知道换班主任的孩子，仔细地端详着我，而不知道这一消息的孩子，则自顾自地东张西望，根本没听我的话。

我把外套脱下来，放到椅子上，撸起袖口准备打扫教室，给他们做个榜样。这时，一个小男孩走过来，一句话也不说，把一张写满字的纸条放在我面前，然后转身走了。

干什么？什么意思？一句话没有，放下纸条就走？我心里有些不舒服。虽然也曾半路接过几个班，但像这样没有礼貌的无声的沟通，还是头一次遇到。

先看看写了点什么吧。我拿起字条，上面用蓝色钢笔草草地写了一段文字：老师，我叫 ×××，从小耳朵不好用，请您多照顾，分座位时把我放在前头……噢，原来是那个孩子呀。以前有所耳闻，这个班有个听力有点障碍的孩子。我扭转身，细细地打量着他：他个头不高，平头短发，眼睛有神但比较迷茫，高挺鼻梁小嘴巴，身体有点瘦弱，但看上去很正常。如果不是那张纸条，我真看不出他有点残疾呢。

于是我走到他身边，一板一眼地对他比画说："我会安排你坐第一排，有事你就告诉我。"

他微笑着点点头，露出一排小白牙，看上去还挺可爱的。"你一点儿都听不见吗？"我试探着问。他摇摇头。旁边一个小男孩插嘴道："老师，他能听见，就是说不好。""哦，这就好办了，谢谢你！"我向刚才插嘴帮忙的孩子表示感谢，然后又回过头来轻声细语地对他说："前面一排座位你自己随便挑，想坐哪里坐哪里。”他笑了，噢，原来用我平时说话的音量他也听得见呢，这就更好办了。他看了看其他的座位，没动，仍然坐在刚才选好的地方。

我把刚才插嘴的孩子叫过来，问：“你们班的同学愿意和他坐一起吗？”小男孩说：“他上课不捣乱，也不烦人，但他喜欢和那个女生坐一起。”“为什么？”“这几年他都和她坐一起，她对他挺关照的吧。”这就好办了。我回过头来对他说：“今年你还可以和她坐一起。”他听见了，脸上露出了灿烂的微笑。好的，解决了一个问题，我心里轻松了一点儿。

那天放学，我在校门口看见了他妈妈，了解了他家的一些情况，他还有个哥哥也是这样子。听了真让人揪心，因此我对他格外照顾。为了辅导他学习，我找了三个懂事又有耐心的女生，每天中午吃完饭后，帮他补习语文、数学、英语，一天一科，12∶35就结束，让他可以好好玩一玩，平时有不会的也可随时找我询问。平时，我要求孩子们注意保持室内卫生，一旦发现谁旁边的地上有废纸，或者罚一分，或者做一件好事弥补，对他则是指一指地上，让他捡起也就罢了。另外，别的孩子上课坐姿不端正，作业不认真，都会受到警告和处分，而他，我就轻轻点拨一下，警示一下。为了增加他的自信，我还委任他为班级卫生班长，可他不爱干。要知道，当班干部多受重视呀！我不计较他的怠慢，也不生气他的“为所欲为”，还是一如既往地对他好——因为他是弱势人群——同样身为人母，将心比心，为了减轻他妈妈的痛苦，我也应该这么做。

然而，有一天，我发现讲桌上多了一张揉得皱皱的纸条，上面的蓝笔字一看就知道是他的：老师你不好，你管得严。我一看，心里“咯噔”一下：我都这样对待你了，你还不满意？我回头看他，他立即低下头不看我，一副生气的样子，拿着笔在纸上随意画着。怎么回事？我找他同桌询问，同桌摇摇头。

我走到他跟前，轻声细语地询问道：“以前老师管你严不？”他点点头。

“她好吗？”他点点头。

“回家你妈妈管你严不？”点点头。

“妈妈好不？”点点头。

“帮你的小同学管你严不？”点点头。

“他们好吗？”还是点点头。

“我管你严不？”点点头。

“我——不好？！”我特意说得清楚一点。他肯定地点点头。

哦，没法子了！以前的老师、妈妈、同学管得都严——都好，到我这也一样严，就不好了。我连呼几口长气，摇着头，走开了。一个下午，我心情都很郁闷。虽然我知道不应该和他生气，但我不能说服自己——我如此用心，却得不到理解，我伤心！

放学时，我要处理班级一对玩闹时划伤的孩子的事件，正好他妈妈也走过来，我就诉说了自己的苦衷。他妈妈说：“孩子不懂事，不明事理，请您多包涵。可能是他太想爸爸了，心里烦躁吧。”虽然如此，我仍不能释怀。

第二天中午，桌上又有一张纸条。我心有余悸地打开它：我爸爸要回来了！挣了钱，买好多好多月饼，你想吃吗？我眼睛一亮，连忙转头，他咧着嘴朝我笑呢！

哦，孩子，你太情绪化了！老师的心脏可受不了啊！我朝他一笑，伸出大拇指，“爸爸回来，好！我要吃这么大的月饼！”我用手比画了一个大大的圈，他一下笑了，嘴里的唾沫都喷出来了。好一个单纯的孩子，一个情绪化的孩子，一个坦诚的孩子！这也许就是童真吧。

从那以后，我再也不和他较真了，只要看到他不高兴，就会开导他。从此，字条的次数渐渐多了：

我会唱歌《新年好》。

我不是运动员，我是走方队的。

爸爸和我给奶奶扒玉米。

爸爸又走了，我想他。

……

能给他鼓励的，能让他参与的，能帮助他的，我都做了，唯有孩子舍不得离开爸爸的痛，我无能为力。我对他说：“爸爸要挣钱养活你们娘儿仨，就像老师也要挣钱养活我妈一样，我也想妈妈，但我不能让妈妈陪我上班吧。”一句话，把他逗笑了。

在我和原相处的日子里，纸条成了我们交流时用的最多的方式。他想爸爸了，哥哥欺负他了，会背课文了，自己的作文发表在班级通讯上了，他上了学校的报纸，家里的玻璃被哥哥打碎了，想参加古诗考级了，昨天水房停水了……只要搁在他心上的事，都用纸条告诉我，对此我尽力劝说或帮忙。获得了他的信任以后，我鼓励他尽量说出来，让他大胆表达。在班级设立阅读平台，他背古诗，我点赞；他读课文，我给他伸大拇指。我陪他过生日，送他生日祝福还有自制的小礼物。他与大家一起品尝平安果，一起参观校园写日记，一起联欢表演节目，一起表演课本剧，一起参加第二课堂手工制作，一起参加运动会……只要是普通同学能做的，他都一样享有相同的待遇和机会。唯有不同的是：他耍脾气我忍着不计较，他不爱写作业了我不逼他，他想和谁同桌我让他挑……对他的特殊关照和宽容，让他觉得我很好，渐渐地，我们成了好朋友。

辽宁省检查组视察我校学生均衡教育发展的状况时，特意调查了智障儿童和留守儿童的情况，龙港区教育局王局长说：“当你看到一个智障儿童，你心酸；当你看到一群智障儿童，你心痛！”这句话一下子触及了我，当时就热泪盈眶了。

孩子，上帝给你关上了一扇门，一定会为你打开一扇窗的。

我会提醒上帝的！

让孩子远离恐惧

1992年我毕业刚参加工作就被校长委以重任，担任六年级的班主任。班上有一个名叫剑的小男孩。刀削似的脸，一双小眼睛，两条急走时如风的腿。白描下的他就是这个样子。最有特点的是那双小眼睛，尤其是他犯错误的时候，那双小眼睛先低眉顺眼地盯着地面，然后用不了5秒钟就会斜瞟着右侧的同学，从中探测你的阴晴变化。再然后就会用他那三寸不烂之舌，向你乖乖地检讨。不论你怎样心如钢铁，最后也会“绕指柔”般地原谅他。

刚被校长分配教六年级（2）班的时候，一进办公室，那些资深的老教师就向我透露了关于剑的种种劣迹：不讲卫生，卫生评比你只能看着红旗流动；纪律差，上课从来不坐椅子，总是一条腿半跪在椅子上，另一条腿或在桌下晃悠，或半跪着压在屁股底下，纪律红旗也永远与你擦肩而过。这些都是小菜一碟，最让人头疼的是，他经常去电子游戏厅（那时没有网吧）。诸如此类的毛病一大堆，看来他是学校的“名人”。我一听，头都大了！

刚接班的几天，我不露声色地鼓励他，故意不提他的“黑历史”，运用了心理学上的知识。我发现剑的思维特别活跃，课堂上很少溜号，不仅能积极回答问题，而且提问的意识也很强。记得在学《我的战友邱少云》一课时，他提的问题把我都难住了：文中说潜伏部队的纪律是“纹丝不动”，可后面写“我”的表现时却说“扭转头一看”，这不是矛盾吗？当时课堂的气氛一下子活跃起来。（不过，他的坐姿一直没有改变）

我暗自庆幸，他是不是在新教师面前表现好了？那些老教师不屑地说：“改变？你看着吧，不出一个星期，他就会原形毕露了。”唉，姜还是老的辣，果不其然，第二个周一，他的座位就空荡荡的了。经过向同学询问，我和主任跑遍了我们居住小区所有的游戏厅，终于在一个非常隐蔽的居民楼的小游戏厅里发现了他。他一看见我们来，吓得赶紧离开了座位，手不由自主地放在了身体两侧，一副很乖顺的模样。主任训斥了那个游戏厅的老板，上学期间怎么能让学生玩游戏呢？挣钱也要讲点良心吧。当时我暗自佩服主任的泼辣！

回到学校，主任把他带走了。等他来找我时，我一言不发。沉默了一会儿，他终于开口了：“陈老师，我对不起你！以后你看我的表现吧。如果我再去游戏厅，你可以打我嘴巴！”打嘴巴？！我一愣，即便他再去，我又怎能下得去手啊！后来我听别人说，他爸爸因为他玩游戏经常用皮带打他，有时候还吊起来打。即使是这么严厉的惩罚，他依然没改正。

我不敢把这件事告诉其家长，校长、主任和我都进行了个别教育，只要他能改好，就不需要家庭的配合，毕竟这样的家庭教育只能起反作用。

风平浪静了一段时间，有一天发生了一件让我意想不到的事情。

大早上刚来学校，剑就说肚子疼，捂着肚子、一副痛苦的样子，于是我把他带到了办公室。一问才知道，他早上没有吃饭。我跑到学校外面的小卖店给他买了方便面、香肠和面包，又到收发室冲好了方便面，然后急匆匆地回到了办公室。一进门，我就傻眼了：人，不见了！肚子疼能去哪里呢？也许是上厕所了吧，我这样安慰着自己。一直等到下课，人也没回来。

我开始疑惑了，同年级组的教师回来后，见我很着急，就笑着说：“跑了！肯定去游戏厅了！”

“不会吧，刚才他肚子疼得都受不了！怎么会呢？”

“你还能相信他？什么肚子疼，分明是找机会逃跑呢！”

我的脑袋“嗡”的一下，看着已经泡好的热气腾腾的方便面，泪水禁不住潮水一般涌出。是委屈？是愤恨？说不清了……

从这个小男孩的身上，我嗅到了“恐惧”的气息，感受到了“分离”的痛楚。我的恐惧来自于教育心理学知识的生搬硬套，来自于教育经验的严重匮乏，来自于教育体制和教育结构的束缚，来自于对他的“束手无策”。我曾为自己失败的教育而惭愧不已。恐惧使我不断地失去对自身的认同，以至多年后的今天，这样的“恐惧”和“分离”一直纠缠着我。他不是帕尔默所说的那种沉默和忧郁类型的孩子，但是从他顽劣的眼神中我还是读懂了“恐惧”，对电子游戏的痴迷让他对学业、对同学、对老师、对家长产生了疏离，也许在游戏的虚拟世界中，他能寻到属于自己的快乐和幸福，尽管这样的快乐和幸福不被允许。但保护自己身心不被分离的欲望总在驱使他在靠近中疏离。

《圣经》上的“原罪论”强调人生而有罪，赎罪的念头让人们时刻都面临着恐惧的折磨：怕穷、怕强盗、怕意外事件、怕舆论、怕死、怕病，等等。当成人把这样的观念蔓延到孩子身上的时候，孩子便因此滋生更大的恐惧。如果学校再进一步限制孩子本性中的各种自由，孩子内心的恐惧就会逐渐加重。在恐惧气氛下，只有仇恨滋生。试想，如果一个孩子始终生活在恐惧之中，所有的教育都会让他们对世界充满恨，结果因恨生恨，最终导致孩子畸形发展，个人生命价值沦丧。

在《教学勇气——漫步教师心灵》中，帕尔默也曾如是说：“恐惧是一种使我们和同事、学生、学科以及我们自己相分离的东西。恐惧关闭了一切‘求真试验’，也禁锢了我们教学的能力。”[①]“恐惧不断地失去自身认同。”[②]

这些观点一语中的，对我在教育教学中如何保持教学勇气，抵达心灵的舒展大有裨益。

20年后的今天，作为管理者的我再次深刻地感受到“推门课堂”中不置可否的恐惧与尴尬。

冷场中，教师无助的扫视，学生低头不语的沉默；细微的喘息中，弥漫的空气浓度越来越稠密；雀跃的氛围中，学生思维灵动，教师又陷入另一种尴尬的境地，学生此起彼伏的随意“接话”中，教师思维来不及转合，不是被“突发事件”挟持，就是被自己红通通的脸颊亦或淋漓的汗水搞得晕头转向。

“恐惧”一阵阵席卷而来，“分离”的痛苦随之淹没了心海。

在自身的体验和他者的体察中，我重读《圣经》和帕尔默的著作，重读那些触动心灵的句子。懂得后的溶解和升华，是自身的认同和自我完整。

从人性本源的理论探究，到自由发展的实践积累，从细小教育场景的不断诉说，到快乐幸福人生的坚实积淀，我们始终都在感受着帕尔默的无

① 帕克·帕尔默.教学勇气：漫步教师心灵［M］.吴国珍等译.上海：华东师范大学出版社，2005：37.

② 帕克·帕尔默.教学勇气：漫步教师心灵［M］.吴国珍等译.上海：华东师范大学出版社，2005：39.

穷魅力：

“我们只有认清了我们自己的恐惧才能够洞察到学生的恐惧。当我们否认自己的状态的时候，我们就会抵制在别人身上看见的任何东西，这些东西能让我们知道我们真正是什么样的和我们到底怎么样了。”[①]

“真正的自由……释放了内在的郁积，有如一阵清风吹过心怀而驱散对人和对己的仇恨。”[②]

“快乐是一种内在的愉快和平衡，以及对人生知足的感觉。只有自由的人才会有这种感觉。”[③]

恐惧易分离，自由生快乐。让学生远离恐惧，受益终身。

让学生的生命在场

在一节五年级的口语交际课上，教师策划了“手拉手”活动。

开课伊始，教师以一曲《大中国》引入，由中国的地大物博，引出我国的民族众多，然后引导学生和远方的小朋友建立联系。于是，学生广开言路，畅谈建立联系的方式。

“与远方的小朋友取得联系后，可以开展哪些活动来增进彼此的了解？可以为对方做哪些事情？”

当这样的问题出现后，教室一片寂然。在这样的“冷场”中，我再次嗅到了“恐惧”和“分离”的气息。（因为最近在读《教学勇气——漫步教师心灵》）

眼波在窒闷的空气中巡视，大脑却在飞速地旋转。

此时，课堂上的学生陷入沉默，很大程度上是他们心中无具体的人，

① 帕克·帕尔默．教学勇气：漫步教师心灵［M］．吴国珍等译．上海：华东师范大学出版社，2005：48.

② ［英］A.S. 尼尔．夏山学校［M］．王克难译．海口：南海出版公司，2006：191.

③ ［英］A.S. 尼尔．夏山学校［M］．王克难译．海口：南海出版公司，2006：231.

失去“对象感”造成的，也就是我平时和教师们所说的“生命场域丢失”所致。

生命在场的课堂，必须有着强烈的“对象感”。教师如此，学生亦如此。斯坦尼斯拉夫斯基说过：“没有对象，这些话就不可能说得使自己和听的人都相信有说出的实际必要。”如果没有对象感，所说的内容就不能吸引人、感动人、说服人，甚至还会陷入人云亦云的呆板境况中。

口语交际的一大特点就是情境性。如果创设的情境中缺乏对象感，教学活动无疑就成了“无源之水，无本之木”。教学中对象感的缺失主要有两种情况：一是对象的丧失。就是教师的讲授完全不顾听课对象，一厢情愿地在那里滔滔不绝，从而使学生不愿听课，教师的讲授失去了对象。二是对象的错位。就是教师注意到了学生的需求，但并不是学生真实的需求，而是教师主观的臆想。这就造成了教师心目中的对象与实际的对象发生错位。

在之后的课堂上，我慢慢嗅到了“生命在场”的味道。教师们逐渐认识到，生命在场的课堂，还是自然生发的课堂。现采撷几个生成性引导的片段记录下来：

片段一：“滴”和“流”的争辩

小学语文S版三年级上册《七颗钻石》一文中，教师在引导学生学习句子“水从岩缝里慢慢地滴下来”时，采用换词比较的方法让学生体会词语的精妙——“滴”字换成“流”字可以吗？学生有的说可以，有的说不可以。此时教师没有一锤定音，而是请学生各自说说自己的理由。认为可以的理由是换成“流”字，句子也很完整。认为不可以的理由是当时是大旱之年，小姑娘历经千难万险，好不容易找到一个泉眼，用“滴”字可以看出水非常珍贵，也可以体会到小姑娘找水不容易；另外，后面说“很久才接满一罐”，如果用“流”字就不能体现出接水的速度很慢，也体会不到小姑娘对母亲的爱心了。教师从问题矛盾的症结出发，引导学生联系上下文体会换词的优劣，使学生在比较中不仅体会到了文中用词的准确性，也深刻地感悟到文本人物的内心世界。

片段二：“该喝还是不该喝”的抉择

《七颗钻石》中还有这样一处场景：母亲喝了水后，金水罐里还剩下一些水，小姑娘正想喝的时候，看到了一个过路人。她毫不犹豫地把水都给了过路人。读到这里，有的学生提出了不同的看法：小姑娘可以想出一个两全其美的办法啊，自己喝一点儿水，然后再给过路人喝一些。

小姑娘“该喝还是不该喝”呢？为此，学生展开了讨论。认为该喝的学生觉得小姑娘和路人都喝一点儿水，两个人就都可以得救；认为不该喝的学生结合课文对过路人的描写“脸色苍白、有气无力”展开了想象：这个过路人现在已经口渴到了极点，一点儿水根本解决不了问题。如果小姑娘不把水都给他喝，他就有可能渴死。看到这种情形，小姑娘觉得自己不喝了，还是把水都给过路人吧。借着小姑娘内心的抉择，教师找准了问题的切入点，并及时追问：从小姑娘这样的选择中，你们还可以体会到什么？——体会到小姑娘的爱多么纯真，多么无私！正因如此，她的行动才会感动上苍，金水罐才会变成七颗钻石，最后涌出一股清澈的泉水。这样，学生的情感在角色体验和大胆想象中得到了进一步的升华。

片段三：“微笑”背后的诠释

小学语文S版三年级上册《平分生命》也是一篇感人至深的文章。在学习课文第三自然段的时候，学生认为这句话很令人感动——“抽血时，贝贝静静的不发出一点儿声响，只是向邻床上的妹妹微笑。”有的学生从这句话中抓住“静静”一词进行角色体验，体会到贝贝当时很害怕；有的学生结合“微笑”一词体会到贝贝很勇敢，也很爱自己的妹妹。在两种看似矛盾的意见中，教师创生了新问题的生长点：既然贝贝那么害怕，为什么还能向妹妹微笑呢？学生们经过一番讨论后，渐渐地感悟到，贝贝的微笑不仅仅是为了避免妹妹伤心和痛苦，更多的是从精神上安慰妹妹，发自内心地鼓励妹妹。即便贝贝有些害怕，但让妹妹好起来的决心已经战胜了自己的恐惧，多么了不起的哥哥啊！

在课例研讨和诊断反思的过程中，我们越来越发现课堂上“顺学而导，顺势而教”的重要性。在这个极具变化的动态生成的过程中，有许多非预期的因素，即便教师对学情考虑再充分，也有无法预知的场景发生。如果教师能够正确把握这些不确定因素，利用生成性因素，引发问题的矛盾点，找准问题的切入点，把握问题的生长点，我们的课堂就会精彩不断。

课堂教学是教师和学生共同的生命历程，它应当焕发出无穷的生命活力。正如钟启泉教授所说：“课堂教学应该关注在生长、成长中的人的整个生命。对智慧没有挑战性的课堂教学是不具有生成性的；没有生命气息的课堂也不具有生成性。从生命的高度来看，每一节课都是不可重复的激情与智慧综合生成的过程。”张文质老师也说，生命在场的教育才是真正的教育。

是啊，课堂上无法预设的瞬间，为我们灵动的思绪注入了鲜活的源泉。此时，我不禁想起了惠特曼诗中的一句话：“从你，我看到那在入海口逐渐宏伟地扩大并展开的河口。”每次的教学现场，我们展示的也许不是最精彩的，但却是最真实、最有潜力的。我们相信，只要我们对教学心怀炽热和虔诚，只要我们再多些理性的思索和肯于磨炼的毅力，无约而至的生成定能汇成智慧的清流，融成精神的长川，那么在校本教研的动力舞台上我们建造的将是一座人格的丰碑和思想的花园。

我们期待着生成的精彩，更期待着“生命在场”的别样精彩！

邀请学生来评课

邀请学生来评课？乍一听，你一定很诧异：小孩子会评什么？作秀吗？简直是胡扯！

告诉你，这可真不是作秀。最初，我们并没有预期计划，只是受课堂上教师和孩子们互动的感染，突发奇想而已。要说有所预期，也是源于一次和孩子们不经意的闲聊。

又到了中午闲聊的时间，孩子们不约而同来到我们的“心语小屋”。每日的聊天没有固定的主题，聊着聊着不知怎么就聊到了孩子们喜欢的课堂、喜欢的老师上。

“我喜欢上英语课，朱老师说话声音特别好听，总是笑眯眯的，看到她，我一点儿也不紧张，她特别像我妈妈。”

“我特别喜欢数学老师，他上课特别好！上他的课，一点儿都不累，特别好玩儿。他总带我们做游戏……在不知不觉中就学到了知识。”

“我喜欢我们的语文老师，她课文读得特别好，表情也特别丰富！”

孩子们七嘴八舌地夸赞着自己喜欢的老师，别提有多兴奋了。当然，有的孩子也表露出自己不喜欢的课堂，比如，教师上课拖堂、唠叨不停、板着面孔、爱批评人，等等。

听完孩子们的心里话，我似有所悟。俯下身子，耐心倾听孩子们的心声，就会发现我们进行的课堂教学改革从某种意义上来说，多数情况下是一场“一厢情愿”的改革。大道理耳熟能详——教育的最终目的是培养人，培养完整的人，“以人为本”，课堂教学的主人是学生。可现实中，理念与实践背离，我们总是忽略“主人”的真实感受，总在采取各种手段想当然地揣测、预设学情，却没想通过反馈孩子们的感受反向追问我们的课堂是否有效，是否满足了孩子们的真正需求。

这不，今天正巧是四年级（1）班秦国栋老师的数学课“三角形的特性”。秦老师以他男教师特有的智慧，深挖教材，悄然无痕地设计了一个又一个实践活动，环环相扣，层层深入，让孩子们通过“猜一猜”“摸一摸”“画一画”“找一找”“比一比”等多种形式的体验，在三角形的王国与幸福相遇。尤其是秦老师幽默风趣的话语，让课堂上时不时爆发出笑声。随着秦老师春风化雨般的适时点拨，孩子们兴趣盎然地探索，观课的我们也不自觉地沉醉其中。

我们从不追求行云流水般的完美课堂，偶尔的冷场，是师生思维的适度留白；激烈的争辩，是师生思维的深度碰撞。此时，正应验了那句话：“适当的停顿是为了更好地呼吸。”是啊，能触摸到人性呼吸的课堂，多么令人迷恋！

平日里的教研评课，教师们越来越理性而专业。没有一味地奉承和取悦，没有刻意的迎合和敷衍，大家或建议，或争论，或设身处地，或集思广益，朴实、扎实、真实的作风让我们的教研随时随地都能发生。因为习惯了，所以大家基本都能畅所欲言，毫无保留。

临近评课的环节，受教师和孩子们的激发，我突发奇想，是不是可以邀请我们的孩子也来评一评课呢？从孩子们的角度反思，一定更能立体化地改进我们的课堂，也更能检验我们课堂的品质吧。于是，年级组教师和我挑选了两个孩子留下来和我们一起尝试评课。

我们担心两个孩子紧张，有压力，因为毕竟是第一次面对领导和教师参与所谓的“专业”评课。我们希望从孩子口中听到的不是“正确的废话”，而是童心童语的真实流露。

于是，微笑，真诚地微笑；闲聊，散淡地闲聊。慢慢地，两个孩子少了些许顾虑，开始畅所欲言。

小女孩坦言自己到讲台前参与游戏比赛的第一次“发蒙”：“我按照秦老师的要求和李梦涵比赛拉动图形。我拉的是平行四边形，他拉的是三角形。可第一轮比赛老师却公布‘一动不动’的李梦涵赢了，而我输了！”

“那你当时是什么心情呢？”

“我很不服气！这也太不公平了！所以我抗议啊！”说到这里，小女孩似乎还沉浸在课堂中，情绪有些激动。

“后来呢？”

“后来，我又蒙了！因为老师让我自己想办法怎么反败为胜。我想啊想，终于想到了一个好办法，我就在平行四边形的中间加上一个木条，把它平分为两个三角形。这样我也能‘一动不动了’！”

“你可真聪明啊！在这么短的时间内竟然想到这个好办法！”听到教师们的赞赏，小女孩露出了自豪的笑容。

“那你最后明白老师为什么要你们这样做了吗？”

“当然明白了！原来秦老师是想让我们体会一下三角形具有稳定性这个特性！”

听到孩子真实的声音，教师们一致认识到有趣的课堂要从孩子的“最近发展区”出发，激发孩子的求知欲望，“任务驱动、情境体验、真实探究”的课堂更能让孩子记忆深刻。正如探究三角形的稳定性一般，这样的知识教学也“稳如泰山”地留存在了孩子的内心深处。

参与评课的那个小男孩，他的评课更是与众不同。

“老师，这节课上我最开始有点儿不高兴！”大家有些吃惊。

“怎么了？因为什么呢？”

“秦老师叫我到黑板上给三角形画高，之后他表扬我了……”孩子低下头，情绪有点儿小落寞。

“表扬你还不高兴吗？”我故意追问（因为课堂上我记录了这个小细节）。

“秦老师……是表扬了我，可他……”在我们的鼓励下，孩子终于大胆表露了心迹，“他说我以前经常不完成作业，上课不爱发言，但是今天表现特别好……”

听完孩子的话，大家面面相觑。

是啊，这样的表扬对孩子不是鼓励，而是“揭短”！在课堂上，我们一定要摒弃这种对比式的伤害性表扬。以前在开展教研的时候，我也提醒过教师们不要忽略这样的细节。可今天，从孩子的口中说出这样的话，我们的教师才真正意识到“无心之过”造成的伤害，不当的表扬无异于另一种批评！

感谢孩子！感谢孩子让我们再次理性地审视我们的课堂！两个孩子在我们的掌声中离开了，但留给我们的思考没有停止……

基于儿童视角，我们发现孩子们真正喜欢的课堂有趣、有料又有用。数学是思维的体操，语文是语言的盛宴，但都必须与生活相融，与体验相连。如上文中小女孩坦言自己参与游戏时两次“发蒙”到最后的恍然大悟，乃至豁然开朗，让我们更深刻地体悟到：高品质的课堂一定要顺势而生，顺心而为，顺情而发。只有让盐融于水中，教学才会成为孩子记忆里的珍存，才会让孩子终身受益。

而真正的课堂教学改革不能忽视"人"的存在。不论是从课程论、教学论的角度，还是从教学效果、观课议课的角度来说，都应当"主动邀请"学生参与评课。"以学生的发展为本"不仅体现在教学目标的设定、教学策略的设计、教学方法的选择上，更应体现在课堂教学评价上。因此，请学生参与评课，是新课程改革的应然之事。

不过，在邀请学生来评课的时候，有些细节一定要引起重视。

1. 学校应当尊重每一个学生，让学生在自由民主的氛围中敢于实话实说。不然，这样的评课就会沦为领导宣扬标新立异的"秀场"。

2. 这种充满挑战的"以学评教"，不能简单地、泛泛地让学生谈听课的感受，而应该由发问者从学生的视角精心设计问题，提出具体的、可理解、可操作的问题，并随时随地给予学生鼓励和引导，不要让学生有压力，有顾虑；或者根据每位授课教师课堂的特点或学校教研的意图，有针对性、有重点地进行发问。如上述事例中针对秦老师教学时注重联系生活和学生体验，可以这样设问："这节课中哪个环节给你留下的印象最深？"这样，学生便会围绕教师设计的实践任务（如摆三角形的操作、拉图形的游戏）来作答；如果授课教师讲授过多，总是"一言堂"，我们不妨这样设问："你最喜欢哪种学习方式？"……

3. 让授课教师和其他教师与学生形成积极的互动。由"一厢情愿"变成"两相情愿"，才能全方位、多元化地提出改进课堂的有效策略。

4. 学生参与评课的方式不要拘泥于一种，而应该根据实际情况灵活确定。如现场评课、课后座谈、问卷调查等。现场评课的好处是"趁热打铁"式的及时评价，利于及时发现问题，加上授课教师在场，更利于现场交流、解惑、诊断和反馈；不利的地方是怕学生和教师有顾虑，听不到真实的声音。而课后座谈和问卷调查都是"延时评价"，及时性相对差了一些，但是都能减轻学生当面反馈的心理压力，在保护"私密性"的前提下更能听到真实的感受和看法。不过，只要学校已经形成了良好的文化氛围，哪种方式都能让我们基于儿童立场改进课堂教学。

不轻视孩子小小的心意

绿茵茵的草地上，身穿白纱裙的小姑娘手里握着小提琴，在忘情地演奏着。伴随着浓情蜜意的“新年快乐”，小兔子忽闪着长耳朵在欢乐地舞动，蝴蝶翩翩，在花瓣上尽情地唱和……

爆竹声声，灯笼高挂，粉妆玉砌的冬景……宁静的，素雅的，缤纷的，温馨的，不一而足。

巡视时，C 老师桌上摆放的贺卡，让我瞠目结舌。没想到，平日里看似粗线条的她，竟然有这份难得的细腻心思。当她逐个向我介绍每张贺卡的来历时，我感慨不已。难怪每到寒暑假，她教过的那些“小可爱们”总是聚集在她家中“疯打疯闹”，而她也总是乐此不疲地和他们嬉戏。

其实，每到过年过节，教师们都会收到孩子们送的贺卡。收贺卡的那一刻也曾有过一丝感动，但很短暂，之后会迅速冷却，这些贺卡往往很快就会陷入被冷落的境地。桌角边、垃圾桶、书桌旁……很少见到有教师会格外珍重这份心灵的祝福。更有甚者，对孩子们真挚的心意不屑一顾，美其名曰“老师不需要这个”。

一张小小的贺卡，物质价值不大，意义却是无价的。贺卡上的每一笔、每一画，都是孩子们最真挚的心意，它传递着世间最圣洁的关注与热爱，不关乎年龄，不关乎地位，不关乎世俗。孩子在精心制作贺卡时，那份专注，那份沉思，那份表达，都是一幅最美最纯的风景画。当孩子的头脑中闪现出要奉献与传递这份祝福时，我们就是他心中的“重要他人”了。那份关爱与真挚，是无可替代的珍宝。想象一下，孩子在灯下精心策划的情景：各种彩笔交错更替，鼻翼上细密的汗珠……此时，温暖，会情不自禁地解冻心灵的“冰山”。

一张小小的贺卡，它承载的绝不是一句简单的祝福，而是孩子对我们最真挚、最纯洁的爱。

——爱的温度是智慧的升华。

一张小小的贺卡，它寄托的是一份心意，是一份珍重和祝福，是一份真诚和暖意，也是一份用心的创造！

——创造的流星是时间最美的容颜。

一张小小的贺卡，它承载着心与爱，即使尘封多年，翻开的那一刻，涌出的是我们心中最温馨的记忆。

——记忆的恒久是生命无私的馈赠。

一张小小的贺卡，它承载的是人与人之间的沟通，心与心之间的交流，表达的是孩子对师长的感念与尊重。

——感恩的阳光成就精神的富翁。

当我把C老师的做法放在学校《相约星期一》《感动地带》栏目里进行宣讲的时候，很多教师也深受触动，他们也开始学着珍藏孩子们小小的心意，哪怕只是一张小纸条，哪怕只是一个纸做的钱包，哪怕只是一幅不知其意的画儿……

月工作总结会上，我和教师们再次读马拉古兹的《其实有一百》。文字里烛照的是一个自己能认识、思考、发现、幻想和表达世界的栩栩如生的孩子，是一个在自我成长中做主角的孩子，是一个富有巨大潜能的孩子：

孩子是由一百组成的。
孩子有一百种语言，
一百双手，
一百个念头，
一百种思考、游戏、说话的方式。
一百种倾听、惊奇和爱的方式
一百种欢乐

一百种世界
等着孩子们去发掘
一百种世界
等着孩子们去创造
一百种世界
等着孩子们去梦想。
孩子有一百种语言
（还多了一百种的百倍再百倍）
但是他们偷走了九十九种。
学校和文化
把脑袋与身体分开。
他们告诉孩子：
不要用双手去做
不要用脑袋去想
只要倾听不要说话
了解但毫无喜悦
只有在复活节与圣诞节的时候
才有爱和惊喜。
他们告诉孩子：
去发现已经存在的世界。
在孩子的一百个世界中
他们偷走了九十九个。
他们告诉孩子
工作与游戏
真实与幼想
天空与大地
理由与梦想
都是水火不相容的。

因此他们告诉孩子
一百种并不存在。
孩子说
不，其实真的有一百。

做好人，从捡起一片纸屑做起

“十一”期间，全家人到北京旅游。一大早，在警察的组织和指挥下，我们按计划在天安门广场观看了升旗仪式。儿子兴奋异常，我也庆幸对孩子切实进行了一次爱国教育。可当升旗仪式结束，人们逐渐散去时，儿子看着满地刚才人们垫坐的报纸和宣传单，问我：“妈妈，他们怎么不把报纸捡起来呢？”短暂的沉默后，我不知道怎么解释，只是和儿子把附近的垃圾放到了我们的纸袋里，因为太多了，我们真的捡不过来。一会儿，清洁工排着整齐的队伍来清扫了，我们只好站在一旁……

这是走动巡视时S老师让我看的他们班级的流动日记。为家长的以身示范感动，也为我们教育学生做好人从点滴小事做起所起的作用而感慨。

以前在报纸和网络上看过很多类似这样的报道，今天如此近距离地又一次听闻，心中还是不免惊讶和沉思。一直都在感叹国人的素质，也曾看过提出批评和建议的文章，至于效果怎么样，还不知道。也许这样的声音很微弱，或许声音的发出只是针对别人，与己无关。看到了，感受到了，而真正能做到的，却总是寥寥无几。

由此，我不禁又想到了另一则报道：日本广岛亚运会结束时，六万人退场，会场上没有一点儿纸屑。美国报纸惊呼：“可怕的日本人。”国民的素质，由此可见一斑！虽然都是生活中的细节，但细节之处所折射的不正是我们应该反省的吗？在这个细节上，我们真的输给了日本人！尽管我们不愿意。

为此，我们学校引导学生学做好人的第一条就是要做讲文明、守礼仪的好人。文明习惯从一点一滴做起，从身边的小事做起。为了鼓励这样的文明行为，学校特意开设了文明礼仪课程，将爱国主义、集体主义、社会公德、伦理道德和传统美德融于一体开展礼仪教育。我们让学生从自己的一言一行、一举一动开始，开展雅言雅行教育，开展丰富多彩、形式多样、生动活泼的活动，如礼仪知识竞赛、礼仪训练、我是文明小标兵、绿色行为训练周等。尤其是文明礼仪榜样卡的实施，更是让学生兴趣盎然。文明礼仪榜样卡分为红卡、蓝卡、绿卡，兑换规则是五张绿卡换一张蓝卡，三张蓝卡换一张红卡，红卡获得者可以参加学校美德少年的评比，并获得奖状以及和喜欢的人合影的机会，美德事迹会发布在学校网站和微信平台上。

倡议刚提出的时候，我们设有文明监督岗，后来在持之以恒的宣传教育下，逐步取消了文明监督岗，校园内也取消了垃圾桶，学生慢慢养成了不乱扔垃圾、随手捡拾垃圾的好习惯。

那次全区全民运动会，我们学校出了近500人的表演方队。中午休息的时候，我看到我们学校所在的区域没有一点儿果皮纸屑。相反，成人区域满地的瓜子皮、小食品袋像铺上了“地毯”（一个学生形容的）。这才是活动第一天，第二天呢？难怪我们的学校教育如此艰难，社会上成人的反向作用真是可怕！

这样的现象再次引发了我的思考。我们的学生一旦离开学校，处于无人监督、陷入不良环境诱惑的时候，又会是什么样呢？“不在场的教育”是考验学生良好行为习惯的最好时机。但在这样的时机面前，我们没有底气和自信，我们的学校教育也许会失败！

真正的教育是什么？良好的教育在哪里？

抛开知识的传授、智慧的开启，想一想，在学生习惯养成方面，我们是否做到了润泽和点化？是否做到了潜移默化或默默持久？

没有，真的没有。我们有的多是口号式的大肆宣扬，多是“监狱式”

的看管和强制。而“看”和“管”不是真正的教育，更谈不上良好。

各种纪律、卫生评比时，我们看重的多是分数的得失，多是流动红旗的“流”与“停”。一些教师在教育学生的时候很少从行为的优劣出发，对学生进行矫正和引导。我们把教育的目的浅化和窄化了，我们关注的多是形式，而教育的本质却被隐藏或“活埋”了！

“慎独”是真正优秀的行为习惯，这应该是学校教育着力培养的。那么，我们可否从细微处着手呢？

自己首先做到不乱扔果皮纸屑。“管好你自己”这是一种自我约束的教育，一旦形成合力，也可以凝聚为一股无形的力量。

看到地上有果皮纸屑，主动捡起来。这是对自己或别人不良行为的一种矫正和引导，需要持久的坚持和熏染。

学校努力营造干净、整洁的环境。教育要在无痕的渗透中给学生以潜移默化的影响。如果生活在一个整洁的环境中，每个人都会于无形中约束自己的行为。“走在大连的大街上，很少看到纸屑，面对这样干净的路面，当然也不好意思乱扔了！”这是一位朋友从大连回来的笑谈。可见，氛围营造很重要。

想到了多年前卢志文校长对翔宇人提出的目标：

让我们的学生做到不随地吐痰容易，让我们的教职员工做到不随地吐痰困难！

让大部分翔宇人做到不随地吐痰容易，让所有的翔宇人都做到不随地吐痰困难！

让翔宇人在校园里做到不随地吐痰容易，让翔宇人在社会上做到不随地吐痰困难！

让翔宇人在一段时间做到不随地吐痰容易，让翔宇人在任何时候做到不随地吐痰困难！

我们的目标是：所有翔宇人在任何地方永远不随地吐痰！

卢校长提出的目标至今依然震撼人心，也为我们的养成教育提供了持久的榜样。是啊，这才是我们所要追求的真正的文明教育！但是漫漫长路，确实任重而道远。

给孩子的童年一份美好的回忆

“校长，什么时候开始放风筝比赛啊？”孩子们一次又一次地询问，让我也心生期盼。

思绪，时常掀起孩童时的缕缕丝线，清晰可感。

于是，盼春。把期盼的目光拉长。

在风寒侵袭的时刻，禁不住抱怨季节的脚步如此迟缓。真怕四季流转中所有的渴盼被寒冷淹没，然后一不留神就跨入另一个轮回。

天公垂爱，终于嗅到了春的气息。看着操场上雀跃的身影，目光顺朗起来。

“又是一年三月三，风筝飞满天，带着我的思念和梦幻走回到童年……”伴随着悠扬的乐音，今日的操场成了欢乐的海洋。“放飞理想，快乐成长”，醒目的标语在孩子们的欢呼声中更加绚丽，陆陆续续涌入的家长让活动充满了朝气。

“孩子们，让我们痛痛快快地与蓝天、白云亲近，高高兴兴地与春风、春光相拥，让我们的童年因今天而精彩！”在大队辅导员老师热情洋溢的讲话中，孩子们手中的风筝线徐徐拉长。

看，那只顽皮狗风筝一飞冲天，似与白云齐眉；大蜻蜓风筝徐徐上升，在喝彩声中不甘落后。在十分钟的时限内，飞得最高的要数苍鹰展翅的风筝了，在大家脖颈酸痛的仰望中，它由面目清晰到只露翅膀，终至黑点……只好用望远镜观望，才能看见，几乎与太阳同行了。欢呼声、掌声，是大家给予的最高褒奖。

一旁伫立。看着家长、教师、孩子们仰望的神情，心，莫名地被触动。

如果不谈成绩，每一个孩子都如此可爱。即便是学习上略显愚钝的，心手也如此灵巧，当他们看着自己亲手制作的风筝飞上天空的时候，放飞的又岂止是风筝呢？

“在童年时过着童年”，这是多么美好的愿景。

此刻，想起了丽新的游学笔记——《美丽的转身——28 天英伦游学日记》，记得当时看到英国孩子浪漫的毕业盛会时，忍不住泪流满面。祥和的音乐中，感受着英国孩子们的快乐，和丽新一样痛彻心扉。一样的童年，一样的生命，我们的孩子却在无休止的作业中纠缠，在面目可憎的升学压力中泅渡，没有童年快乐的体验，没有些许幸福的留存。于孩子，应该是莫大的遗憾。

活动接近尾声，我和孩子们一起把所有的风筝放飞。这，成了每个人心中最靓丽的风景。

若干年后，孩子们也许会忘记那次考试的成败，也许会忘记教师不经意的表扬与批评，也许会忘记与他人的小小摩擦……但是，我想，对于此情此景，孩子们一定会永远珍藏。

第二天，读到了学校周行事上唐校长撰写的“精彩瞬间”——

腾飞西苑

浩瀚苍穹飞纸鸢，笑语童声尽开颜。

放逐烦忧与梦幻，鸿鹄志系碧云天。

——西苑小学“放飞理想，快乐成长”风筝节有感

生命的润泽，总在不经意的细节中展现精彩。我知道，这仅仅只是一个开端……

其实，在学校管理中，类似这样的创意还有很多：美食节水果拼盘比赛、护蛋行动、清明绘制家族图谱、跳蚤市场、图书漂流、堆雪人

比赛……

如今，随着学校办学理念的逐步深入，我们的特色活动不仅仅停留在开展活动一个“点”上，而是逐渐延伸到“面”，形成了立体的体系。比如，我们的风筝课程，不同的年级有不同的侧重点：三年级重点讲述风筝的故事、风筝的新发现、为风筝唱首歌等；四年级的重点是风筝的应用、种类、样式设计等；五年级的重点是了解风筝的历史、开设风筝博物馆等；六年级的重点是风筝与理想、风筝项目学习等。

通过这些有广度、有深度的项目主题课程的开展与实施，学生的动手能力、创新意识、创造能力得到了进一步提升。

表扬孩子的心态很重要

多年前，一位网络上的朋友向我咨询：表扬多了，孩子会骄傲自满吗？

女儿今年12岁了，我们对她的教育是批评多于表扬。记得孩子刚上小学，学写数字时，“2”写不好，“3”也趴着，我就批评她。她基本上是在批评中长大的，以至于现在她不会做的题，不做，也不让我们知道。因为她知道只要我们知道了就批评她。但是如果表扬多了，会不会让她产生自满情绪？比如，有一次做数学难题，她很快就做出来了，当时我就表扬了她，她脸上得意的模样让我感觉她骄傲自满了，认为自己了不起，什么题也会做了。考试时也是这样，考得好一点，不用大人表扬，她就会自满。

不难看出，这位家长以为，表扬多了，孩子就会骄傲自满，就会不再努力，就会退步。为了防止孩子退步，他便吝啬赞扬，或把赞扬收起。

这位家长的想法对不对？这背后是否有更深层的原因？其实，在我看来，不论是教师还是家长，面对孩子，表扬孩子的心态很重要。

“知心姐姐”卢勤曾说过，现在有的家长有一种心态很不好，老拿自己的孩子跟人家比，老是瞧不起自己的孩子，总觉得人家孩子是金子，自己孩子是沙子；人家孩子是天才，自己孩子是蠢材。此语切中了部分家长的要害。

仔细分析一下上述案例中孩子的表现和家长的担心，我觉得主要有下面几种原因。

一是家长经常批评孩子，导致孩子自信心不足（难题不敢做），甚至和家长产生隔阂（不做也不让家长知道）。

二是因为孩子长时间生活在“批评”中，家长吝啬表扬，所以孩子都忘记了“糖”的滋味！偶尔得之，怎能不喜上眉梢呢?！另外，家长必须清楚，孩子的“自满”不是家长眼里的“骄傲”，也不会退步；相反，案例中孩子的这种“自满”实质上是一种喜悦，一种满足，一种认可，正确引导，应该能成为孩子成长的助推剂。

三是家长对待孩子的态度游移不定，表扬亦行亦趋，批评急风骤雨。日久天长，在“表扬”和“批评”中周旋和飘摇的童心是会扭曲的！有时候，一个自卑的人往往是自负的人！培植这种不正确心态的土壤就是家长忽冷忽热的态度。

四是家长之所以有这样的担忧，就是因为不能蹲下身来平视孩子，不能真正走进孩子的心灵，乐孩子所乐，悲孩子所悲，结果让自己陷入无所适从的境地。其实，喜和悲都是人待人接物的心态。家长不能看见孩子眉开眼笑也忧心忡忡，看见孩子愁眉不展更忧心忡忡。仰视的心态离孩子太遥远。

最后，我给这位家长提出了调整心态的几点建议。

一是摆正心态，善待童心。心态取决于处事方式。如果家长不摆正自己的教育心态，就无法真正解读孩子的快乐得失。因为孩子的心是纯净的玉石，以其岁月凝聚的光泽，闪烁着永远不变的色彩；孩子的心是绚丽的彩虹，以其多姿的色彩，点缀着心灵的天空。家长要允许孩子犯错误，允许孩子见好而喜、见坏而忧，不能因为担心表扬多了孩子会骄傲自满就一味地批评，这样极端的做法只会适得其反。

二是把握时机，低位处理。表扬是个性化的，什么时候表扬，使用什么语言表扬，要注意把握时机。表扬不能太廉价，该表扬的表扬，不值得表扬的就不能滥用。要抓住重点，针对孩子的闪光点及时肯定。

上述的案例也让我想到了有些教师平时对孩子的表扬心态。为了体现“面向全体”的原则，教师在表扬孩子时经常会这样表扬：“×××，今天进步可真大，表现特别好，大家把掌声送给他！”言外之意，这个孩子以前表现不够好。还有：“最后，老师想请没有发过言的孩子来发言，谁表现好，老师奖励他一个大拇哥！”没发过言？谁敢承认？谁愿意承认自己没发过言？言外之意，不是你当时的听讲态度有问题，就是你的学习能力有问题。这样的启发诱导式表扬，哪个孩子敢“接招”？

所以，我们提倡教师在表扬学生时，心态一定要平和，表扬要有针对性、启发性、激励性和创新性。在这里，不妨和大家分享一下我们的教师平时在课堂上对学生的评价语。

1. 无声的文字，有声的朗读。同学们，你们能用自己的朗读来诠释这无声的文字吗？相信你能行！（张艳平）

2. 书读百遍，其义自见，读着读着我们的感觉就来了。（张艳平）

3. 同一段文字，不同的人融入了不同的情感，使朗读各具特色，真棒！（张艳平）

4. 一笔一画学写字，一撇一捺学做人，相信会学习的孩子，会跟老师一起写课题，注意笔顺笔画。（张艳平）

5. 一个好习惯会让人一生受益，一个坏习惯会使人一生受罪，老师希望你把这个坏习惯改掉。（李亚南）

6. 学会倾听，善于思考，这是学习的两大法宝，这位同学就掌握了“倾听”这个法宝，我相信他会越来越优秀的，大家向他学习啊。（李亚南）

7. 你读得很准确，可惜这么甜美的声音没能让大家都听到，你能再读一遍不留下遗憾吗？（李亚南）

8. 你真是个会读书的孩子，懂得利用补充资料来理解课文，这个习惯真好。（李亚南）

9. 你真了不起！不满足于只找到问题的答案，而且观察思考，又有了新的发现，还能把道理说得这么透彻，让我们为你喝彩！（孟凡静）

10. 你提出的问题很有思考价值，善于发现问题、提出问题、解决问题，你很有成为数学家的潜质。（孟凡静）

当我们心态不平和的时候，请仔细揣摩一下周弘的“赏识教育”吧：赏识是什么？对于学生，特别是年龄小的学生，表扬很重要，因为他们的心理需求得到一定满足，他们会感到高兴、幸福。表扬孩子是一门艺术，需要我们慢慢领悟，慢慢琢磨。

给心灵一缕宽容的阳光

一群叽叽喳喳的“鸟雀”兴奋地奔来，在楼梯的拐角处，我与“快乐”撞个满怀！每次在走廊、厕所，亦或课间遇到他们，总会被贯以定势性的称呼——品德老师（好在小学没有动物课，呵呵）。不过，称呼里洋溢的热情、真诚，还是会时时感染我。

二年级（5）班是我调到新学校后接触最多的一个班级，因为我负责他们班的品德与生活课。回到课堂，生命又重新充满了色彩，尽管自己钟爱的是语文教学，但能和孩子们在一起，学科显然不重要了。半年多的相处，我们俨然朋友一般。心灵的花朵，长出心灵的耳朵，普通的相遇，竟变得如此美好。从他们不厌其烦的小纸条中，我读懂了他们的盛情和友谊。

今天，在孩子们的簇拥下，我刚刚走进教室，片刻的遐思便被一句高声的报告打断。

“陈老师，咱们班 A 和 B 打起来了！”

仔细一瞧，只见 A 怒目圆睁，用小手使劲地擦了一下嘴角，分明有淡淡的血痕；B 呢，衣服领子歪扭着，满脸泪痕，似有千重委屈要申诉。

眼神扫视一周，教室内马上安静下来，一个个端端正正地等待着我的裁判。记得上节课刚学过“与同学相处需要什么”，当时孩子们特别活跃，分别就生活中的小事畅谈了同学之间如何互相关心、互相帮助、互相鼓励。可今天，一遇到具体的矛盾情境，他们又置侃侃而谈的道理于不顾。孩子终究是孩子！

但，成人又何尝不是呢？！

我不想细究谁是谁非，但对于低年级孩子的告状也不能坐视不理，于是，我用手轻轻地抚摸了一下他们的头，示意他们坐下。“你们的事呢，老师还是想让你们在这节课自己解决，我们先上课吧。”

何谓品德与生活课？它最终的目标是什么？这是我接手此学科以来一直思考的问题。在课堂实践中我逐渐明晰，鼓励儿童坦露自己真实的想法，让他们把自己对生活的理解和看法在课堂上讲述出来，把自己的困惑表达出来，才能使品德课真实起来，与学生亲近起来，与生活接轨。这样的德育课堂才会更有吸引力，才能真正体现品德课堂回归生活的理念。

这节课要讲的内容是“交朋友应宽容”。本来我想先从教材的故事入手，让孩子们获得对“交朋友应宽容”的感性认识，再让他们列举身边或是在各种媒体上所知晓的例子，通过交流、讨论、分析，使他们对“交朋友应宽容”的认识上升到理性的高度。

然而，此时出现的矛盾却打乱了我的预设。于是，我临时调整了教学策略。

教材中《张辽和武周的故事》距离孩子们的生活太远，因此我临时换成了课堂上刚刚发生的这个“小插曲”。我让孩子们分小组讨论：“对于 A 和 B 的矛盾，你怎么看？你打算怎么解决他们的矛盾？最后你还想对他们说些什么？”话音刚落，孩子们在小组长的组织下，各抒己见，非常热烈地讨论起来。我在各小组之间巡视，倾听着孩子们的讨论，心里有一丝丝的惬意。

“我认为他们两个都有错。A 不应该用脚绊 B，B 也不应再还他一拳。”

看来，这个孩子是个知情者。

“我爸爸告诉我‘一个巴掌拍不响’，两个人打架，不能怪一个人。既然都有错，就应该都让一步。”

“如果他们都先管好自己，都先向对方承认错误，矛盾就会解决了！”

“我想对A和B说，你们两个平时是好朋友，不要因为这点儿小事伤了和气，这样不值得。”

在孩子们发言的间隙里，我随时注意观察A和B的反应。B的脸慢慢红了，因为毕竟他出手太重，把A的牙打出血了。而A呢，头深深地埋在书里，小眼睛不时地溜看我，他也意识到自己不该用脚故意绊人。

大家讨论完后，我没有急于让他们发表看法，而是顺势又讲了一个故事。

从前，有两个好朋友，月和奇。一天，她们吵架了，月在沙滩上把这件事写了下来。又过了几天，奇救了月，月竟然把事情刻在了石头上。奇很疑惑：“为什么要这样做呢？”月说：“不愉快的事就让它随海风飘去，而你救了我，就应该铭记于心。”

孩子们听故事听得很入迷。从孩子们的发言里，我明显感觉到他们已经认识到了宽容的力量，我顺势在黑板上写下了“把别人的好刻在石头上，把别人的坏写在沙滩上。——宽容待人”。

也许这句话对于低年级孩子来说有些深奥，但是我想，经年以后，这句话会沉淀为孩子心灵的财富。

在大家的评说中，A终于试探着举起了小手，话还没出口，泪先涌了出来。

“老师，我错了！”

“孩子，别哭，慢慢说。请求原谅的话，不应该对老师说，应该对……”

“对B说！”孩子们异口同声地提醒着。

就这样，两个小伙伴互相表达了心中的歉意，最后他们用一个最温暖的拥抱赢得了大家热烈的掌声！

“看，张辽和武周在你们的感染下，也重新和好成为了朋友。让我们一起来读读书中的故事吧。”此时，我把孩子们的注意力拉进了教材提供的历史故事中。

课的最后环节，我和孩子们又共同分享了平时积累的关于宽容的格言。

一只脚踩扁了紫罗兰，它却把香味留在脚跟上。

古人云：“人非圣贤，孰能无过？”故应“宽以待人，容人之错”。

宽容是一种修养，它是联系友谊的纽带；宽容是一种品质，它是烛照灵魂的指路灯；宽容是一种美德，它能弹奏心灵的乐章。

“小插曲”的意外生成并没有影响课堂的“主旋律”，相反，在通情达理中暂时性地容忍、宽恕孩子的错误，并采用灵活、委婉的方法去教育他们，鼓励他们，既保护了孩子的自尊心，又促进了师生的情感交流，可谓一举两得。

孩子的心灵是一块奇怪的土壤，我们的课堂是一方艺术的舞台。给镜子一缕阳光，它能映射出一片天空；给心灵一缕阳光，它能反映出一个美丽的天堂。如果将这缕阳光投射在一个曾经灰暗的心灵里，折射出的将会是无比绚丽的光芒；如果将这缕阳光投射在无法预知的课堂场景里，生成的定是妙不可言的精彩！

把声音降低八度

局外人总故意问我们教师：“你们大多是大嗓门，说话时声音总是高八度，是怕学生听不见，还是要显示教师的威严？”言外之意，教师大都不够温柔；引申之义，教师大都缺乏一定的修养。在这方面，我们一直引导教师面对学生时要把声音降低八度。

一、引导教师认识到“高声教育”的危害

事实证明，“高声教育”不仅会伤害学生的心灵，恶化师生关系，还会给教师的身心健康带来重大影响。

1. 掩盖事实真相。

这是一则教师日记。

刚毕业的时候，我担任一年级班主任。记得数学课上教“比多比少”的问题，班里有两个学生任凭我磨破了嘴皮子也不开窍。当时我十分恼火，忍不住大声吼叫：“红花比黄花多 5 朵，谁多？”因为声音太大，学生起初不敢回答，在我的厉声逼问下，才嗫嚅着说：“黄花多。”当时气得我七窍生烟。我又利用断句再读：“红花比黄花多，停！谁多？”“红花多。”“多几朵？”“多 5 朵。”终于答对了！可遇到具体应用题的时候，学生又不知道谁多谁少了。真是晕啊！

后来，我耐着性子和其中一个学生谈心。学生鼓足了勇气才敢告诉我，我越是大声，她脑子就越乱，一乱就忘记我曾经提醒过的话了。

显然，这种带着不良情绪的“高声教育”吓住了学生，容易让学生的思维“短路”，更容易“断路”，甚至会让学生不知所云、不知所措。

2. 费力不讨好。

这是我记录的一篇听课札记。

今天，我听了一节年轻班主任教的数学课“认识图形”。课开始的时候，教师的语气还比较平和，声音也不算高，但随着师生互动环节的增加，尤其是学生开始小组合作给图形分类的时候，声音越来越大，教师讲课和维持纪律的声音也逐渐提高，语速也越来越快。学生根本不理会教师语气的变化，声音也越来越大，师生的音量都在成比例地增长。一节课下来，教师满脸通红，累得筋疲力尽。

课后，我忍不住问这位年轻的班主任："你那么大声做什么？不累吗？"

她一脸委屈："怎么不累啊，我嗓子都快冒烟了。可是学生根本不听我说话啊。"

"那你那么大声，学生就听你说话了吗？你看，尽管你那么大声，学生呢，是不是还是该做什么做什么？你们明显是'各立山头'，'各自为政'。所以，你那么大声对他们来说根本没起任何作用。"

她点头赞同，也陷入了沉思。

"我的建议是，与其那么大声让自己讲得口干舌燥、筋疲力尽，还不如把声音降低八度呢！"

"降低八度？那学生不更不听我的了吗？"

……

"把声音降低八度，学生就不听话了。"看来这就是一些班主任实施"高声教育"的根源所在。"高声教育"在无形中成了教师惯用的教育方式，他们总以为声音大，气势壮，学生就会听得更清楚，就会更长记性，就会因为惧怕批评不再犯错。结果是，越是大声吼叫，学生犯错的概率就越高。事实证明，这样的"高声教育"是费力不讨好，事倍功半。

3. 激化师生矛盾。

儿子班里的同学给他们班主任梅老师起了一个外号——"梅超风（疯）"。有一次，我看到他在 QQ 空间中这样写道："我们班主任老师总是对我们大吼大叫，稍有不如意就乱发脾气。有同学说她是不是更年期了，我有时觉得她的症状比更年期还可怕，简直就是个超级大疯子，简称'梅超疯'！她越是对我们大喊大叫，我们越是想故意惹她生气。为什么她就不能对我们轻声说话呢？毕竟'有理不在声高'嘛……"

看到这段话，身为教师的我心里真不是滋味。对于学生的错误，我们教师处理的方式有时过于粗暴，往往不问青红皂白便大声斥责，导致师生之间的矛盾不断升级，继而变得不可调和。

我曾就教师的“高声教育”对教师和学生分别进行过问卷调查。

针对教师的调查——你经常对学生大喊大叫吗？你为什么要这样做？你觉得这样做有效果吗？

结果显示：年轻教师因为年轻气盛经常对学生大喊大叫，中、老年教师次之。他们认为，提高声音能够引起学生的注意，甚至能吓唬住违反纪律的学生。最初尝试的时候有一定的效果，但时间长了，学生习惯了这样的“噪声”，效果便大打折扣了。

针对学生的调查——你们的老师经常对你们大喊大叫吗？你认可这种行为吗？为什么？

结果显示：几乎百分之百的学生都讨厌教师大喊大叫，他们或认为这是噪声，影响自己学习的心情；或认为这是教师缺乏修养，不善于控制情绪的表现。

其中有一个学生还悄悄地写下了自己最得意的一次对教师的“耍弄”。

我最讨厌Z老师不问青红皂白就“怒发冲冠”的鬼样子了。一次英语自习课上测验单词，我故意把一张白纸放在卷子下面。如我所料，他明察秋毫，迅速走到我面前，歇斯底里地吼叫：“×××，你站起来！把你的卷子放到前面来！”我假装没听见，对他毫不理会。他怒不可遏：“你卷子底下是什么？”我还是不作声，他上前抢走了我的试卷，发现卷子底下竟然是一张白纸！全班同学哄堂大笑，他瞪了我一眼，只好尴尬地把卷子还给了我。

我心里洋洋得意：叫你吼！叫你疯！叫你找不到东！

看到这个学生对教师的“耍弄”，是不是让你抓狂，心生悲戚？显而易见，教师的“高声教育”不仅让学生心生抵触，甚至会引发不必要的师生冲突。

4. 易患职业病。

某小学一年级班主任Q教龄23年，班级62个学生，每周21节课。她的声音明显有些嘶哑。她说，一年级学生年龄小，有时听不懂话，管理中难免会大声喊叫。所以开学将近半个月，在暑假里得到休息的嗓子又开始超负荷工作，于是不可避免地患上了严重的咽喉炎。虽然学校从去年开始为每个班级都配备了麦克风，在一定程度上缓解了教师嗓子的压力，但无法从根本上解决问题。

再来看这样一组调查数据：

2011年，河南省汇总19所中小学的986位教师的体检报告，排在前四位的疾病分别是慢性咽炎、颈椎病、腰肌劳损和痔疮。其中20~30岁的教师最常见的疾病是慢性咽炎，30~40岁的教师痔疮的发病率最高，40~50岁的教师慢性咽炎、颈肩腰椎病和胃炎、胃溃疡都比较高发，50~60岁的教师的高发病除了上面这些还多了一个下肢静脉曲张。

这份调查数据让我们深感痛心，显然，教师职业病中排在第一位的是咽炎，从事特殊职业的教师的身心健康已经到了“危急”时刻。为什么教师更容易患此病呢？一是粉笔灰尘让教师吃够了苦头，好在现在发明了无尘粉笔，但是否真的无尘，就无从考证了；二是教师说话多、喝水少，不注意科学用嗓。尤其是班主任教师，每天面对那么多学生，想要不说话或少说话根本就不现实。

有人说：“真正温柔、美丽又和蔼的教师好像只能出现在文学作品中。”是啊，每天面对性格迥异的学生，想不生气真的很难。但尽管这样，为了自身的健康着想，我们也要学会“把声音降低八度”。

二、引导教师了解“低声教育”的益处

心理学家曾对“低声教育”进行研究，发现“低声教育”大有好处。

1. 低声调可以使人理智一些、情绪平和一些，也可使学生抵触、逆反的心理防线有所松弛，有利于沟通。

2. 低声批评学生，不仅可以集中对方的听力，而且可以先发制人，不让学生使用高声调。不论是课堂上还是日常生活中，教师如果经常高声责骂学生，学生反抗的声音也不会低，双方情绪就会越来越激动，最后是教师生气，学生不服气。

3. 低声调可以赶走愤怒。不可否认，教师在学生的身心发展中起着举足轻重的作用。遇事暴躁、不冷静、开口大声责骂的教师对学生好的性格的形成有不良的影响，对学生不良行为的矫正也是毫无益处。

三、引导教师不断提高“低声教育”的艺术

1. 调整心态，稳定情绪。

有人曾戏谑地说，教师的工作是“许三多”——说话多，站立多，伏案多，如果不善于调整心态，就会百病滋生。面对不同的学生，教师一定要正确看待学生之间的差异，不要用统一的标准要求学生同时达成相同的目标。因为学生如花，每一朵花都有不同的花期，有的早开些，有的迟开些，但终究会绽放。所以我们必须要有一种“面朝大海”的心态，这样才能收获“春暖花开”的精彩。

同时，教师还应努力成为一个心态稳定的人。因为有了稳定的心态，遭遇突变的教育情境时，我们才能及时调整自己的情绪，不轻易对学生发火，更不会情绪失控。

2. 运用正确的语气和措辞。

有人说，与学生沟通，声音70分贝太高，40分贝正合适。对许多教师来讲，控制自己不去批评学生是很难的，如果说话前能先降低分贝，然

后三思，再运用恰当的语气和措辞沟通，效果会事半功倍。

比如，“老师一直很喜欢你，但是你今天的行为我不能接受。”这种话初听会觉得很生硬，但过一会儿，学生很自然就会明白你的意思了。再如，“我觉得你们已经长大了，应该有明辨是非的能力了，什么事情该做，什么事情不该做，你们心知肚明。大家可以反省一下今天的行为。”这样欲擒故纵的措辞，学生也会在理解中欣然接受。

另外，在小学阶段，高年级和低年级都教过的教师可能还会有一种独特的体验。面对高年级的学生，当你生气了，批评学生的时候可以这样说：“大家看看，直到现在谁还在说话？”“现在比一比，看谁的作业写得最漂亮。”因为高年级的学生清楚自身的行为指向和达成目标，所以这样的措词会起到一定的教育作用。而当你教低年级，尤其是教一年级学生的时候，你会发现，这样的说辞毫无效果，学生好像没有听见你在说什么，甚至听不懂你在说什么，因此他们会依然我行我素。但是如果你换一种说辞，如“大家看看，现在王小玉坐得最好”，这时，学生便齐刷刷地把目光对准王小玉，并由她的行为受到暗示和提醒，自己也马上坐好。这种指向明确的直接的榜样是具体可感的，可对低年级的学生产生示范引领的作用。

而对于初中或高中的学生，教师应该就事论事，不要随意发泄对学生的不满，不要使用伤害学生自尊心的语言。每个学生都希望得到别人包括教师的尊重，而这种尊重和信任可以帮助学生树立自信，成为他们前进的动力。

3. 辅助无声的语言方式。

能够引起人注意的除了有声语言之外，还有无声语言。如适当的沉默、眼神，甚或是必要的动作手势。

记得刚毕业那年，我任教的一年级（1）班共有学生 83 人，现在想来这可能是学校历史上最大的班了。当时我虽然很年轻，但是教育学生的时候我很少喊叫，因为自己身单力薄，喊不动，也喊不起来。我尝试用沉默对抗学生的调皮。如上课铃声响起，班级秩序依然很乱，我站在讲台上，绷着脸，一声不响，用眼神扫视每一个学生。班级里总会有眼尖的学生，他们看到我不高兴了，就会用语言或动作提醒前后左右的同学赶紧坐好，这样沉默一分钟左右，一个个小身板就都坐得直直的了，一双双小眼睛也会亮晶晶地盯着我。每当这时，我才故意语气平和地鼓励他们：“咱们班的孩子就是聪明，看，大家坐得又快又精神，老师真高兴！上课！”

遇到沉默和眼神失效的时候，还可以辅助以鼓励的动作手势。下午放学收拾书包的时候，班级纪律也容易混乱。这时，学生都在忙于自己的事情，很少顾及你的眼神了。怎么办？此时，我便走下讲台，看到谁收拾得快，还不乱讲话，便走到他的跟前，面带微笑，轻轻地摸摸他聪明的小脑袋，以示奖励并示意他可以先走出教室去排队（这是我们班级平时奖励中的一项重要约定）。这样，聪明又守纪律的学生便会越来越多，因为谁都想排在队伍的最前面，那可是一种荣耀啊！校门口见到家长时，他们便如鸟雀一般扑入父母的怀中，诉说今天自己出色的表现。那种自豪、得意的劲儿别提多幸福了！

4. 科学用嗓。

教师在平时讲话时要科学用嗓，注意保养。

（1）常用温开水、薄荷口含片润喉；少食辣椒等刺激性较强的食物以及巧克力等糖分过高的食物，多摄取一些清肺养阴、化痰散结的食物。

（2）使用普通话。优秀班主任必须要讲一口流利标准的普通话。一方面是教师职业的需要，另一方面是由于普通话音调较高，较小的音量就可以发出具有穿透力的高音，有益于保护嗓子。

（3）学会用“气”讲话。这一点很重要。我们不难发现，歌手开演唱会，唱两三个小时也没事，而普通人打电话时间长一些，嗓子就不舒服。中医里说用“丹田”发声，说话时肚子紧、喉咙松，用腹腔的共鸣加大音量，而不是用嗓子大喊，这样也能保护嗓子。

和大家分享一位声乐教师教的练习发声的方法：先练腹式呼吸，吸气的时候，空气进入腹腔而不是胸腔（仅是人的感觉上空气进入了腹腔，其实都进入了肺），然后缓缓呼气，呼气时发音，感觉声音从腹部推出，可从

“A、E、I、O、U”5个元音练习，先练一个字，再练两个字的词、四个字的成语，直到一句完整的话。

有研究表明，与人交谈，说话不必太大声，否则会让彼此觉得心距太远，声音是潜意识中对距离的评判。最亲近的人，只需轻声絮语，越疏远的人才要高声叫嚷。世上没有什么比优柔的声语更能迅速拉近心与心的距离了。人与人的距离，有时是说得太少，有时是说得太吵。

基于儿童立场，我们号召教师先从“低声教育”开始，从这“一高一低”的声调变化中汲取更多的教育智慧。

不要开“空头支票”

在学校“学生最喜欢的教师”评选中，有一项反面调查：你最不喜欢的教师是什么样的？结果，以下10种教师榜上有名：体罚学生的教师，爱向家长告状的教师，留作业过多的教师，处事不公的教师，歧视差生的教师，不守规矩的教师，不守诺言的教师，教学无术的教师，言行不雅的教师，严肃有余的教师。而不喜欢不守诺言的教师的占了绝大多数。

学生之所以会不喜欢不守诺言的教师，很多时候和教师平时教育学生的态度和方式方法有关。不守诺言，会让教师的人格魅力大打折扣，降低教师的威望。

来看一则学生日记，题目是《老师，请遵守您的诺言》。内容大概是这样的：有一次，浩明数学考了100分，老师答应他让他当数学科代表，结果没有兑现。还有一次期末考试，浩明语文考了95分，老师答应他当小组长，结果又成为泡影。经过这两件事，浩明内心很受伤。从这以后，浩明的学习热情大减。他在日记的最后写道：“老师，您总教育我们别说谎，可是您为什么总不兑现自己的诺言呢？”

显然，教师的“空头支票”给浩明的内心造成了极大的伤害。短期看，是学习热情递减，成绩下降；长期来看，还会造成学生很难信任别人，对学生良好人格的形成产生一定的影响。

对于“空头支票”，我们不陌生。顾名思义，“空头支票”是指“有名无实的，不能兑现的，即取不到钱的支票，比喻不准备实现的诺言”，其本质是失信。虽然它的危害显而易见，但是在教育教学实践中，作为班主任的我们也会偶尔为之，虽是“偶尔”，但害处却不可小觑。

古语有云：言必信，行必果。做人要有诚信。无论是教师还是学生，都应该做到。可在现实的校园中，还是有许多教师面对学生是一套，面对自己却是另外一套，“严于律生，宽于待己”。如学生所说的，学生读错字要罚抄写 20 遍，可教师读错了却从来不罚；教师说要奖励学生的创新思维，却一直没有兑现……言行不一在教师看来不过是一件小事，但却在学生心中留下了不可磨灭的阴影。

为此，在这方面，我们引导教师不断提高信守承诺的艺术。

一、不轻易承诺

轻易承诺的人，一定很少有守信的时候。拿破仑曾经说过：“我从不轻易承诺，因为承诺会变成不可自拔的错误。”不轻易承诺是一种谨慎的行事态度，不要说“一定”，不要说“肯定”，不要说“绝对”……许下诺言而不去履行承诺，比不承诺的罪过要深得多。

其实，学生涉世未深，心思单纯，更容易凡事当真。作为教师，不要把学生当成不懂事的小孩子来哄骗，轻易承诺，更不要为了暂时的教育效果，不经思索就轻易承诺。这是检验教师有无教育智慧、是否具有道德良知的最好证明。

二、承诺便要兑现

教师要信守承诺。教师对学生的教育影响，重在身教。因此，教师必须言行一致。信守承诺、言而有信是一种品格，承诺一旦做出就必须兑现。

二年级的一节数学课上，课堂纪律有些失控，教师马上进行了调整。

“孩子们，你们喜欢看动画片吗？”

“喜欢！”孩子们异口同声地回答。

教师喜形于色：“那你们都喜欢看哪些动画片呢？”

孩子们非常活跃，畅所欲言，有的喜欢《猫和老鼠》，有的喜欢《西游记》，有的喜欢《足球小子》，有的喜欢《蓝猫淘气三千问》……

“可现在老师只想放一部动画片，大家意见又不一致，这可怎么办啊？”短时间的沉默过后，孩子们达成共识：举手表决，哪部片子举手的人多老师就放哪部。

统计开始了，孩子们充分使用小主人的权利，一双双小手举起，一双双充满期待的眼睛亮晶晶。结果很快出来了，喜欢《蓝猫淘气三千问》的35票，位居第一。

“你们刚才是用什么方法统计的？”伴随着孩子们欢呼雀跃的声音，教师异常冷静地开始总结统计的方法。

“其实除了举手表决，我们还可以用统计图表示统计结果……”先前热闹的情形顿时烟消云散，孩子们悄悄地涂着，数着……

临近下课时，教师兑现承诺，播放了孩子们喜欢的《蓝猫淘气三千问》。孩子们欣喜异常。

不要对别人轻易承诺，因为很多话，只有听的人会记得。尊重孩子，从不开“空头支票”，信守承诺开始。

耐心听学生把话说完

许多鸟都到凤凰那儿学搭窝的本领。凤凰热心地为大家讲解，猫头鹰、老鹰、乌鸦、麻雀来不及听完就自以为已经学会，拍拍翅膀飞走了。只有小燕子一心一意听完凤凰说的每一句话。结果其他鸟有的仍旧不会搭窝，有的搭的窝很粗糙，而小燕子搭的窝又漂亮、又结实、又暖和。

这是人教版三年级语文教材《群鸟学艺》中讲述的故事。故事告诉我们：学习本领，要虚心、有耐心，不虚心、没有耐心就什么也学不会。究其本质，小燕子之所以学会了搭窝的本领，是因为它能够耐心地听凤凰把话说完。

实践中，我们要求教师一定要有足够的耐心听学生把话说完，不断修炼倾听的艺术。

一、给学生表达的机会——“事物的答案不止一个”

一年级的数学课上，教师讲得兴致正浓，对学生们的表现也频频点头。

“下面请小朋友们拿出格尺量一量你的数学书的宽度。”随着“噼里啪啦”文具盒的翻动声，孩子们迅速地拿出格尺开始“行动”。

“谁量出数学书的宽度是多少？说说你是怎么量的。”如林的小手雀跃着。

“我！我！我！”

“小A，你说说测量的结果。”这位教师忽然点到最后一排座位的一位小女孩。小女孩慢悠悠地站起来，低着头，不说话。

“小A，你的数学书宽度是多少呀？”教师没想到课堂节奏在这里会慢两拍，再加上有学校领导听课，略微显得有些不耐烦，但声音只提高了四度。不知为什么，小女孩还是不说话。

教师耐不住性子了，快速地走到她身边，声音有些急切：“你没量吗？”

“量了……”小女孩从牙缝“吝啬”地挤出两个字。

“结果呢？”

“我的……格尺不够长……”

教师拿起格尺看了看，瞪了她一眼：“昨天我不是要求每个人必须带一把 20 厘米长的格尺吗？”

“老师，老师，格尺不够长也能量！”同桌小 B 站起来大声嚷道。

“格尺不够长怎么量？净瞎捣乱！坐下！”教师不耐烦地喝令小 B 坐下。

“你，小 A，明天再买一把格尺！”教师不高兴地回到讲台前，继续叫别的同学回答问题。

小女孩站在那里，不知所措。她撇了撇嘴，没让眼中晶莹的泪珠滴落下来。教师刚才急于讲授新知，竟然忘记让孩子坐下了。她就这样站着，站着，等待老师的眷顾。但是教师仍然神采飞扬地讲着，好像忘记了刚才的小插曲。

学生真的需要再买一把格尺吗？脱离课堂上的情景，冷静之后我们稍微开动一下脑筋，就不难发现，其实学生根本不需要再买一把格尺。测量的方法并不是唯一的，可以从 0 刻度开始，也可以从任意刻度开始。如果格尺不够长，可以先把第一次测量的结果处做上标记，接着再从这个标记开始第二次测量，把两次的结果相加不就是数学书的宽度吗？这位教师对于突发事件没有预见性，显得措手不及，即便有学生提出质疑，也没能听学生 B 把话说完。如果适时追问一句：“格尺不够长也能测量数学书的宽度吗？你是怎么量的？你来给大家说一说。”这样不仅把握住了教学良机，体现了教师的教学机智，还保护了学生 A 的自尊心，激发了学生 B 的求异思维。何乐而不为呢？

很多时候，耐心听学生把话说完，多问学生几个“为什么”，或“你是怎么想的”，教师的心中便会多几把测量的“尺子”，因为“事物的答案不只一个”。

二、耐心听学生把话说完——还原事情的真相

检查团到学校来调研，其中有一项是和学生进行座谈。

“小朋友，你觉得你们学校变化大吗？”

“很大啊，我觉得我们学校越来越漂亮了。我最喜欢在石桌上和同学下

棋，在小假山上和同学做游戏了。”

“那你能对你的学校提点建议吗？”

学生们沉默了半天，不知道如何回答。这时一个小女孩说：“我希望我们班主任老师和我们一起上体活课！”

座谈的人一愣：难道这个学校没有人组织上体活课吗？于是，忍不住追问一句：“那你能告诉我为什么吗？”

“因为我们班主任老师太累了！我想让她和我们一起开开心心地做游戏，休息一下啊！”

哦，原来如此！你看，小孩子的心思总是如此清澈、透明，又充满温情。

这是葫芦岛市教学常规检查组向我反馈的一次座谈的情景，我听后很有感慨：我们的孩子能够体会到教师的辛苦付出并心存感恩，真是难得！与此同时，我也很感谢检查组的领导能够及时地追问，给孩子把话说完的机会，让他们从细节处又进一步了解了我们的教师和我们的学校。

正如心理学家乔治·米勒的“米勒法则”——为了理解他人正在说的话，你必须认为那些话是正确的，并且尽量想象出它可能适合哪些情况。

三、耐心听学生把话说完——“没有谁是永远正确的”

在我的内心深处一直藏着这样一个故事。

刚毕业工作第二年，校长安排我做六年级一个差班的班主任。说实话，这个班的学生很聪明，就是有些华而不实，凡事总爱表现，一到关键时刻就不行了。我从心里讨厌这样的学生，甚至有点深恶痛绝。

付竹就是一个这样的男孩。上课的时候总爱较真，也不知道他的脑细胞是用什么组成的，无数个“为什么”总挂在他的嘴边。最可气的是，每当你哑口无言的时候，就是他最张狂的时候，跳着脚，手不停地拍着桌子，嘴里大声嚷嚷：“看，老师也有不会的时候！快来看啊！”就因为他的“不可一世”，所有的科任教师都非常讨厌他，经常向我告状。

有一天早上，小组长检查作业。查到他的时候，他满头大汗，手在书包里不停地翻找，嘴不停地说：“明明写了，怎么会不见了呢？怎么会呢？”组长向我汇报了检查作业的情况，结果就他一个人没有交。

我铁青着脸，故意问：“付竹，你的语文作业呢？”

他机关枪似的小嘴开始“狡辩”了：“老师，我写了，就放在书包里了啊。”

“那拿出来吧。”

“可是书包里没有了！”他还是那么理直气壮。

“既然写了，放在书包里就不应该找不到啊。”我也得理不让人，一定要借此机会好好煞煞他的威风。

“我找了好几遍了，可就是没有啊。但是我肯定写了。”

“撒谎！”看他一点儿承认错误的意思都没有，我有些生气了，“放书包里能找不到吗？撒谎也不找个好点儿的理由！一天到晚就你话多！”

“我写了！就写了！你凭什么冤枉我啊？”他的态度还是那么强硬，好像我冤枉了他。凭什么？！我最烦他说“凭什么”！

“不凭什么，作业找出来就证明你没有撒谎！”

“反正我写了，我没有撒谎！昨天我……”看我真生气了，他还想辩解什么，我阻止了他：“别强调理由了！没写就没写，男子汉怎么敢做不敢当呢！”

唇舌之争让我愤怒了！不知道为什么，“啪”的一声，一记响亮的耳光印在了他的脸上。我惊呆了！同学们吓得大气也不敢出，他起初也是一愣，醒悟过来后号啕大哭，嘴里不停地嘟囔着：“什么老师？不讲理，还打学生。我去校长那告你去！”“还无法无天了！去告吧，不写作业你还有理了！”我也是年轻气盛，根本没有理会他的情绪。

一上午就这么过去了。下午，他妈妈来了，没等我到办公室，好友玲就向我通风报信了。他妈妈来了我也不怕，是她儿子不好好学习，我打他也是为了他好。一路上，我自我安慰地做着思想准备。

“陈老师，我来了解一下付竹的学习情况。这孩子挺淘气的，您总照顾他，肯定给您添了不少麻烦。他特别喜欢您，说您讲的语文课特别精彩……”一个很有修养的中年女人。一听她这么说，我倒有些局促不安了。其实我从来没给她的儿子任何照顾。

“没……没什么。付竹同学很聪明，上课特别爱发言。”不知道为什么，我把他的“缺点”美化成了“优点”。

“陈老师，听说这个周日您过生日，这是付竹给您做的礼物。”说着，她从包里拿出一个精致的小帆船。哇，好漂亮！我最喜欢帆船了，可能是我爱人当海军的原因吧。“这孩子，整整弄了三天才弄好。做好了又不好意思送给您，怕同学们说他给老师‘拍马屁’……”我有点惊讶了，他怎么知道我的生日呢？又怎么知道我喜欢帆船呢？这个小鬼精灵！

“昨天晚上他做得太晚了，中午回家我才发现他的语文作业忘在了家里。我给他带来了。”我愣然了！孩子的妈妈把作业和小帆船放在办公桌上就走了。我的心里难受极了，也懊恼极了。我怎么向付竹解释我的粗暴呢？当时怎么不听他把理由说完呢？如果再耐心一些，不就不会误会他了吗？也就不会给他一巴掌了啊！唉！

回到教室里，我不知道如何面对付竹。我看见他的脸红红的，那分明是我那一巴掌留下的痕迹。他并没有去校长那儿告我，也没有向他妈妈打电话诉苦。但是我一想到他妈妈的话，心里就酸酸的。

事情已经过去很多年了。直到他毕业，我才从别的学生口中得知，那天正是付竹的生日！这份隐痛一直藏在心底，我深刻体会到了当时没能耐心地听学生把话说完有多么遗憾！尤其是为人母之后，我更体会到了那一巴掌对一个孩子心灵的伤害有多重！

难怪苏霍姆林斯基说，教师要像对待荷叶上的露珠一样，小心翼翼地保护孩子的心灵。晶莹透亮的露珠是美丽可爱的，却又是十分脆弱的，一不小心露珠滚落，就会破碎不复存在。这样的教训让我终生铭记，因为它让我懂得了耐心听学生把话说完有多么重要。

跳出教育偏狭的视界，你可曾仔细观察过《超级演说家》的现场？你可曾注意到窦文涛、鲁豫、金星、乐嘉这几位中国名嘴专注的倾听表情？

倾听之后，乐嘉的热泪盈眶，金星的欲言又止，窦文涛的激动沉默，鲁豫的恳切剖白，都让这个节目充满着超常的正能量。

是啊，倾听意味着情感的分享，而非技术含量很高的修行。作为优秀的班主任，我们需要放弃自己的执念和立场，真真正正地完全进入学生的世界中。因为只有这样，我们才能真正走进学生的心灵。

尊重学生的问好

在生活中我们经常遇到这样的场景：在菜市场或大街上，熟人见面总要热情地打声招呼或是寒暄几句，很少有人漠然视之。中国素有“礼仪之邦”的美誉，成年人见面互相问好似乎成了我们向他人表示尊重的一种方式。虽然只是打招呼、寒暄或是简单的三言两语，却代表着我们内心对他人的尊重。

但在校园里却有这样的怪现象：只见学生看见教师主动热情地问候“老师好”“老师再见”，可我们的教师呢，不是装作没看见，就是用鼻子轻轻地哼一声，甚或连眼皮都不抬一下，对学生的问候早就习以为常了。

“问好”只是一个微乎其微的教育细节，但是每一次“问好”都饱含着学生的尊严和期待。“问好”一旦与师生关系建立起良性的循环，就会被赋予独特的色彩，也就有了鲜活的生命。因此，我们要求教师要尊重学生的问好。

一、热情主动地回应

“李老师早上好！”

“王小寒你好！”（如能叫出学生的名字，学生会心生自豪）

“孟老师再见！”

“同学们再见！路上注意安全！”（及时的叮嘱充满了温情）

“郭老师，您辛苦了！”

“老师不辛苦！同学们学得很认真！你们才真辛苦呢！”（真诚的鼓励充满了向上的力量）

当学生向教师问好的时候，教师不管多忙，都应该热情主动地给予回应。这时学生感受到的不仅是一种认同，更是一种积极的力量。

二、微笑是最美的语言

有人说，微笑是世界上最美的语言。微笑是阳光，能融化冰雪；微笑是春雨，能滋生万物；微笑是桥梁，能沟通人的心灵。教师的微笑是送给学生最好的礼物，因为有微笑，才有尊重；有尊重，才有爱；有爱，才有教育。面对学生热情主动的问好，即便教师再忙碌，再无暇顾及，微笑一下总不难做到吧？

“看，老师对我笑了！”“我们老师笑起来可美了！”教师的微笑如同阳光、和风和细雨，无声地滋润着学生的心田，让学生觉得教师很喜欢他们，教师在回应他们，教师很在乎他们。这种需要一旦得到满足，便会成为一种积极向上的原动力，学生的许多潜能和情感便会奇迹般地被激发出来。

捷克教育家夸美纽斯曾说过：“孩子们求学的欲望是由教师激发出来的。假如他们是温和的，是循循善诱的，不用粗鲁的办法去使学生疏远他们，而用仁慈的感情与言语去吸引他们；假如他们和善地对待他们的学生，他们就容易得到学生的好感，学生就宁愿进学校而不愿停留在家里了。”微笑着回应学生的问好吧，让微笑成为一个新的教育里程，让爱的阳光普照校园，让我们的学生尽情编织童年的梦想。

三、变换称呼

学习一下著名特级教师赵志祥执教《荷叶圆圆》时与学生的问好。

之一：

师：我很想和大家交朋友，希望咱们能成为学习上的好伙伴。大家愿意吗？

师：今天我就叫大家小朋友，大家喊我大朋友或者老朋友，好吗？

师：真聪明！这节课我们继续学习《荷叶圆圆》。请小朋友们伸出手指，和大朋友一起写课题，好吗？

之二：

师：你喜欢哪个小伙伴，就读写关于那个小伙伴的那一段课文。待会儿你就给大家介绍你喜欢的这个小伙伴。不过，不管读哪一段，都要先读读课文的第一句话。开始吧。（朗读课文）

之三：

师：（上前握住何同学的手）何小朋友，（笑声）我对你的积极态度表示赞赏！但是，我更希望你尊重你们“青蛙”小组的选举结果，能把这次机会让给你的朋友！

师：谢谢！李云龙小朋友，你认为你这条腾云驾雾的大龙能表演好这只小青蛙吗？

之四：

师：小朋友们再见！

生：大朋友再见！

简简单单的称呼、和谐愉悦的氛围让学生兴趣盎然，个性鲜活！这样的课堂多的是关爱，少的是指责；多的是尊重，少的是误解；多的是宽容，少的是狭隘；多的是人文，少的是漠然！

平等对待学生，就是对学生的最大尊重。以平等的眼光看待学生，以平等的态度对待学生，以平等的称谓称呼学生，这应该是教师的天职和要务。教师在学生面前应该是“循循善诱的指导者”，站在学生后面应该是“和蔼可亲的组织者”，站在学生旁边应该是“全神贯注的欣赏者”，站在学生中间应该是“亲密无间的学习伙伴”。如果我们把看似简单的称呼稍稍变化一下，你就会发现课堂中的另一种风采，那种发自内心的平等交流的温情会溢满整个课堂！

四、不妨多问一句

窦老师是全校学生公认的最美教师，不仅因为她人长得漂亮，还因为她是笑得最灿烂的教师，更因为她和学生之间无拘无束的交流，让学生把她当成了“知心姐姐”。

“窦老师，早上好！”

“明明真是个懂礼貌的好孩子！”窦老师面带微笑，还轻轻地摸了一下孩子的头。（充满爱的动作，学生不会反感的）

“明明，我发现你今天的麻花辫梳得可真漂亮啊！”（善于发现学生与众不同的闪光点，及时追加一句进行表扬，会让学生心生自豪）

“这是我妈妈给我梳的！窦老师，您今天的裙子更漂亮！和我妈妈的一样！”（学生一旦打开话匣子，心灵就不会设置任何防线，良好的师生关系自然水到渠成了）

“是吗？能和你妈妈一样漂亮，我太荣幸了！”

其实，真正优秀的教师不仅会积极回应学生的问好，还会在回应的同时“多问一句”。可千万别小看这“多问一句”，它会产生各种神奇的力量：有心理问题的学生，因为教师的积极关注会及时排解心里的郁结；调皮顽劣的学生，因为教师的关心会变得更有礼貌，更加懂事理；即便是偶尔发生冲突的师生，因为彼此的互相尊重，也会“化干戈为玉帛”……

很多时候，教师因为“多问一句”，还会发现学生心里许多不为人知的小秘密呢，甚至会于春风化雨之中改变僵化的师生关系，让教师的教育技巧化无形为有形，寓有形于无形。

五、主动问好

每朵花都有开放的理由，都有不同的花期。对于“不敢”和“不想”问好的学生，师生相遇的时候，教师可以放下架子，主动向他们问好。

对于低年级的学生，教师可以抚摸一下学生的头，然后面带微笑、真诚地问一声：“小可爱，你今天怎么不叫我啊？”教师这一主动招呼，一下子就会拉近师生之间的距离，让学生真切地感受到教师的温情和亲切。

对于高年级的学生，师生也可以在打招呼的方式方法上进行新的尝试，通过与学生讨论，改变非常普遍的、千篇一律的、程式化的打招呼形式。比如，早晨第一次见面，问候语可以灵活一些，如“老师早！”“老师好！”“您早！”“您好！”或者用英语“Good morning！”“Glad to meet you！”等。而教师回应学生的语言也可以更灵活些，如“你早！”“你好！”“你今天的衣服好漂亮！”“你今天真精神！”等。打招呼强调发自内心，真诚而不应付，主动对学生说些简明的赞美语，对他们更具激励性和影响力。

可能有的人会认为，教师“主动”了，不摆架子，有失尊严。其实，摆所谓的架子，才是有失尊严。教师要想赢得尊重，首先要尊重他人。学生是有独立个性的完整的人，教师更应该去尊重。只有教师自己心中装着学生，学生才会真正敬重教师、爱戴教师。

其实，教师的一声主动问候，会如一缕清风，拂去学生心中的烦忧，使其神清气爽；教师的一声主动问候，会如一泓清泉，涤荡学生心底的污垢，使其心田清润；教师的一声主动问候，会如一捧月光，放牧学生心灵的自由，使其顿生自信、自强的勇气。

常怀此心，常行此道，从点滴小事做起，让教师真正成为学生的良师益友，真正得到学生的尊重。

六、别出心裁的问好

作为优秀教师特别注重“问好”这一教育细节中蕴含的教育资源，如果细心挖掘，你会发现，原来“问好”的形式也可“别有洞天”。

1.“对诗”问好。

当教师走上讲台，“一日班长”喊“起立”后，教师稍作环视，吟诵“书山有路勤为径”，学生立即对上“学海无涯苦作舟”；教师说“少壮不努力”，学生马上回答“老大徒伤悲”。然后师生相视一笑，开始上课。

2.“互相鼓励”问好。

有时教师走上讲台，主动称赞学生：“同学们很有精神！”学生回应：“老师更有精神！”或者是“同学们真聪明！”“老师更聪明！”

3. 唱歌问好。

教师边弹琴边唱：“同学们——好！”学生互相击掌，边击掌边唱：“老师——您好！”

4. 歌谣问好。

上课后，师生用班级自编的歌谣互相问好。

师：南苑少年，彬彬有礼。

生：恭敬站立，敬礼问好！

生：面对老师，老师您好！

师：微笑注视，鞠躬敬礼。

师：同学，你好！

师：南苑少年，文明学礼。

生：微笑常在，人见人爱！

5. 动作问好。

上课铃声响起，教师面带微笑走进教室，环顾四周，看学生都坐好了，轻轻扬起右手，做个“请”的姿势，学生会意，起立站定，微笑或鞠躬；教师手掌翻转，手心向下，学生轻轻坐下。无声的语言，无声的指挥，此时无声胜有声，一切都在眼神的交流中默契完成。

七、问好背后的礼仪

前面我们多次提到，师生问好必须发自内心，带着真诚和善意。因为充满爱的举动才会感染人、影响人，甚至一点一滴地改变人。

每年的 11 月 21 日是“世界问候日”。借由师生问好，我们也教给学生日常生活中或正式场合中的一些问好礼仪，开展别有意义的“问候之旅”。

1. 问候的态度。

问候是敬意的一种表现，态度上一定要主动、热情、大方。

（1）主动：向他人问候时，要积极、主动。当别人首先问候自己之后，要立即予以回应，千万不要摆出一副高不可攀的样子。

（2）热情：向他人问候时，要热情、友好、真诚。毫无表情或者拉着苦瓜脸、表情冷漠地问候还不如不问候。

（3）大方：向他人问候时，要大方点。矫揉造作、神态夸张或者扭扭捏捏，反而会给人留下虚情假意的坏印象。向他人问候时一定要专注。问候的时候，要面含笑意，与他人有正面的视觉交流，做到眼到、口到、意到。不要在问候对方的时候目光游离、东张西望，这样会让对方不知所措。

如学生问好时，先站定，两眼正视教师，或行队礼，或深鞠躬——“老师，您好！”同样，教师也应该停下脚步，面带微笑，或鞠躬回应——“同学，你好！”

2. 问候的次序。

在正式场合，问候一定要讲究次序。

（1）一对一的问候：两人之间的问候，通常是“位低者先问候”，即身份较低者或年轻者首先问候身份较高者或年长者。（校园里师生是平等的，没有地位高低之分，所以谁先问好关系不大）

（2）一对多的问候：如果同时遇到多人，特别在正式会面的时候，这时既可以笼统地加以问候，说“大家好”；也可以逐个加以问候。当一个人逐一问候多人时，既可以由“尊”而“卑”、由“长”而“幼”地依次而行，也可以由“近”而“远”依次而行。（学生在校园里没有尊卑、长幼的细致区分）

另外，在校园里如果遇到很多教师或客人时，第一个学生问“各位老师好”“各位客人好”之后，其他学生面带微笑点头示意即可，不可逐一重复问好，否则会让教师或客人应接不暇，失去了礼仪本身的意义。

“问好”是一笔不可多得的教育资源，我们在用心、用情回应学生问好的同时也走进了学生的心灵。越是简单的细节，蕴含的教育味道越值得品味。

创造适合学生的评价方式

“你们班谁写的字最好？”

“A！”异口同声的回答。

“你们班谁朗读课文最棒？”

“A！”异口同声的回答。

“谁手最巧？”

“A！”

“谁画画最出色？”

“谁最爱读书？”……

异口同声的回答显得如此刺耳！

这是我在教学二年级品德与生活课“我心中的榜样”时经历的一幕。当时，我很震惊，学生们的评价怎么如此一致？A？当那个怯生生的小女生站起来的时候，我就一直在想：她真的各个方面都这么优秀？难道这些方面没有别的学生可以成为大家的榜样？

为了让学生寻找到自己心目中的榜样，为了让每个学生每个方面都有表现的机会，我逐项进行了检验，结果发现学生们的回答有失偏颇。因为A的字很一般，她的朗读声音很小，她的画画也并不出众。可大家为什么一致认定她就是公众的榜样呢？

后来经过调查才知道，A是班里的学习委员，学习最好，非常听老师的话。这只是其中的一个原因。以我从教的经验来看，还应该有深层次的原因——虽然沐浴着新课程的阳光，但有些班主任仍然经常以学习好坏做为评价学生的唯一标准，在班级里经常树立“谁学习好谁各方面就最优秀”的典型。如果是一名顽皮的学生和一个听话的学生来告状，教师多是偏袒听话的学生。就算有其他学生表现优秀，教师也往往忽略。长此以往，就在学生心目中深深地打下了谁学习好谁就最优秀的烙印。加之小学生没有过多的分辨能力，往往唯师是听。

在这方面，日本的情形与我们大不相同。据驻日记者调查，在我国中小学，你要想了解某班“哪位同学学习最好”，只要一问，不到10秒钟，准能找到答案，全班学生会异口同声地说出一两个学生的名字。但在日本，记者用了20分钟也没找出谁学习最好。当记者问“哪一位同学学习最好”时，学生会问“哪一门”；当记者回答“语文”时，他们又问“哪一方面”；当记者回答“阅读”时，他们又问“阅读哪个年代，谁的散文”……最后调查出全班35名学生有27名学生出现在“语文学得好”的调查表上。原因是教师在课堂上发现学生有进步时就会给予鼓励——不仅表扬他学得好，而且会用欣赏的口吻指出哪方面特别好，甚至与以往相比，在哪些方面有进步。长此以往，每个学生在学习中都能不断地发现自己的长处。

可见，教师学会欣赏学生和善于表扬学生是多么重要。可我们往往把这样的欣赏和表扬多集中在那些优秀的学生身上。其实，在待努力的学生身上，往往潜藏着巨大的发展潜力。如果把阳光、雨露播撒在看似贫瘠的土地上，相信贫瘠的土壤也会改良，变得更加肥沃和丰饶！

和A同桌的是一个小男生。后来听说，他是需要被帮助的差生，上课溜号，搞小动作，课上从来不动笔写字，“懒惰”是大家对他的“美称”。几节课后，我也发现他的这些“劣迹”，虽然也提醒了几次，但效果甚微。记得在即将讲到“美丽的树叶”一课时，我突发奇想：“谁最先填写完所有的记录卡，谁就可以由组长带领到校园里采摘树叶！”不知道为什么，那天他写的速度非常快，而且把以前没有填写的内容都一一补上了。当找我批改的时候，我惊异地发现，他的字写得娟秀又整洁，远远胜过他的同桌。我在全班学生面前对他大加赞赏——“男孩子能把字写得这么干净的，真是少见！大家可以互相传阅，欣赏一下B写的字！”并破格在他的书上写了一个大大的“优”字。他美滋滋地回到座位上，欣赏了一会儿，然后就蹦蹦跳跳地和同学们去采摘树叶了。也许是罕见地受到了表扬，也许是发现了自己的优点，也许是教师的表扬树立了他的自信，从那天以后，每次只要有填写的任务，他肯定是完成得最好的一个！没想到，对有些学生来说，表扬的力量竟然如此神奇！

一直以来，报纸杂志上总是刊登一些改变教育教学评价的文章，有些人甚至认为评价问题一直是新课程的瓶颈问题。确实，在教育教学评价方面我们还有些欠缺。单一代替多元，"唯一"成了真理。在这样的评价中，不知道有多少学生在阴暗的角落里徘徊，不知道有多少学生在自怨自艾中消极怠学。

看过一篇文章《"我以性命担保她行！"——中美教师对同一个孩子的不同评价》：中国父亲端木的女儿在中国教师的眼里是一个"没有数学脑子"、垂头丧气地说"我厌学了"的孩子。可到了美国仅仅 4 个月的时间，美国教师对她的评价却是她"有语言天赋"，她"乐观积极"，她"优雅"而"有创造性"，她"有人格的力量"，她"是宝贵的财富"！美国校园对孩子的珍视，让孩子重新找回了自我，找回了自信！

一个学生的公众形象，靠自身来树立。但对于小学生来说，教师日常的评价对他们树立公众形象起到更多的作用。因为学生需要教师给予肯定，学生也许不知道什么是对的，但是他们相信教师说的话一定是千真万确的（尤其是低年级的学生）。因此，教师要针对每一名学生及学生的特点、天性、情感等来评价学生。

评价帮助我们"创造适合儿童的教育"，而不是"创造儿童适应的教育"。

警示教育不容忽视

高墙，电网，巡逻的警卫。

我们神情严肃地走进看守所。整齐的队伍一字排开。身后的大门砰然关闭。视线之内，一片灰白。

教导员的讲话，让孩子们屏住了呼吸。那么多的犯罪事实，从电视屏幕挪移到现实的耳鼓中，仍然有些令人瞠目：

一个少年犯，只因 10 元钱，竟然用刀子行凶；一个人因为一点小事，竟然把自己的外甥女活活勒死；更为愚昧的，是前一段时间发生在身边的一位“跳大神”的，居然在病人家属众目睽睽之下，把一位年近七旬的老太太用蒸锅活活闷死……

一个个触目惊心的案例在我们的心头翻滚，浑身的鸡皮疙瘩，一阵紧似一阵。阴郁的天，正如此刻的心情。

随着看守人员的引领，孩子们徐徐进入看管区。新建的看守所，环境上有很大的改观。监控设备非常先进，监管人员随时监控着室内的一切，犯人的一举一动，出入者的身影，无一能逃脱。十余平米大的室内，用具一应俱全，整洁清爽。8 个犯人背对着我们，身板挺得直直的，用“纹丝不动”形容有过之而无不及。这样静坐 1 个多小时，个中滋味只能靠想象来体会。

听所长介绍，有 1000 多名犯人在这里被看管，男女比例为 10∶1，还有少量的少年犯。他们的日常活动都按照一定的规律进行。静坐、看报、放风、看电视等，都在监控之下“整齐划一”。表面的“人性化”是另一种秩序井然。没有了自由的任何举动，都失却了个性张扬的意义。人性的尊严，更无从提及。

据说，在四季更迭中，夏季是犯罪率的高峰期。这一时期，因周围环境的高温变化，人的情绪特别容易烦躁不安，冲动之后常常失去理性。细想：除了有预谋的重大犯罪之外，很多情况下的“失足”，确实多在“一念之间”。

善与恶的边缘，谁能时刻掌控？

没来之前，有人开玩笑提醒，现在的看守所环境优越，可别对孩子起到反面的教育作用。其实，外在的优越，永远掩盖不了内心幽闭的苦闷。天堂和地狱一线之隔，但，本质永远无法颠覆。看着这里静止的场景，猜想着周而复始的光阴里犯人的生活，如鲠在喉，胸口发闷。

回来的路上听同行的教师说，看守所的一位人员笑称，有些孩子，三五年之后，肯定有到这里来的。话有些刺耳，心却莫名地沉重。

不敢轻下断言，毕竟，现在孩子的教育不可能"一蹴而就"。我们能做的是预防和挽救。大家在不自觉中交流着各自的感受。

除了参观看守所之外，我们还定期带领孩子们走进法院，参加庭审活动。

2014年10月24日下午，六年级的孩子在教师带领下前往法院参观学习。到达后，孩子们在法院领导和讲解员的带领下参观了法院。参观过程中，法院工作人员给孩子们介绍了法院的基本设施，还让饶有兴趣的孩子们参观了各审判厅。为了让孩子们进一步了解法院、理解法治，我们组织了一场模拟法庭活动。在模拟法庭现场，学生扮演审判员、公诉人、被告人和辩护人，严格遵照法律程序审理案件，虽是"模拟法庭"，但却同样显现着法律的威严。当天"开庭审理"的是一个青少年犯罪的真实案例，当孩子们通过模拟担任法庭上的不同角色逐渐"入戏"时，现场的所有人都受到了强烈的震撼。

模拟法庭庭审结束后，大家纷纷表示，这种新颖的方式更容易让人接受，既形象又生动，让每个人的内心都受到了深深的震撼。

作为校长，头上时刻悬着"安全"的剑，但也不能"因噎废食"。对于这样稍带"冒险"的举动，长吁胸气的瞬间，觉得还是不虚此行。

让孩子爱上普法课

一直以来，学校始终坚持把法制教育工作放在首位，为青少年健康成长提供有力保障。2008年，学校荣获市"平安校园"称号。

学校地处城乡接合部，生源多为锌厂子弟，荒地村、茨山村村民子女及外来农民工子女等。为提高学生的法律素质，增强少年儿童的爱国意识、守法意识和维权意识，学校成立了法制教育工作领导小组，由校长任组长，党支部书记任副组长，聘请学校所在街道派出所所长为法制副校长，经验丰富的民警为辅导员，律师事务所专业律师为法律咨询师。

如今，法制课在学校已常态化。由大队辅导员、德育主任为领导小组主要成员并亲自教授法制教育课程，双周一节，大课与班课相结合，并定期组织研讨及反馈。学校定期邀请法制副校长、校外辅导员、法律咨询师来校做专题讲座，大队辅导员也利用法制宣传日不失时机开展讲座。一学年，开展法制讲座 8 课时，听课的学生达 4 千人次。

学校还定期组织教师学习《中华人民共和国教育法》《中华人民共和国教师法》《中华人民共和国未成年人保护法》《中华人民共和国预防未成年人犯罪法》《中小学教师职业道德规范》等法律法规，增强了教师依法执教、依法治教的自觉性，杜绝了体罚、变相体罚学生等违反师德的行为，明确了学校在未成年人保护及预防未成年人犯罪方面的要求与法律责任。

一、让法律条款形象化

对学生而言，法律条款多少显得有些枯燥无味，而生动形象的图片展示更易为他们所接受。于是，学校法制教育工作领导小组在法律条款形象化上下功夫，尽量运用图片解读法律条款，深受学生的欢迎。我们在校园内先后开展了“预防青少年违法犯罪、遵守交通规则”“崇尚科学，远离邪教”“远离毒品，珍爱生命”“树立正确的社会主义荣辱观”等板报和图片展览，使学生深深地感受到守法的人生是健康、向上的。

此外，学校还充分利用国旗下的讲话、红领巾广播站、宣传栏、黑板报等多种形式向学生宣传法律知识，通过班会向学生进行“法在身边”的法制教育，举行“争做遵纪守法小标兵”演讲比赛和现场讨论会等，让学生在良好的校园环境中受到熏陶，在积极的校园氛围中受到教育，从而明确了真善美、假丑恶，提高了对各种犯罪违纪诱因的免疫力。

二、让法制教育故事化

一直以来，我们特别注重故事的熏陶感染作用，在知法守法教育上，我们的教师、学生经常通过情景再现等方式讲述身边的守法小故事。让学生感同身受，认识到现在社会上有骗子、坏人，不法分子常抓住小学生年纪小、单纯、易上当的特点进行欺骗和诱惑。告诉学生一定要学会自我保护，遇事动脑不贪便宜，不要被坏人迷惑；对来路不明的陌生人，要多问几个为什么，不听信花言巧语，不轻易行动；遇事可请教师、家长帮忙。

三、让活动形式多样化

在我们学校，特殊儿童占很大比重，如在 419 名学生中，其中农民工子女 380 人，来自外省儿童 27 人，家庭零就业儿童 6 人，孤儿 1 人，城市流动儿童 6 人，城市低保家庭及农村贫困家庭儿童 20 人，农村留守儿童 4 人，残疾儿童 2 人。为了给这些学生更多的关爱，学校启动了快乐成长计划，设置快乐成长服务站；为家庭贫困的学生购买学习用品和《现代汉语词典》；为外来务工人员子女捐献手术费等。

学校重视做好“问题学生”的帮教工作和特殊学生的心理健康教育，建立了帮教档案，成立了学校三级帮教网络，并开辟心理咨询室、心理热线、心语信箱，对心里有困惑和思想偏激的学生进行疏导。

同时，学校还经常结合法制主题，在纪念日宣传法制教育。学校利用每年 3 月最后一周的星期一的全国中小学生安全教育日，12 月 4 日的全国法制宣传日等重大宣传日、纪念日，积极开展各类专项和综合性法制宣传教育活动。充分发挥学校少先队的职能作用，开展普法宣传教育。发挥主题队会在学校德育工作中的作用，在各个班级开展法律法规宣传教育，引导、帮助学生学习并掌握基础法律知识。开展“远离毒品、珍爱生命”的主题班队会，引导学生认识毒品的危害，提高学生拒绝毒品、远离毒品的心理防御能力和自觉性。开展“法在我心中”主题班队会评比活动，在形式多样的活动中，学生学到了法律知识，懂得了法律是行动的准绳，在约束我们的同时也在保护我们，应自觉守法。学校组织师生观看多媒体宣传教育片，撰写观后感，举办以“普法教育”为主题的手抄报比赛、“法在我心中”演讲比赛、法制讲座、法制知识竞赛等活动，在学生中引起了强烈的反响。全校师生人人参与，认真学习，并运用于自己的实践，为学校依法治教打下扎实的基础。

四、让普法渠道多元化

学校充分发挥家长学校、社区街道、法院、派出所、消防大队等各种社会力量的合力作用，拓宽普法教育工作的有效途径。

学校采用“请进来”“走出去”的方式，通过丰富的合力活动实践着普法的承诺。学校与龙港区东街道派出所举行警校共建签约仪式，每学期开学初，学校都会请法制副校长、辖区派出所民警为师生开展法制系列讲座。本学期，东街道派出所涂中猛警官到学校为全校师生及部分家长代表进行法制讲座。他以知法守法为主要内容，联系社会生活，结合大量的案例，为学生做了“以案说法——预防青少年犯罪知识”的讲座，让师生受到了良好的教育。学校还邀请社区“五老”到学校进行普法宣传讲座；组织学生参观社区国防教育馆，参加社区开展的争“五星”活动，参与社区的普法讲座活动；带领学生到法院现场近距离观摩庭审活动；面向家长举办各种法制教育报告会、家庭教育培训会、法律知识问卷调查、“小手拉大手”等活动，带动家长共同学法、知法、用法、守法，力求以丰富的合力特色活动，践行“普法惠及每一个人”的郑重承诺。

下篇 建设现代学校制度，建立无痕管理的能量场

《义务教育学校管理标准》中在阐述“依法办学　科学治理”这一基本理念时重点强调，要“建设依法办学、自主管理、民主监督、社会参与的现代学校制度。落实学校办学自主权，提升校长依法科学治理能力，发挥中小学校党组织的政治核心和战斗堡垒作用，拓宽师生、家长和社会参与学校治理的渠道，建立健全学校的民主管理制度，构建和谐的学校、家庭、社区合作关系，推动学校可持续发展”。

在构建学校现代学校制度的过程中，我们逐步认识到：当团队成员每个人的欲望层次逐步升级之后，就会形成更强大的能量场，在强大的能量场的激发之下，团队的凝聚力会不断增强，从而产生积极向上的学校文化，引领学校不断向纵深发展。

经过多年的制度构建和文化培植，学校最终形成了“示范、授权、激励、沟通”的管理文化，“共识、规范、自律、灵活”的制度文化，“温暖、和谐、人文、精美”的环境文化，“自主、多元、自我、超越”的课程文化，“博学、文雅、包容、合作”的教师文化，“玩中学、做中学”的学生文化，“权利、责任、合作、共赢”的家长文化。

在理论与实践的有机融合中，我们基于每一个，发展每一个，成就每一个，既关注师生全体的基础发展，又注重师生个体的自我超越。让持之以恒的扎扎实实的实践，成为学校每一日工作的常态——不做模版化的刻意设计，不做表演式的浮华呈现，只是坚定缓慢的持续深入。我们相信：始终坚持，持续精进，未来可期！

不“净”，是为了真正的静下来

某日，我们一行人在学校巡视的时候，信步走进了英语教师的办公室，一进去有人就笑称这是日本式的办公室，而走进其他办公室，我们明显就嗅到了中国的气息。其中的含文，只有我们一行人心中明晰。因为有次讲座，我向大家展示了日本青山学院的教师办公室。他们的办公室给人的第一印象是杂乱、拥挤，内有教员坐席表、一台复印机、每人一台电脑，桌面上摆放着各种教学资料、教育杂志等。

看到这一景象，我们的脑海中自然浮现出了我们身边的教师的办公室：干净整洁，桌面空无一物，即便有，也只是学生的作业和教科书、参考书之类。

透过现象进行内里的观照，我们会很容易找到与之相关联的焦点：表面上的“净”，显得空间很开阔，但过度的开阔对应的就是空虚。看看我们为师者多数的状态，就可见一斑——内心浮躁、倦怠、无心学习、无钻研意识。在时间的缝隙里，我们的青春在消逝——在八卦式的闲聊中，在成堆的作业和试卷中，在所谓的触犯规则的纠正中，不一而足。

读书的重要性尽人皆知，但真正力行者，却少之又少。如果有，也常有“另类”之嫌。有人说，教师不是读书的人，却是勤于催促别人读书的人。教师为什么不读书？不能简单归因。没有闲暇，没有需要，没有环境都不是理由。但心灵浮躁，无法静下来，却是一个重要的且不可回避的理由。我们不能强迫教师教师来读书，如果靠强迫来让教师走进书籍的世界，那是对这个美丽世界的亵渎。

凡事归因，都离不开“背景”。教师没有在真空状态中呼吸，自然也会有“尘埃侵袭肺部”。呼吸受阻，自然会有“磨砺后的清醒”。

在办公环境的“净”中，隐含着我们早已经丢失了一份职业应有的宁静——心灵的宁静。所谓的规则让我们变得不得不“净”，然而，处于社会中的我们，迫于生活，事事与人争，时时与人争，所以难以冷静处世，活得很浮躁。内心不洁净就无法真正安静下来。

广东第二师范学院许锡良教授在博文《在日本的日子》里曾说：“日本是一个安静的国家，所到之处都是非常安静的。为什么先要变成一个安静的国家？安静就能够清醒，清醒就能够想出办法。一个社会最可怕的就是躁动不安的心，最可怕的就是到处是喧哗的声音与浮躁的心态。因为这样最不容易看清自己的真实面目，从而忘记我们面临的处境。我们过去许多的失误都是在好大喜功式的狂热之中造成的。我们能不能先变成一个安静的人，变成一个安静的社会？我想我们先不要去追求太高的东西，我们能不能先为自己营造一个有利于思考的安静环境？只有在冷静中，我们的双眼才能够看清周边的事物。可是，我们似乎总是从外表到内心，一直处于一种追求成功的庸俗的心态之中。”

从理念共识上，我们都知道，只有安静下来，真正的教育才能发生。可学校为何始终静不下来？为什么有那么多教育管理者热衷于制造“特色”，编出各种排比句、顺口溜？为什么有那么多教师热衷于上表演课，追逐“赛课”？中小学为什么有那么多“课题”？为什么有那么多检查评比？为什么许多学校都特别重视“与媒体搞好关系”？能不能不要去打扰学校？学校能不能不自我折腾？

理想与现实总是距离遥远。非喧嚣则难以出名，不折腾则无以获利。学校的喧闹不可能不影响学生的情感、态度、价值观。如果学生长期被过重的学业负担所困扰，如果学校和教师的“业绩”要通过学生的考试成绩来体现，这样的教育怎么可能培养出创造精神？

一时间，大环境也许无法彻底改变，但是管理者可从自身反思：我们首先要给教师创造静下来的环境。如例行的检查验收可以由领导接待应付，尽量不浪费教师的时间，让他们安心教学；对于某项突发的检查或评比，校长要正确看待，不拔苗助长，保持一颗淡定之心，量力而行；减少会议，学校本没那么多事，尽量少折腾教师；即便开会，会议也要计时，压缩时间，减少会议成本……

只要想为，总有可为。一味地等待和抱怨，是无济于事的。凡事，要先从自身做起。打造教育局部的春天，才能迎来教育真正的春天。

充分发挥学校文化的育人功能

来到南苑小学伊始，我就清晰地认识到，原来的校长在这里工作了10年，学校的人、财、物，乃至环境氛围、人际交往、专业追求等都已形成了一种根深蒂固的文化积淀。

优势方面，如学校的人文环境比较和谐，虽然有些人平时看起来有些懒散，但是在关键时刻谁也不甘落后，团队的凝聚力还是非常强的。当然，也有不尽如人意的地方，如日常管理中过于注重人情的投入，情感管理大于制度管理，管理者专注于管理理论的少，管理行为过于碎片化，对于学校文化没有整体构建，更谈不上系统运行。

如今，我的管理思想日渐成熟，我觉得应该从学校管理文化入手，重点从校训、办学目标和办学理念等入手，对学校的文化传统进行梳理和提升。对这一过程，我有清醒的认识：在梳理、甄别学校传统文化的时候不能搞颠覆性的革命，一定要有妥协的心理，必须在继承中发展，在发展中创新。所以，我只能慢慢改变。

鲁迅曾说："文化是骨髓里的东西。"文化是人类精神之财富，是高雅之思想、文明之使者，即便身不能及却心向往之。

"以文化人"，方能致远。校园文化作为学校文化的缩影，魅力不可小觑。走近它，你会发现它是引导人、鼓舞人、激励人的一种内在动力；践行它，你又会发现它是凝聚人心、鼓舞斗志、催人奋进的一面旗帜。校园文化本质上是凝练、培育、传播一种校园精神，营造一种和谐奋进的文化氛围。优秀的校园文化总是有愿景、有期望、环境舒适、人际关系和谐，同时也会激励师生开拓创新，不怕困难，追求卓越。它能造就一批个性张扬、人格健全、行为端正、品质高雅的人才。

校园文化的形成是个长期连续的过程。它需要继承，更需要创新。它不仅表现在物质文化建设上，如校舍的建设、校园的设计、环境的布置等，更表现在精神文化建设上，如良好的校风、团队的凝聚力等。校园文化的核心精神是培育有独立人格的大精神，让自由与平等成为学校文化的灵魂。这也许是一个美好的梦想，但并非遥不可及。

一、构建高品位的学校理念文化

办学理念是一所学校的学生和教职工对学校教育活动或现象的一种理性认识、理想追求及其所形成的观念体系。它是一所学校的灵魂所在，需要在传承历史中超越，在反思实践中构建，在验证理想中生成，在借鉴经验中创新。

龙港区南苑小学历史悠久、底蕴深厚，每一细节都凝结着历任领导的聪明才智和辛勤汗水。面对这样一所企业与地方文化不断融合的学校，每一个站在南苑历史链接点上的人，都会从传承的视角去梳理学校现实发展的意义，从历史积淀的教育细节中明晰办学行为的现实价值和未来走向。为此，我们广开言路，多方论证，在继承中发展，在发展中创新，重新梳理并确立了学校的理念文化。

学校与“树”渊源深厚。南苑小学校园内有 23 棵郁郁葱葱、生机盎然的白杨树，它们栉风沐雨，与共和国同龄，寓意为“今天的白杨，明日的栋梁”。正所谓“南苑有佳树，挺立如长矛。鹊鸟频频落，叶叶皆团结，枝枝争上游”。在对历史文化的挖掘与传承中，我们以其独特的自然和人文内涵，大力发扬“力争上游”的南苑精神，努力打造“白杨根文化”——“养树养根，根深叶茂”，“育人育心，德正心美”。

由“树”的内涵隐喻对人进行培根教育的价值取向。“十年树木，百年树人”，树木与树人如出一辙。基于人的不断生成性，当代教育强调“以人为本”，实质是对教育本质的回归，就如树之根本、木之天性。因此，我们从人之天性出发，把“德”作为培根教育的基本价值取向，试图为人的生命成长奠定根基和根本。培根教育是对学校原有“树文化”的继承和发展，符合人持续成长的价值取向，以此作为南苑小学最核心的办学哲学。

最后形成了以“树文化”为核心的“德”为魂的办学理念整体框架，这里的“德”是光大道德、弘扬义理之义。“德”包括忠、孝、仁、义、勇、温、良、恭、俭、让等。德育的根本是美其心，关键是正其念，重点是善其行。念正则心美，心美则行善。学校是学生思想成长之所，我们以长远的眼光，给予学生各种方式的培根教育，在学生的心灵中播下良知的种子，让他们沐浴着信仰的阳光，开出美德的花朵，结出行善的果实。

1. 学校的核心理念：弘德明信。

我们认为，在物欲横流的今天，品德修养是人立身之根本。人若无德无信，便无仁爱以及其他。“德”“信”从做人的角度诠释了为人、为学和成事之道。所以，我们把“弘德明信”作为学校的核心理念，这一理念是对学校精神及学校育人目标的精准提炼，有利于营造和谐校园，实现学校的可持续发展。

2. 学校的办学理念：以人为本，人人发展。

李希贵校长认为，学校的力量，首先来自教师。当学校把教师放在第一位的时候，教师也会把学生放在第一位，因为只有“用幸福才能塑造幸福，用美好才能塑造美好”。所以，教育管理者必须摆正心态，把教师放在第一位，致力于培养教师的职业幸福感，促使教师拥有“学生第一”的教育情怀，进而促进学生主体的发展。

对此，我深有感触。经过集思广益，最终我们把学校原来的办学理念“以人为本，为了每一个孩子的发展”修改为“以人为本，人人发展”。“以人为本，人人发展”是以科学发展观为统领，以《中华人民共和国义务教育法》为依据提出来的。以人为本的根本要义就是尊重人、关心人、发展人、成就人，后两者是以人为本的最高境界。“学校教育，学生为本”“教育大计，教师为本”是“以人为本”办学理念的具体体现，也是我校“以人为本”办学理念的两块基石，前者回答的是办学的目的和服务中心对象，后者则是办学所依据的力量和条件，两者相互依存，不可偏废。

"生本"与"师本"观念是办学的根本，师生共同发展，学校才能发展。以学生为本，即培养学生全体发展、全面发展、个体发展、过程发展。以教师为本，即教师的健康第一、教师的发展第一、教师的幸福第一，要让教师在团队里体会到归属感、使命感、成功感、快乐感、发展感和幸福感……

3. 学校的共同愿景：弘德明信，和谐幸福。

学校愿景描绘的是学校的未来发展蓝图，是全校师生的共同愿望。在实践中，全校师生逐步达成了共识，确立了学校的共同愿景是"弘德明信，和谐幸福"。

弘德是光大道德、弘扬义理之义。"德"包括忠、孝、仁、义、勇、温、良、恭、俭、让等。德育的根本是美其心，关键是正其念，重点是善其行。念正则心美，心美则善行。学校是学生思想、行为成长之所，我们应以长远的眼光给予学生恰当的教育。在学生的心灵上播下良知的种子，使之沐浴着信仰的阳光，开出美德的花朵，结出善行的果实。

明信是贤明笃信之义。信是自然规律，是做人的基本原则，是立德之基。在诚信体系不健全的今天，明信有其重大意义。对师生进行明信教育是学校发展的基础，旨在要求全校师生牢固树立诚信意识，时刻恪守以信为本的价值取向。

和谐是中华民族的文化精髓。学校以"和"为首，倡导"以人为本"的理念，让制度管理与人文管理相得益彰，使教师、学生、家长和谐进取，共建和谐关系、和谐氛围、和谐校园。

幸福包括三部分：尊重、合作、和谐。其中和谐是关键。和谐的环境、和谐的人际关系、和谐的身心、和谐的教育方式、和谐的发展途径都是师生享受教育、享受学习、获取幸福的源泉。

4. 学校的办学定位：基于儿童立场，建设面向全体性、提供选择性、催生创造力、形成立体化的新优质学校。

办学定位即明确办什么样的学校。基于儿童立场，即教育要顺应学生的生命成长规律，立足于学生最基本的核心素养，表达学校的育人目标和课程价值，使学生如自然万物一般整体地内生、自生、互生、共生；面向全体性，即基于每一个，关注每一个，发展每一个，成就每一个，通过培根教育让每一个学生遇见最好的自己；提供选择性，即通过培根教育，让学生找到打开自己生命的不同样式；催生创造力，即让学生的生命如竹之出生，不待召唤，自动生长；形成立体化，即上下同心同欲，形成多维联动、文化创生的教育合力。

新优质学校区别于传统的优质学校，是在时代发展新常态对教育提出的新要求的背景下的优质学校，包括从着眼知识与能力到着眼学生核心素养的培养，从重视量到重视质的转变，从重视控制到重视服务的转变等方面。

5. 学校的办学使命：给人生最坚实的起步，给孩子最美好的童年。

小学作为基础教育的最底端，不应成为竞技考试的起跑线，而应基于学生成长的需要，为学生适应未来社会、持续发展涵养好习惯，奠定好基础，让他们在健康快乐中遇到更好的自己，练就未来腾飞的翅膀。

6. 学校的育人目标：德才兼备，儒雅睿智。

德才兼备，意味着有德又有才，品德和才能都好。“德才兼备”出自《元史·臧梦解传》：“乃举梦解才德兼备；宜擢清要；以展所蕴。”又有元代无名氏创作的戏剧《娶小乔》第一折：“江东有一故友，乃鲁子敬，此人才德兼备。”南苑学子的“德”体现在个人品德、传统美德和社会公德三个层面：

“儒雅”，谓风度温文尔雅，指博学的儒士或文人雅士，也指学问渊博，风雅，典雅，优雅等。语出《〈书〉序》：“汉室龙兴，开设学校，旁求儒雅，以阐大猷。”儒雅，《现代汉语词典》解释为两义：一是学问精深，二是气度温文尔雅。其实，这两解也是互为因果关系的，只有学识精湛，才能真正做到气度温文尔雅；而气度温文尔雅，则是学识精湛的外在表现。“睿智”意思为聪慧，明智，聪明，多用于形容一个人极富智慧。南苑学子的“儒雅睿智”更多的体现在书香雅趣之上。

7. 学校的校训：知行合一，明德致远。

知行合一，源于明朝思想家王阳明的心学理论，意指认识事物的道理与在现实中运用此道理是密不可分的，把“知”和“行”、理论和实践有机统一起来。“知行合一”也是“手脑并用、注重实践”“学思结合、注重体验”等现代教育理念的最佳体现。

明德致远中的“明德”，取自于《礼记·大学》中“大学之道，在明明德，在亲民，在止于至善”。取其“讲求道德，注重礼仪”之意；学校秉承中华优秀传统，高举“立德树人”大旗，构建以“立德树人”为根本的学校德育价值观。“致远”，出自诸葛亮《戒子书》中的“非淡泊无以明志，非宁静无以致远。”寓意南苑小学重视师生思想道德建设，彰显出良好的道德修养；人生底色犹如铺路架桥，积德行善，意为培根教育的宗旨是让师生回归本真，彰显人性之德；也寓意南苑师生凝神致志，通达致远，彰显矢志不渝、勇于开拓、自强不息的精神风貌。

这样的办学理念折射出学校的传统精神虽然是无形的，却对师生起着激扬生命、潜移默化的教育作用，也在理论层面奠定了特色学校品牌铸就的理念基础。

二、形成主题鲜明的厅廊文化

厅廊文化作为学校文化的缩影，魅力也不可小觑。它是校园文化建设的一个方面，对师生起到潜移默化的教育作用。

厅廊文化设计最忌浮华堆砌，没有顶层设计，缺乏整体构建。因此，我们在设计时以学校文化为统领，倡导融合和联系的思维，将学校的理念文化与学校的办学特色有机融合，形成有机的统一体。

为了打造学校“读好书，写好字，做好人”的“新三好”特色，我们营造了和谐温馨的育人环境，在“弘德明信，和谐幸福”的共同愿景指引下，我们在继承中创新，在创新中发展，设置了层级主题厅廊文化。

1. 楼层之间核心文化。

在学校核心文化的设置上，我们重点从立德、立言、立行三个方面分别提出了做人、做事、做学问的具体要求，并分别做了具体的阐释——做人要有四个好习惯，做事要有四种好心态，做学问要有四种好精神。

立德，是做人之本，就是努力提高道德修养，养成良好的言行习惯。为什么要立言、立行？高尚的德行，始于童蒙时期，浸于言行之中，成于点滴积累。学生要从小事做起，不弃小诚，不废小礼，真正做到“言必信，行必果”，一言一行至真至诚；言有规，行有范，一举一动文明有礼。教师的言行会潜移默化地影响学生，所以教师要注重自身修养，立师德，树师品，用良好的言行举止带动学生修身立品。

做人，讲求“海纳百川，有容乃大；壁立千仞，无欲则刚”，具体要形成四个好习惯：相信自己，悦纳他人；尊重他人，谦虚礼让；与人友善，善待他人；严于律己，宽以待人。做事，讲求“天行健，君子以自强不息；地势坤，君子以厚德载物”，具体要形成四种好心态：以责任心对待工作；以热爱心对待集体；以淡泊心对待名利；以平常心对待得失。做学问，讲求“不积跬步，无以至千里；不积小流，无以成江海”，具体要具备四种好精神：用心专一、用情专一、领域专一、始终如一。

2. 走廊层级主题文化。

培养“优品、博学、启智、创新的自主发展型学生”是学校的育人使命。立足长远，着眼于细微之处，各楼层依据学生的年龄特点和大教育观进行系统设计，楼楼有韵，廊廊有景，构建了以引人入胜的故事为载体的主题厅廊文化。其中，“德育大讲堂”凸显“做好人”的办学特色，讲求“处事凭心德方重，与人为善品自高”，围绕儒家学说“仁、义、礼、智、信、温、良、恭、俭、让”进行设计，通过古今中外的经典美德故事，潜移默化地培养学生良好的品行；“艺术直通车”凸显“写好字”的办学特色，讲求“翰墨飘香沁校园，怡情养性益终身”，通过一些书法、绘画名家的故事，引领学生走近名人大家，开阔人文视野；“读书彩虹桥”凸显“读好书”的办学特色，讲求“开卷方晓千秋事，乐读必能万事明”，通过名人读书故事、文学名著导读等引领学生走进经典，浸染书香，为提高学生的文学修养打下了坚实的基础。

教学楼外文化墙的主题分别是“中华美德”和“读书故事”，与学校特色相吻合。每个班级都设置了特色文化长廊，每学期定期更换学生的读书心得和书法作品，层级鲜明，内容丰富。高品位的厅廊文化营造了浓郁的人文氛围，绽放出生机与活力，催人向上。

在走廊文化的设置上，我们也没有忽略细节文化，而是让它时刻体现在走廊的留白处、教室、办公室、各个专业教室，甚至是体育馆、厕所……尤其是在一楼，我们增设了“失物招领处”，方便学生随时领取丢失的物品；增设了“爱心服务站”，为学生准备了学习和生活的小物件，如雨伞、铅笔、格尺、橡皮等，随取随用，随用随还，简单便利又温馨；即便是厕所，我们也备好了卫生纸和女性用品，以备大家不时之需……我们力求让校园的每个角落都充满文化气息，让和谐的文化因素时时刻刻都影响人的精神状态和团队风貌。

几年来，我们在管理上不疾不徐、务实创新，用不断提升的凝聚力和感召力充盈校园文化之魂，在自强不息、圆融并进的学校精神支撑下，向高品质的现代化学校迈进。我们深深地知道，以文化人，需要内化于心、外化于形的坚守与坚持，而这种坚守与坚持更多的不是立竿见影的改变，而是悄然无痕的润泽与熏陶。我们力求借助厅廊文化营造的文化氛围，让高品位的文化熏陶与团队成员形成灵魂的碰撞、思想的交锋，让大家在耳濡目染中积淀更为深厚的文化底蕴，并以此来润泽自身的行为，让我们的思想和行动达到完美的统一。我们慢慢地发现，高度的文化自觉和文化自信，就在春风化雨的点化与成全中提升。

文化的力量是无形的，走进校园，你会在教师和学生的一言一行中寻到它的身影……

走动式管理促和谐

在校园里，校长随时出现的身影，产生的效果不可小视。这不仅仅是你随时可以被看见、被亲近，还是一种积极主动的工作作风。让师生能随时看到你，并感到你很容易接近，是非常重要的领导素质。

在多年的学校管理实践中，我深刻体会到走动式管理的益处。尤其是新到一所学校，这样的走动，更利于观察真相，更利于发现问题，更利于调整管理策略。校长如果整天坐在办公室，光听别人汇报，势必会陷入“一叶障目”的境地。

当初我“一个月只看不说”，给南苑人留下了深刻的印象。副校长提醒我：“校长，你打算什么时候说啊？你总也不说，大家都很紧张，不知道你在想什么。”其实说与不说，不在时间的长短，而在时机的把握。刚到一所学校，校长就说个不停，我觉得那是无的放矢地对别人的要求，这样的“乱说一气”不但不会鼓舞士气，还会降低自己的威望，更易失去民心。

初上任时尽管“只看不说”，教师们也期待看到校长的身影。“校长，你昨天只走到二楼就停下了。怎么没到我们班呢？害我等了一个中午呢！”“明天，明天你会到我们办公室吗？”可见，走动中的“不说”，其实也是一种无形的约束力和领导力，大家都会在无形的影响力下自觉矫正行为，各司其职，各行其是。因为短时间内教师不知道新校长“葫芦里卖的什么药”，都会收敛自己的行为。

但是，随着时间的推移，一些教师的问题就会逐渐显现出来。这个时候校长再一针见血、有针对性地剖析问题并提出改进意见，才更容易赢得人心。遇到问题就管是大忌，“只看不说”是缓兵之计，“看完慢说”是延迟的智慧。

通过多年的走动式管理，我发现这一管理方式益处多多。

一、走动式管理，利于情感沟通

不可否认，校长的走动会让教师感觉到“我在你在”“我做你看”。尽管工作不都是故意做给领导看的，但内心深处还是期待自己的工作能够被发现、被认可、被欣赏。这无可厚非。校长深入一线走动，一个欣赏的眼神、一个会心的微笑、一句真诚的鼓励，这看似不经意的走走、看看、问问，无形中会将自己的工作理念和价值观传递给教师，同时拉近与教师的距离，使教师从点点滴滴、细枝末节中感受到领导的关心与重视，自然倍受鼓舞，信心倍增。

二、走动式管理，利于现场解决问题

走动式管理是一种现场管理。校长能立即处理现场所发生的基层管理者和教师所不能解决的各种问题，以确保工作质量。如发现食堂电路隐患、走廊消防设施不完备、流动书吧图书长时间未更换等问题，就会责成相关人员及时处理，减少了层层汇报的烦琐程序，一事一议，一事一毕。

同时，在走动中，还能及时总结教师教育教学中的经验，及时发现教师工作中的不足和存在的问题，从而做到推广经验及时、纠正问题彻底，提高决策的科学性和正确性。

平安夜前夕，部分学生总会给班主任或任课教师送上平安果。因为这只是学生们对教师的一份真挚祝福，所以学校便没有过多阻止。在走动巡视时，我们发现了一位教师特别温馨的处理方式。为了保护没有送上平安祝福的学生的自尊心，这位教师号召学生在午餐结束后，把所有的苹果洗好，切成小块，然后分给每一个学生品尝。这样的举动着实温暖，学校发现后及时宣传了这位教师的经验，之后，分享平安果成了学校的一道风景。

三、走动式管理，利于工作指导

走动中的随时指导有助于个人的成长并对团队的成功产生作用。手把手的现场指导可以及时纠正教师的错误，增强教师解决问题的信心，是提高教师素质的重要方式之一。

一日巡视时，我发现一年级的G老师正在大发雷霆，因为学生太不懂事，纪律混乱，毫无规则意识。她坦承苦恼，向我求助解决的办法。我与她分享了著名领导力专家、世界顶级企业领导与变革领域的权威代言人约翰·科特的名言："取得成功的方法是75% ~ 80%靠领导，其余

20% ~ 25% 靠管理，而不能反过来。”告诉她，作为班主任要提高自己的领导力，要“先理关系再教学”，尤其是在师生关系处理方面，要明确目标与具体实施的方法途径。如对于一年级学生的纪律意识，教师一定要持续不断地跟踪训练，树立某方面“不可置疑”的榜样，再配以各种奖励措施不断激励强化（动作爱抚、语言表扬、物质奖励等）。

当然，校长走动过程中的现场指导要想取得好的效果，还要注意技巧。无论如何，指导都是一个互动的过程。当你在指导教师时，你需要积极倾听、提出问题、交流观点、讨论切实可行的解决方案。你提出自己的反馈意见，同时也接收教师的反馈意见，在平等互动的探讨中完善解决问题的方案，从而起到事半功倍的效果。

四、走动式管理，利于正面反馈，实施积极管理

校长在走动的时候，也是给予赞美的绝佳时机。比如，在走廊发现随手关灯、捡起废纸的学生，立刻表扬他，并询问其姓名和班级，走动时再及时反馈给其班主任；看到班主任不在，班级秩序井然，每个学生都在认真学习，在黑板上画上鲜红的大拇指；看到年轻班主任工作特别有创意，如利用微信设置亲子共读平台、开展阅读银行等，及时表扬推广。

在这里，推荐一个细节管理方法——随身携带便纸贴，养成随时记录的习惯。

“一年级拉开了推门听课的序幕，常态课上亮点频现。最让人感动的是，佟老师面对‘慢学生’时认认真真地倾听和不厌其烦地引导。不歧视、不放弃任何一个独立的个体——理念决定行动。由此我想到了台湾的李玉贵老师，她说她在大陆上课很紧张，因为只要发言的学生说得比较慢，说得磕磕绊绊、支支吾吾、断断续续，马上就有十几个‘尖子生’争着举手。这时候，如果教师没有专业自主性而又喜欢热闹的场面，他就真的会去点其他举手的学生，还会对原来发言的学生说一句：下次想好了再说！学习李玉贵老师，也为我们的佟老师点赞！”这张小纸条产生了积极的影响，首先体现了我对课堂细节的关注，其次传递了台湾李玉贵老师的教育理念，

也再次表达了我对佟老师的欣赏与鼓励。

要想让走动管理产生更广泛的积极影响，校长的巡视工作必须是随机性、多样性和突发性的。因为积极的巡视会让教师更自律，更有紧迫感，从而进一步规范自己的行为。

走动式管理提高了工作效率，为我们积累了很多宝贵的经验。“为什么离开办公室，到处走呢？”答案很简单，“为什么不呢？”

赠书的幸福

对于书，我始终情有独钟。在工作中，我常常以书为媒，与教师沟通情感，交流思想。不论在哪所学校，我都会在自己的办公室设立“校长书屋”或在学校走廊设立“流动书吧”，一方面根据自己家里的存书制作一个书目，另一方面根据教师的需要不断补充书目，书籍主要用于出借和赠送。

一、赠送的是幸福

刚调到南苑小学时，我发现习惯阅读的教师不多。一番调查了解之后，我发现主要原因是教师没有合适的书可读。为此，在第一次“幸福书吧”青年教师读书会上，我为大家绘声绘色地讲述了自己的读书故事，并号召大家享受幸福人生，从读写开始：“作为独特个体的人，读书是‘为己之学’，一个人能走多远，看他是否与书同行；一个人有多优秀，看他得到了多少优秀书籍的指点。‘腹有诗书气自华。’书是我们的精神食粮，书是我们的良师益友，与它同行，我们的心灵会更丰盈；与它相伴，我们的人生会更丰富。‘读吧’，读吧。但愿‘幸福书吧’会开启你人生的那扇光明之门。期待着，有一天从中走出的你，更阳光，更幸福……”

不久以后，我在博客上读到了杜爽老师写的读后感：

当我从自己的师傅手中接过这本书的时候，首先看到的是陈校长写给我的赠言：年轻真好！“用最初的心，做永远的事。”愿你能始终保持一份“初心”，创造属于自己的精彩！我深深地知道陈校长的书是在给我指引一条光明的道路，她让我读这本书，一定有她的用意。带着陈校长的期望，我认真阅读了这本书，收获不少。

《新教师应该知道的50个问题》从职业定位、课堂教学、班级管理、师生关系、人际交往和专业成长六个方面精心梳理出新教师应该知道的50个问题，并进行了鞭辟入里的剖析，提出了具体而有针对性的应对策略，可谓新教师入职后不可多得的工具书和实践“宝典”。教育的力量在于教师的成长。对于刚走上工作岗位的新教师来说，实践经验是他们在师范学校里学不到的，是他们想了解却又缺乏了解途径的内容。

此后，学校定期向教师赠书，并向教师推荐优秀书目。此外，我还和一部分爱读书的教师建立了读书微信群和博客，定期交流读书心得。同时，为了鼓励更多的教师加入到读书的行列中来，学校建立了奖励机制：定期上交有一定质量的读书笔记者，全额报销个人买书费用；读书笔记在区、市刊物上发表，学校每年免费为其订购一套教育刊物；对于特别优秀的书评，学校将推荐到省级以上刊物发表，并给予100元到200元的图书奖励。这些措施，大大促进了教师读书的积极性。

二、赠送的是希望

浩是留守儿童，一直和爷爷奶奶一起生活。因家庭困难，虽然爱读书，却总是买不起书。在学校走廊建立“流动书吧”后，他自身便成了一道靓丽的风景。

每天课间、中午休息、晚上放学之后，他都会成为这里的小读者。

有一次体活课，教师课前清点人数时发现少了一个人，与班主任核实。班主任孟老师知道后，赶紧到班级寻找。结果在四楼的书吧前发现浩正在聚精会神地看书，便提醒他赶紧去上体育课。他却从四楼躲到了三楼，从三楼转到二楼，最后在一楼被体育老师“赶”到了操场！

在党员“帮教结对子”活动中，我和孟老师与浩成了朋友。记得在学校“我爱读古诗”诗词大赛上，他大方地走上舞台，不凡的谈吐一下子吸引了台下的评委，最后获得了“古诗小达人”的称号。

经过一段时间的了解，我对浩有了新的认识，也了解了他的家庭状况：母亲在临近城市开幼儿园，父亲长期在外打工。奶奶患有严重的风湿病，父亲一边支付奶奶的医药费，一边供他读书。特殊的家庭环境培养了他的自理能力，也让他变得格外懂事。在学校和班级的各项活动中，他俨然一个“小大人”般，表现十分突出。

三、赠送的是智慧

在多年的学校管理中，我与很多家长也有着良好的沟通。一些家长有关于家庭教育的困惑时也经常用微信和我交流。

有一天，一位家长来到我的办公室，哭诉对孩子教育的无奈。原来，她的孩子对学习没有兴趣，写作业磨磨蹭蹭的，总是敷衍了事；尤其讨厌语文，因为要写的字太多。对其他特长的学习也是三分钟热度，纯粹是出于娱乐，最喜欢的是围棋，因为没有作业，所以没有负担。

经过交谈，我了解到这位妈妈一直负责孩子的学习，因上进心过强，有时对孩子比较严厉，导致孩子对她充满了恐惧。在和她谈话的一个多小时里，她多次流泪，痛心自己失败的家庭教育。我反复劝导她，并就如何与孩子沟通谈了自己的一些建议，她慢慢平复了自己的情绪。我把谈家庭教育的书《好妈妈胜过好老师》《奶蜜盐：家庭教育第一定律》送给她，跟她说：“为了孩子，我们一起阅读吧。”看得出，她很高兴，对自己孩子的学习似乎有了信心。

“赠人玫瑰，手留余香。”我知道，赠书不是目的，引领和点燃才是我更大的幸福。如果因为这一小小的举动，能够让教室、校园乃至家庭、社会到处充满书香的味道，那将是多大的福祉啊！

制度之美，美在何处

“没有规矩，不成方圆。”规则建设作为一种文化，是学校意志与教师民意的高度融合。校长的管理就是一种经营，校长要有经营之道。科学而人本化的规则是校长管理学校的根本，是高效经营的保证。这样的经营来自于民主与科学下的和谐，这样的高效来自于刚性与柔性并举后的执行。

规则明确，职责才能分明。规则的建设必须和办学理念相结合，以办学理念为指导。也就是说，它是服从于学校精神文化建设的。规则建设不是短视、短时效应，也不是少数人的头脑“速成品”，它需要领导者理性思考，需要几代人努力实践、总结、修订的一种规则文化。

只有坚持依法办学，规范管理，把规则建设管理做实、做细、做精，才能有突出的管理效益。

翔宇教育集团卢志文总校长在《文化，在制度管不着的地方起作用》一文中说：“好的制度往往是简约的，好的管理常常是简单的。最高境界的管理，却不见管理。制度是团队坚韧的构架，但离开文化的润泽，却极易成为一口越补越漏的锅。”

谈学校管理，总是绕不开制度的屏障。但是，在我们平时所谓的制度管理中，常常重“管”少“理”。一旦“管不住”，就采取“堵”和“补”，结果就一个字——“漏”。曾听说一所学校在请假制度方面一直延续这样的规定：教师事假每天扣 8 元，病假每天扣 6 元。上下班是纸笔签到。换了领导后，新任领导由于受“管”的思想的影响，改为事假每天扣 30 元，病假每天扣 20 元，并实行了早晚按指纹的签到方法。结果教师们非常反感，甚至有些抵触。最终不仅没有遏制请假现象，相反导致有些教师和领导的对立，一些教师甚至以消极怠工来抗议。

可见，制度不在“管”“堵”和“补”，而在“疏”和“容”。艺术地说，要让制度管理借助文化的润泽焕发迷人的光彩。

一、制度之美，美在人性和谐

任何制度的制定都要在充分信任和尊重教师的前提下进行，要多从人性的正常需求出发，给管理者留有弹性的空间。不求“无缝”，但求在自律和他律之间寻求平衡点——刚性界定，弹性执行。

比如，每年教师的子女都有参加中考和高考的，那么在请销假制度制定的时候，我们不妨“人性化”一些，设立不惩罚的假期，让教师安心陪孩子度过“困难时期”。相信这样一来，教师一定会受到学校潜在文化的熏陶，在以后的行为上更多一些“自律”。

同时，在制度规定的细节上也不妨动些脑筋——少否定，多正面鼓励。比如，“不说不该说的话，不做不该做的事”可改为“说该说的话，做该做的事，并且尽量做得更好”。前者的说法多是刚性的命令，后者则多体现了信任和尊重，并寄予了美好的期待。有时，制度叙述方式上的改变会让管理多一份柔软的魅力，让规则多一些心灵的启发和润泽。

二、制度之美，美在高效执行

制度，只有得到教师的认可，执行起来才有效。正所谓“水止而不流，渐成死水；制度立而不用，遂为废纸”。在制度制定的时候，要让教师参与其中，并让他们逐步认识到制度不是约束人的工具，而是保障大家能够生活在自由和谐的环境中，彼此相处得更融洽。

另外，制度之剑在执行的过程中还要尽量做到“悬而不舞”。如果发现个别教师有不执行的苗头，要果断实施干预，不可姑息迁就，不让事态扩大化，不给一些人可乘之机。但干预时，轻易不让“宝剑出鞘”。

管理的科学性在于让人高效地做事，管理的艺术性在于让人愉快地做事。制度作为文化的载体，它应该在发挥应有的功效的同时，提升学校的发展力，提升教师的幸福感。

三、制度之美，美在文化浸润

任何看似完善的制度，也总有管不到的地方。这样的地方，往往需要文化的“软着陆”。卢校长在文章中讲述了一个事例：学校保安按照学校规定把一辆三轮车拦在校门外，但车上坐着的却是一位由母亲陪同的腿部打着石膏的孩子。在卢校长的提醒下，保安抓住了为学校增加美誉度的机会，整整三个月都由他把孩子从校门口背到教室。事后，家长把感谢信一直贴到大街上。“制度，把三轮车拦在校门外；文化，把孩子送到温暖的教室。”读到这句话的时候，内心涌起的岂止是认同，更多的是折服和感佩。

制度，作为管理的一种策略，不可过细过死。只有“回到原点”进行理性的思考，具备了制定与执行的相容性，制度才能更趋于完美。

创生空间资源

前不久，我跟随区域领导进行了全区中小学关于校园艺术化的拉练检查评估。整整一天，收获颇多。惊讶的是，每所学校都大动干戈，大力投资，使原有的“容颜”更加光鲜夺目；赞叹的是，大自然的巧夺天工在精心的“运筹帷幄”下，创生的智慧迭出不穷。不禁感叹：没有想不到，只有做不到，只要我们肯动脑，一切都有解决的办法。

自 2017 年起，区政府和区教育局在财力极其有限的条件下，坚持拿出资金用于校园的美化、绿化、亮化和净化，大大改善了育人环境。这样的投入，促进了各校办学特色的形成，强化了校园文化建设，塑造了全新的教育形象，也为学校提供了一个校际间相互学习的平台。

A 学校是一所新兴的现代化九年一贯制农村实验校。这是我第一次来到这里。宽敞的校舍、宏伟的建筑、芬芳四溢的厅廊文化，让人耳目一新。

尤其是走廊文化建设，古朴典雅又不失风韵。一件件闪动着学生智慧的手工作品，充满生机和活力的鱼缸摆放，一楼里十二生肖的温馨提示……每一个角落都充满了独具匠心的艺术创造性。经过询问，这里的点点滴滴都是校长和师生的创意。除了感叹，就只有佩服了。

B 学校是一所年轻的实验学校。在校长的运筹帷幄下，学校的每个角落都是一道亮丽的风景线。“科技之光”“漫步书海”等角落文化的设计，既能满足学生的切实需要，又体现了管理者高瞻远瞩的艺术品位。

一所所学校的流连，使我深切地感受到老学校有老学校的底蕴，新学校有新学校的活力。一天的检查评估和学习虽然累，却很充实。于我这样的年轻校长而言，这既是一次从宏观到微观的评估检查，又是一次不可多得的学习和交流机会。

平面的视角折射的往往都是欣喜和折服，一旦转换思维，静下心来思考，我就清醒地发现，和这些“标准化”“规范化”的现代学校相比，我们差之甚远，有些地方也许我们永远都无法企及。尽管我们也新建了教学楼，但学生活动场所、各室建设和各种配置都有待提高，如没有足够的师资配备、没有较大的阅览室、没有专用的会议室、没有专用的美术室和音乐室、没有足够的微机室、没有专用的党员活动室和接待室……如果用“双高普九”和教育强县（区）检查的标准来衡量，在硬件建设上我们真的只有汗颜的份儿了。可仔细一想，当这些资源欠缺的时候，我们的一切工作不也都照常运行吗？没有足够的师资配备，教师就身兼数职；没有专用的会议室，我们就用多功能教室来代替；额外开发出的多媒体录播室，又是校园电视台的录制室；图书馆空间有限，我们便在走廊开阔地设置了“流动书吧”……总之，在“专用教室”严重缺乏的情况下，我们把现有的资源都“公用”了。可这不正是现有条件下资源共享的有益尝试吗？

如果有足够的资金、充实的资源，那是可喜可贺；如果没有足够的投入，我们可以另辟蹊径，创生资源。可能也就因为这样的“共享资源”开发，我们学校在这次的评估检查中名列前茅。

由此，不禁想到前不久看到的一篇文章：

在华盛顿州半岛学区的GigHarbor高级中学，整个学校大楼的中间就是一个很大的学生餐厅，我们走进学校的时候，正是学生用餐的时间，校长MikeWest告诉我们，因为学生多，餐厅小，全校的学生要分三批进餐，只要合理安排上课时间，这个问题的解决并不困难。果然，不到二十分钟，一千九百名学生便就餐完毕，然后，同学们把带轮子的餐桌推到旁边，餐厅立刻变成了两个球场。在美国，我们参观了好多中小学，没有见到哪一所学校有专门的餐厅，在他们看来，搞那么一个很大的建筑，只是在午餐的时候用上十几分钟时间，这种浪费太不可思议了。

……

走进学校图书馆，阅览室的一角早已摆放得像一个报告厅，演讲台、听众席、书记席一应俱全，那是为了向我们中国教育代表团介绍情况专门安排的。当我们参观完校园又回到图书馆的时候，组建起的“报告厅”没有了，满是精神食粮的阅览室里又搞起了招待代表团的午餐会。让你既感受不到铺张，又不会认为小气。

打开学校的网站，首页上有一个学校教职员表，一个有趣的现象引起了我们的兴趣：在全校15类90多名教职员中，每一类差不多都用小数来表示人员的数量，其中有0.6个教务长、4.5个咨询员、53.6个教师、0.4个护士等。原来，学校的教职员有好多都是一人两用甚至几用，有的既是优秀的化学教师，又兼作护士；有的既是咨询员，又是技师。再有一些岗位没办法从学校的固定职员中聘任时，学校就从社会上招聘一些有教师资格的专业人员。精打细算的校长们往往不会因人设事，他们的原则是因事设岗，需要多少就聘用多少，于是就出现了一些如上所述的零碎的岗位人数。有多少工作量，才有多少薪酬，所以，一位教师是不会长期待在工作量不满的岗位上无动于衷的。相互兼职、跨校兼课，也就变得十分自然了。

从这些信息里我们可看出，学校的资源建设是围绕着"服务学生"的，而不是为了迎接检查；创造适合学生的教育，创生适合学生发展的资源，而不是让学生去适应学校已经拥有的一切。学校对资源的珍惜利用，对资源的重组共享，由此也可见一斑。

我们在资源利用方面是不是应该多向国外学习呢？细细一想，我们在资源的利用方面是不是"剑走偏锋"了呢？

在图书资料使用方面，许多中小学购置了大量图书，却对教师、学生开放的条件和时间有严格限制，使得藏书只是摆设，没有达到增加学生阅读量的目的。

在体育馆、实验室、微机室使用方面，不少中小学特别是一些重点中学不但建有专业化的实验室、微机室，而且有较大的体育馆，可是这些学校为了追求升学率，安排的实验、微机操作很少，有的甚至没有，体育课也是难得到体育馆上，学生基本上还是在室外活动。

根据世界银行的一个调查，我国部分高等学校实验室的使用率仅有60%；另据国家教委的统计数字，我国高等学校的仪器设备竟有20%处于闲置状态。这样盲目建设大规模公共设施，引进先进设备，而忽视其实际使用价值的行为，无疑是教育资源浪费的又一表现。其原因是极其复杂的，既有由于条块分割造成校际间封闭的原因，阻碍了资源共享，也有设备采购制度和管理制度上缺乏科学规范的原因，造成了巨大的教育资源浪费。

在学校内部存在着许多不被人注意的教育资源浪费，如废弃的仓库、闲置的会议室。在检查评估中，我曾看到一所学校有专用的党员活动室和贵宾接待室，除了叹服其现代化的设施外，疑惑不断缠绕着我：这两个豪华的活动室利用率有多少？党员活动一年能开展几次？学校每年要接待多少贵宾？如果暗地里问问学生"语音室和实验室一学期你们去过几次"，答案肯定会让我们瞠目。细细推算，这样的资源浪费在我们身边真是屡见不鲜。

办教育，应该把钱花在"刀刃"上。学校管理者应该充分认识到，挖潜与节支也是一种开源与增收。提高教育效益，不仅要致力于提高教育质量，而且要致力于提高教育资源使用的有效性。这样的资源巧利用，不也是一种无形的文化影响力吗？

向“猴王”学习，做好成本管理

假期曾在“空中课堂”听了一节二年级的语文课《从现在开始》，令我沉思至今的不是教师和学生的精彩表现，而是故事中蕴含的深刻的人文思想。

森林中竞选“万兽之王”，猫头鹰大王命令大家夜里做事白天休息，袋鼠大王则命令大家都要跳着走路，他们都以自我为中心，不懂得尊重别人的生活习惯和生活方式，最后招致“民怨沸腾”。而猴子大王则要求大家可以按照自己习惯的方式过日子，受到了大家的热烈拥护。

的确，现代社会的人们在享受着高度文明的同时，也受到了自然和人为因素的限制，所以人们总在争取自身的解放，追求自由的空间。相互尊重是现代人和谐相处的重要条件。由此我联想到了学校管理，作为管理者我们常常会陷入“猫头鹰”和“袋鼠”的领导误区：从个人的主观愿望出发，采用“一刀切”的高压政策，忽视对教师的理解和关注——名目繁多的检查评比、繁重的教学任务、超负荷的竞争压力使教师们不堪重负。正因如此，广大教师很少有闲暇的时间考虑自身的需要和发展，一心只顾低头拉车，很少抬头看路。长此以往，这种理性管理无疑会扼杀教师的个性和创造力，阻碍教育的发展。

曾听说某县一所学校为了迎接省里的继续教育检查，学校领导竟然让全体教师全文抄写教育部长在教育工作会议上的讲话。几本厚厚的学习笔记，让人惊叹，但更多的是深思和哀痛！这样的业务学习含金量又有多少呢？！随着信息时代的到来，我们学习的渠道越来越广泛，管理者没必要因循旧例统一限制。业务学习除了抄写学习内容外，可不可以复印教育杂志上的经典文章？可不可以从网上直接下载学习材料装订成册？同样，教案的书写形式也可以因人因课而异，或电子，或简写，或批书……总之，没必要把所有的时间都浪费在机械的抄写上。一线教师太需要自我解放的时间和空间了！

比如，在备课方式上我们进行了大胆的尝试，没有过多地硬性规定，可以根据个人实际情况任意选择备课方式：一是集体备课。重点采取集中研讨和分散实施的形式来进行。集中研讨就是备课组组长在集体备课时间里召集本组教师分配备课内容，整体把握整册书或单元的重点，提出备课的具体要求和应该注意的问题，讨论备课的提纲，反馈教学信息；然后组织教师讨论、修改、审定备课提纲。分散实施即任课教师根据审定后的备课提纲进行创造性的备课，设计教案，组织上课和检测等。这样的集体备课统一了备课的重难点和教学方法，又可有个人的个性化备课，从根本上减轻了教师的备课负担，以便教师腾出更多的时间钻研教材、研究教法。二是电子备课。基于网络资源的众多优点，我们提倡“资源化 + 个性化”的备课策略，要求教师在资源优化的基础上，丰富积累，体现自己的独立思考，既达到资源共享，又能从中提炼自己的教学思想。三是手写教案加个性批书的方式。这种比较适合刚参加工作的新教师。

比如，在业务学习方式上，我们采用动态学习制：不设底线，不立上限。一方面，从教师整体发展出发，全校共同学习先进的教育教学理念和富有创新意义的实践做法，提倡教师“要点摘记”式记录；另一方面，鼓励教师自主按需学习，“三言两语”撰写心得体会，随学随记，随想随写，没有字数要求，没有检查评比，只以日常教育教学工作中持续的学习效果来间接检验。

无论是备课制度的改革还是学习方式的改进，其目的都是为了减轻教师的工作压力，节约时间和空间成本，让“真备课”和“真学习”深入人心。因为我们深深地知道：时间和空间是实施素质教育的保障。“闲暇是一个人自由发展的空间。没有闲暇，就没有自由发展；没有自由发展，就没有对世界深刻、独到的感悟、体认、理解与把握。”“理性的顿悟，灵性的生发，需要闲适；心灵的舒展，视界的敞亮，也需要闲适；创意，往往在闲适轻松时翩然而至。”（肖川语）教师良好的生存环境和人格个性是学生全面发展的一缕阳光。

基础教育改革的核心理念是关注学生的发展，关注学生的需要，培养学生健康的体魄、健全的心理。试想：“带着镣铐跳舞”的教师又怎么能够培养出富有灵性和创造力的学生？

教育也是讲求成本的。作为管理者，我们应该摒弃“官本位”的思想，凡事多从教师的需要和发展出发。少些限制，多些宽松；少些独断，多些尊重；少些冷漠，多些关怀；少些急功近利，多些高瞻远瞩，让人文关怀的情愫遍洒校园，真正实现学校与教师个体的协调发展。

很多时候，我们真应该学学“猴王”。

让周行事安排创意“变脸”

对于学校的每周行事安排，大家一定都不陌生吧。其中的内容无外乎一周中每一天的重点工作安排和具体的负责部门。这样的常规安排枯燥单调，多数教师习以为常，很少关注，因为每周的工作安排是领导的事情，大家只要照着做就可以。为此，我陷入了深深的思考之中：惯常的表格形式的周行事安排是每天的日常工作，刚性有余，温情不足。可不可以让它成为信息沟通的桥梁呢？

在看完美国托德·威特克尔等著的《如何调动和激励教师》一书中《周五聚焦》——一份很有效的内部留言的内容后，我的思路大开。《周五聚焦》是一份有效的内部留言，提出了非常好的激励方法，可以用来宣传学校的一切好消息，可以激发员工的士气，可以扩大学校的影响力……

尽管两国的国情和体制迥异，但在一些管理细节上依然有借鉴的意义。后来经过领导班子成员的集思广益，又征求了一些教师的意见后，我们对周行事安排进行了改版，不仅重新拟定了名字“相约星期一”，还设置了以下栏目：《南苑箴言》——教育名言，或师生自己的格言；《精彩瞬间》——及时传递校内外的好消息；《温馨提示》——从关注细节入手，对师生的言行进行善意而温情的提醒；《人物采风》——对本周优秀的人与事进行概要的聚焦报道。（当然，有些内容可以适当调整）

其中大家最为关注的是《精彩瞬间》《温馨提示》和《人物采风》，现摘录几则与大家分享。

《精彩瞬间》栏目：

1. 上联：学校社区齐办学

下联：关注教育显和谐

横批：真绝

——致学校开学典礼和未成年人思想道德启动仪式

2. 通勤车里笑声多，上班、下班乐呵呵。可喜可贺！

3. 心手相牵，真情无限！用爱心点亮人生，用情感温暖人间！

——学校与四川绵竹秀水镇第一中心小学“手拉手”捐赠仪式有感

4. 浩瀚苍穹飞纸鸢，笑语童声尽开颜。放逐烦忧与梦幻，鸿鹄志系碧云天。

——学校“放飞理想，快乐成长”风筝节有感

5. 达标课开始了，您免费学习、提高的机会来了，有时间听听课，很不错。

6. 刚开学，工作忙，按时间，保质量。闲暇时，身心放，做做操，体健康。

7. 春寒料峭校门前，鲜花贺卡送手间。领导教师真情在，山连水来水连山。

8. 新学期里新感动，化作力量可移山。上下同心创佳绩，共谱南苑新诗篇。

——“三八”感怀

《温馨提示》栏目：

1. 劳累了一天，真希望早点回家，但不能忘记了“签退”，提前就更不好了。一天都过来了，咱不差这一会儿，您说是不？

2. 学生值周不容易，扣分一定要有根据。——理解万岁！（致班主任）

3. 暖气走了有点凉，有电取暖也正常。线路开关常检查，安全用电记心上！

4. 一杯美酒敬亲人，一束鲜花寄哀思。提倡“文明祭扫，平安清明”。

《人物采风》栏目：

1. 我校桓艳菊老师巧解学生送平安果，中午分餐后，与全班同学共同分享平安果。小小平安果，一世师生情，可敬可赞！

2. 崔红静老师爱心无限，多年来一直默默无闻地帮带智障学生。好教师就在身边，我们要向她学习：关爱每一个，不放弃每一个！

3. 刘清原同学双耳失聪，但他身残志坚，在学校古诗考级活动中荣获“古诗小才子”称号，并在周一升旗仪式上荣当升旗手，虽然有其他学生配音协助，但他的精神感染了大家。雷鸣般的掌声就是对他最好的鼓励！

这些栏目的设置，或提醒，或分享，或鼓励，在无形中矫正着、激励着大家的行为，逐渐形成了学校的一股清流，让大家心暖情浓，感动不已。

在实施过程中，我们又不断进行了补充和完善：“相约星期一”在内容上除了有下一周学校的日程安排之外，还加上了校长的引言或评论，有时是校长对上周出现的良好现象的表扬，有时是关于某次活动的激励性总结，有时是推荐一种好的教学方法，有时是校长的幽默故事。为了扩大影响圈，除了给每位教师传达之外，还可以与家长、本学区的其他校长、教育局长、合作伙伴等分享。在形式上独具匠心，如使用彩色纸、确保它准时发放到教师手中、在办公室外随时记录发生在身边的事、开办《人物特写》栏目、增加《本周精彩留言》栏目……

至此，关注周行事的教师越来越多。走廊里、办公室内，经常听到大家品读后的啧啧赞赏之声……

毋庸讳言，“相约星期一”是一份很有效的内部留言，它将成为校长管理和领导学校的重要资源。作为管理者，如果能定期写一份信息丰富、催人上进，同时传播教育理念的校内留言，那么每个周一的早上，教师就会充满期待。这样的期待有着刚性的命令无法比拟的美妙。

这一做法，我曾在所任职的两所学校推行。若干年后，当我把这一做法形成文字在《教师博览》上发表之后，引起了江西省宜春市宜阳学校范亮发老师的极大关注：

周末在家，看《教师博览（原创版）》2013年第10期中辽宁省葫芦岛市名校长陈兴杰写的《不忘初心　方得始终》一文，觉得很有学习的必要。2002年我在山东工作时，向李庆平校长学习写校长寄语——每周一篇博客千字文，至今已坚持十年有余。最近一直在考虑文风转型，陈校长给了我很好的启迪。

我们宜阳学校领导班子每周五下午都开行政例会，会议内容包括四项：一周听课反馈、学习展示、本周总结、下周工作安排。全体教师在周一早上7∶30开会，会议内容包括四项：会前暖场，青年教师才艺表演；书记组织学习，大家简要学习上级文件，讲述宜阳故事——身边的感动；上周值周总结；本周工作布置。

宜阳的“每周两会”，信息量都比较大。一般前者时间较长，往往需要一个下午的时间；后者时间较短，8∶15必须结束，然后举行升旗仪式。学习了陈校长的做法后，我结合宜阳学校实际加以改造，试写了《相约宜阳第五周星期一》：

一、宜阳箴言

我喜欢著名作家路遥的话：“只有初恋般的热情和宗教般的意志，人才有可能成就某种事业。”

陈校长在学校管理方面主张无痕管理，推崇“德行”教育，不求立竿见影改变人，只求潜移默化影响人。其核心办学理念是“弘德明信”，推崇“德在人先，利居人后”，旨在帮学生建立起“人而无信，不知其可也”的诚信体系。

二、精彩瞬间、身边感动、第四周回顾

1. 好消息：我校姚滢老师于 9 月 26 日在赣州参加全省中小学英语教师口语风采比赛获一等奖。

2. 本周行政干部随堂观课之最：万校长 8 节，晏校长 5 节。

3. 星期一下午“宜阳大讲堂”时间，法制副校长彭艳给五、六年级学生做普法教育讲座。

……

三、第五周短播、活动预告、温馨提示

1. 30 日下午第三节课 16：15 开始“宜阳大讲堂”，易小芳和熊艳两位老师主讲“班主任育人故事和情景案例”。

2. 温馨提示：教师请事假应循程序，遵守学校考勤制度，不该先斩后奏。另外，教师开会时不应低头看手机，要勤做会议笔记。

3. 上下学接送，学生家长在校门口黄格线内停车的不文明现象时有发生，今后要多发动“小手拉大手”活动，教育引导家长。

……

这样的交流和分享让我们彼此汲取了各自思想的精华，经过不断的反思，指导个人的管理实践，同时我也从交流中看到了彼此之间互相影响的力量。范亮发老师的溢美之词我愧不敢当，但是我从中感受到了无痕教育的影响力之大，这让我更坚信立竿见影从不是真教育，只有潜移默化的“慢教育”才是教育的本来面目。

职称评聘中的平衡艺术

2013年，我被调到南苑小学当校长，这所学校较原来学校规模要大一些，生源要好一些。领导的信任以及我内在的激情，再次点燃了我“大干一场”的热情：按照公平、公正、公开的原则，继续实施无痕管理，凡事尽量做到有理有据，让教师心服口服。

2013年6月，职称聘任开始了。上级部门只传达了文件的相关精神，具体的聘任方案要由各个学校自行制订。原则只有一个：缓步慢行，以稳定教师队伍为主。

各个学校自行制订，看似考虑了各个学校的实际情况，但如果在大的方向上全区不能保持一致，那么教师很容易将矛头指向某一所学校，最后可能会一发不可收拾。加之，我刚到这所学校不久，对教师们的情况不是十分清楚，更不能贸然行动。于是我和领导班子商议后，决定按照三步来进行：广议——先了解一线教师的心声，听听他们的想法；集思——各个学校之间互相商议，形成大致的方案；审定——征求广大教师意见，弥补不足，确立最终的方案。

一、广议

学校接到教育局的文件，学校在这一年有两个聘任高级教师的名额，但学校已评上高级职称的教师共有38位，这就意味着必须有36位教师被淘汰，享受不到高级教师的待遇。毕竟“僧多粥少”，大家的情况又各不相同，所以他们的意见很难达成一致。

在广议的过程中，我只做倾听者，不妄加评价，更不轻易下结论。

其中一位教师的话点中了要害：“咱们学校在编不在岗的人员怎么算？他们根本没在学校工作，不能挤占我们的名额！”此话一出，大家七嘴八舌，对这些人的意见非常大。我示意书记记录下这个问题，这是全区的共性问题，这样的人员包括两类：一是系统内借调的，二是系统外借调的。这个不是学校能够解决的，需要报请教育局和人事局协调。

大家或心平气和，或难抑激动，发表着各自的意见。一时间，我仿佛嗅到弥漫在空气中的火药味，但我依然面带微笑，耐心地听取每一个人的意见。

“1993年我就评上高级职称了，20年了还没兑现呢，眼看就要退休了，能不能考虑一下我们这样的老教师呢？”

“就是啊，如果按照证书来核分，这么多年了，我们都老了，早不在班主任岗位上了，可我们也曾付出过啊！”年龄大的教师大多是这个意见。

“那我们这些年一直当班主任的是不是也应该照顾照顾啊，学校缺少班主任，总说我们重要，到关键时刻不能把我们丢下吧！”

总之，公说公有理，婆说婆有理，谁也不愿意放弃这个难得的机会。

没想到，一波未平一波又起。

第二天清早，X老师哭丧着脸找到我，缠着要我“还她公平”。原来，前一年（我还没来这所学校）她本来获得了年度考核优秀的指标，校长却劝说她把这个名额主动让给了一位老教师，并承诺今年一定留一个名额给她。可现在聘任职称要加分，她这个分数怎么算？

这个哭天抹泪的还没送走，另一个又进来了，语气有点儿冲：“校长，如果按照证书来核分，我不同意啊！”我给她倒了一杯水，示意她坐下，慢慢说。“因为咱们学校的证书水分太大了！有些人的证书根本不是从学校渠道层层获得的！”

还没“按下葫芦就又起了瓢”，第三个也推门进来了。“校长，咱们学校原来的年度考核不合理，根本不是依据工作能力评出来的，而是靠面子要来的！”

我一愣：“怎么回事？”

“年度考核咱们学校一直不评选，只把名额分配到各个年组，然后各个年组之间互相平衡。其实，也不是平衡，就是谁先张口就给谁！可有些人总是'好意思',害得'不好意思'的人一次都没得到过'优秀'!"

怎么和原来那所薄弱学校的评选机制一模一样!没有公平、公正、公开的评选机制,只靠人情的"选"和"要"获得的荣誉,怎能禁得住推敲呢?平时不涉及个人利益,大家谁也没把它的弊端扩大化。一旦涉及自身利益,所有的问题就都浮出了水面。看来必须进行改革了。

前期的广泛热议,大家提出的问题超出了我的想象。如果学校贸然制订聘任方案,肯定无法在教职工代表大会上通过。

为了稳妥起见,我私下里走访了一些教师,和他们推心置腹地交谈,我发现尽管大家态度不一,但言语间都流露出自己平日工作的兢兢业业、任劳任怨。他们的话在我脑海里盘旋:是啊,方案的制订一定是为了让学校走上良性的管理轨道,能够更好地激励教师的积极性。

在充分集思广益的基础上,我和副校级领导们认真梳理大家的共性意见,重点总结出以下三个方面:一是关于在编不在岗人员如何处理;二是是以获得高级教师资格年限为准还是完全按照证书核分进行;三是如果遇到并列的情况怎么办。

二、集思

我们区域比较小,校际之间教师都有各自的同学和上下届的校友。如果区域内各个学校各自为政,没有统一的原则,很容易使大家心里不平衡。当然,特殊情况除外。

在全区校长会议上,我们邀请了区教育局和人事局的领导参加,各自阐述了自己学校的实际情况,最后在共性的问题上达成了共识:一是对于在编不在岗人员的界定,系统内借调按所在编制学校为准,系统外借调不予考虑;二是在资历和业绩之间寻求一种平衡,以获得高级教师资格的年限优先,如果遇到相同情况,班主任优先,再遇相同情况,以业绩考核证书为准,再遇相同情况,以民主评议为准,这样就基本兼顾了每位教师的切身利益。

三、审定

我们把全区初步形成的方案再次提交教职工代表大会，让大家再次评议、审定。经过大家反复斟酌协商，最后只有两人没有通过此方案，方案如约执行。

教师职称评聘的事情终于尘埃落定了，学校又恢复了往日的和谐静美……

通过这次聘任，我对“人本管理”的内涵有了更加深刻的认识。所谓以人为本、人性化管理，其一是满足人性的共同需求——人人生而有获得利益及人格受到尊重的权利；其二，凡事要缓步慢行，在充分调查研究的基础上要善于抓住主要矛盾，抓大放小，针对典型问题加以突破；其三，学校必须尽快形成一套完整的评优选先的良性机制，确保日常考评工作的公平、公正，让大家心服口服，同时充分调动广大教师的工作积极性，激活团队内在的活力。

有理有据应对新一轮职称评聘风波

2013 年制订的聘任方案顺利地使用了三年，已经得到了大家的认可。可没想到，2016 年，省里出台了新的职称评选方案，方案中重点要求教师的职称评聘要结合。十余年来，我们市一直实行评聘分开，导致千余人没有兑现高级岗位工资。为此，各个县（区）的教师纷纷向上级部门反映要求兑现他们的高级岗位工资。经过多番协调沟通，上级回复要把前期积压的问题分三年解决。

为此，这次的教师评聘分为一类人员和二类人员，一类人员是新参加评聘的教师，二类人员是原先积压的具有高级资格的教师。这样一来，原先的评聘方案就无法适用了。上级要求还是由各个学校自行制订方案解决，我依然采取先前三步走的策略开始实施，本以为方案顺利通过之后，评选过程就高枕无忧了。可新的问题又出现了。

2016 年，我们一类人员评聘只有 1 个名额，报名参加申报的有 7 个人。在申报过程中，有人偷偷向评审小组反映，有人的任职经历有问题，主要是担任班主任的年限不实；还有人反映，有人的学历证书不够参评年限。其实反映的目标主要集中在 A 一个人身上，而且 A 即将退休。

我怕在评聘过程中出现问题，所以也对 A 的任职经历进行了多方求证。有人说自从学校由厂矿划归地方后，A 根本没有当过班主任；也有人说，因为时间久远，校长都换了三任了，真记不清楚了；还有人说 A 的学历证书不满 12 年，不够参评资格。因为没有看到 A 的学历证书，我一时间也无法确认。因为评审过程中又会涉及前几任的人事分工，加之学校 2000 年由企业划归地方，在这之前所有教师的人事档案已不复存在，无法查证了，这无形当中就形成了管理上的一个漏洞。

为此，在制订评选规则的时候，我和评审小组强调任职经历证明必须要有三人以上签字，如果前任校长没有退休，必须有前任校长的签字；如果前任校长已经退休，必须有现任教师三人以上的签字。对于以往的证书也是如此。

评选工作如期进行，在快要结束的时候，评审组长找到我，向我反映 A 的任职证明材料还没有送到。正当我要宣布结果的时候，A 气喘吁吁地跑进了会议室。“拿到了！拿到了！我拿到了！”

我一看，真有三个人的签字！这时和 A 有冠亚之争的 B 也赶忙来看这份证明，当时就沉不住气了：“校长，这不可能！ 1999 年之后，A 连单科语文、数学任课教师都没当过，怎么会当班主任呢？”

A 也不甘示弱：“怎么没当过？证明不在这里吗？校长不是说有三个人的签字就能证明吗？”皮球一下子被踢过来了，我一时之间也有点儿发懵。

事情陷入僵局。但是我坚信：真的假不了，假的真不了。我灵机一动：对，别光看签字，找签字的人当面核实。

先找第一个签字人 D 来核实。于是，我让考核小组组长先联系 D 来学校证实，可电话始终没人接。已经晚上 7 点多了，也许在家里忙呢，没听见电话响吧。

等待中……

过了 10 分钟，再联系，还是没有人接。又过了 10 分钟，我也拿起电话拨打，依然没人接。

有人建议等明天再核实。我一口否决："今天就是等到天亮，也必须把这件事情核实了，免得夜长梦多。"

联系第二个签字人 E 时还算顺利，没多久，E 来到会议室。

"E 老师，我看你给 A 签字了，你能证明 A 当了 5 年班主任吗？"

"我们俩是一起毕业的，A 是当过班主任。"

"1999 年之后当了吗？"

"1999 年之后？我……记不清了。但 A 确实当过班主任。"听我这么一问，E 有些糊涂了，也有些不知所措。

"我主要是问你，A 1999 年之后是不是当过班主任？"我再次重复重点。

"这个……我真记不清楚了！"E 有些冒汗了。

"你记不清了，那你为什么要给 A 的证明材料上签字啊？"面对我的质问，E 一脸无辜："我没有啊，A 当时和我说要给她是否当过班主任的证明上签字，她是当过班主任，所以我就签了……"

"那你没看 A 材料上写的是什么时间吗？"

E 一脸尴尬："没……没细看。因为当时 A 特别着急，说学校等着要呢！"

E 带着歉意回去了。这个证明人被否定了！

继续找人作证。

我们又开始联系第三个证明人 F，电话也没打通。此时，A 有些慌乱了，我看她的手开始发抖。但 A 还是不想放弃希望："校长，我再联系别人，肯定有人证明我当过班主任的！"

联系……等待……再联系……再等待……

这时，第一次联系的 D 终于回电话了！结果，D 的签字也是在匆忙之间签的，没有细看！哎，我们的老师啊！

其实，核查到这个时候，事实已经很明显了。A 在 1999 年之后的班主任任职经历无人能真正证实，当我再次追问她时，她依然不甘心，非说还有人可以证明。我只好允许她继续找人证明。因为她太在意这个名额了，我怕我直接否认这个事实，她一时之间难以接受，怕她想不开，这个风险评估不得不预先考虑周到。

我暗示 B 不要太心急，让 A 继续找，我们耐心地等待。

因为固定思维的局限，大家一直在 A 的任职经历上打转。忽然，B 又想到了 A 的学历问题。对，看看 A 的学历证书啊！乍一看，没问题，本科学历已经满 12 年了！可 B 说不可能，学校“双高普九”的时候，A 的学历还没下来，照此推算，她的本科学历年限应该不够啊，怎么这次就合格了呢？

当 B 提出质疑的时候，A 异常坚决地说：“我的学历肯定没问题，你们看这年头不够 12 年了吗？不信，你们问咱们学校的 L，我和他一起念的本科，他和我的证书是一样的！这个证书肯定是真的！”

好！又有个证明人！于是，我们把 L 叫来了。

“校长，我是有这个证书，但是这不是真正的本科证书，这只是我们当时学习的一个阶段性证明。这个是学业证书！”L 很干脆，一下子切中要害！

学业证书？我们仔细一看，可不是吗？大家都没见过这样的证书！于是，我们在网上进行了搜索，学业证书只是学业证明（证明你读过大学），学业证书包括学历证书和非学历证书。非学历证书是指实施非学历教育的学校或其他教育机构不能按照国家教育教学标准组织学制系统内分阶段的教育活动，不能发放学历证书，但可以根据其办学宗旨和具体实施教育情况，给毕业生发放记载受教育者学习程度和时间的写实性的学习证书。

于是，我们给上级人事部门的一位领导打电话（免提，以使大家都能听到谈话内容）求证此事，大家都了解了学业证书并不是学历证书。这时 A 才无话可说。

如果学历证书不满 12 年，那么她连参评资格都不具备，只能被无情地淘汰了！

就这样，风波平息了。时间太晚了，我派人把 A 送到了家里。我一颗起起伏伏的心也才真正落地了！

教育管理在本质上是对人的管理，自然离不开人的价值选择和道德选择，这种管理呈现着鲜明的伦理特性，充满着人文情感和价值关怀。尤其是在应对管理实践中的各种冲突时更要学会有理有据，真正地在“人的意义世界”中平息风波，提高效率，带来真正的管理创新。

课程资源巧利用

在课程开发上，我们特别注重资源的挖掘。我们一直为教师树立这样的理念：一事一物皆教育，时时处处有课程。这和中国教育科学研究院基础教育研究中心主任陈如平①打造的“新样态学校”中的课程理念一脉相承。

在仔细研读了杨四耕教授写的关于课程品质的文章后，我们对“新三好”培根课程重新进行了梳理。究竟我们的课程“新”在哪里？朱永新曾说，当一些理念渐被遗忘，复又提起的时候，它就是新的；当一些理念只被人说，今被人做的时候，它就是新的；当一些理念由模糊走向清晰、由贫乏走向丰富的时候，它就是新的；当一些理念由旧时的背景运用到现在的背景中去继承、去发扬、去创新的时候，它就更是新的……

为了凸显我们的课程之“新”，多年来，我们在课程资源的开发上，立足学校的文化和办学特色，努力拓展课程资源，让课程资源无处不在，无时不在。

①陈如平，现任中国教育科学研究院基础教育研究中心主任，研究员，院学术委员，访问学者导师。

一、四季资源

孩子活力四射，童年生活色彩斑斓。在长达6年的小学教育中，我们利用各种资源为孩子的童年涂上人生底色，练就他们腾飞的翅膀。

2015年以来，学校挖掘家乡资源，以季节时令为课程元素，以“全课程理念”为核心，打造了“春鸢·夏贝·秋叶·冬雪”四季课程。

“春鸢”资源最初是借助学校的古诗诵读课程，从背《早春》《村居》开始，拉开了挖掘春天资源的序幕，陆续通过放风筝比赛、了解风筝的故事、制作风筝、为风筝代言等活动，进一步挖掘风筝与理想的关系，让“春鸢”资源逐步多元化。

“夏贝”资源是我们城市的独特资源，生活在海边的孩子对此情有独钟。夏天，和父母去海边拾贝，一枚枚形状各异的贝壳激发了孩子们探究的兴趣。画贝壳、装饰贝壳、创作贝壳画、读著名作家席慕容的文章《贝壳》、通过贝壳了解当地的海洋文化，通过一系列资源的挖掘，孩子们从平平常常的贝壳身上，获得了启发，读懂了复杂的人生。

“秋叶”资源随处可见。每到秋季，树叶资源丰富多彩，随处可见。校园内的白杨树叶、龙爪槐叶、柳树叶、银杏叶，乃至生活中的各种树叶，都让孩子们爱不释手。从古诗词积累开始，到捡树叶、画树叶、制作树叶画，到了解丰富的树木资源、了解树叶的各种作用，进而了解各种树木的特点，激发了孩子们珍惜树木资源，爱护自然，保护生态环境的环保意识。

“冬雪”资源是孩子们的天堂。北方的雪最是寻常，扫雪、玩雪、赏雪成了家常便饭。每次大雪降临都让孩子们异常兴奋，三五成群地在操场上玩耍，打雪仗、堆雪人、在洁白的雪地上打个滚……还有的孩子触景生情，吟诵起关于“雪”的诗句：“已讶衾枕冷，复见窗户明。夜深知雪重，时闻折竹声。”洁白的雪，可爱的雪，不仅让大家在劳动中得到了锻炼，也为学校的课程资源开发提供了宝贵财富。

二、生活资源

如果巧妙利用生活中的各种资源，都可以使其成为学校课程建设的“教材”。如各种植物及植物种子、布料、折纸、七巧板、纸牌、鸡蛋壳（护蛋行动）、牙签、木棍、废旧的易拉罐和电池等。

在生活资源的利用上，我们引导孩子进行小课题研究。一是从课本中寻找与生活相联系的资源，如调查小学生早餐与人体健康的关系、身边的水资源情况、空气质量检测、牛奶与身高的关系等。二是从身边挖掘资源，如食品安全调查、五里河治理与别墅调查、交通安全、膨化食品调查、小学生家庭作业调查、PM2.5 调查、了解校树白杨树的历史渊源等。三是针对本地的文化及特色挖掘资源，如了解锌厂历史、葫芦岛特产调查、汽车与国民经济调查、海洋文化调查、海啸调查、葫芦岛名胜古迹调查等。四是让学生亲自动手，身心真正动起来，如种多肉植物、制作植物标本、保护银杏过冬、测量树的高度、小制作类、科技小发明等。

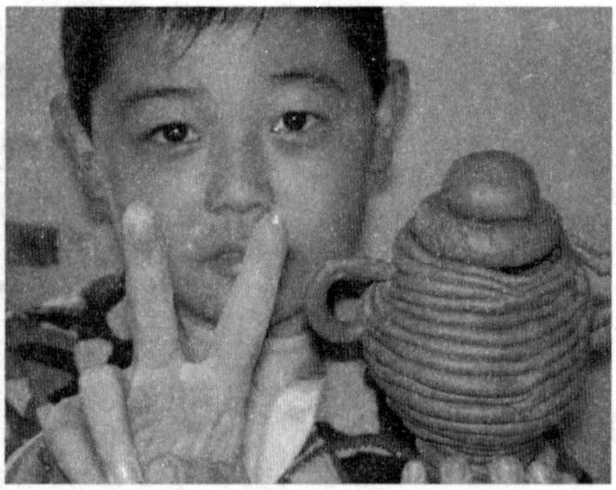

三、合力资源

在合力资源的开发上，我们本着“和谐共赢”的原则，努力挖掘家长义工、派出所、福利院、消防队、法院、看守所、银行、社区等各种社会资源，开设形式多样的合力课程。如平山水源的爱心捐助活动，家校联合爱心大卖场活动，素质教育基地实践活动，与锌小社区联合开展“好书伴我成长”“捐书、赠书、献爱心”社区图书室援建活动，“九一八”“五老”人员爱国主义报告会，“五星”争章活动，“道德讲堂进校园”活动，走访福利院，参与法院庭审，派出所的法制讲座，消防队的疏散演练等。这些课程的开发基于生活、基于情境、基于体验，让孩子们在活动中受到潜移默化的教育，学做“好人”，让校园成为学生的精神家园。

尤其是从2007年坚持至今的与社区联合开展的“争五星”假期活动，更是别具特色。“争五星”活动以社会主义核心价值体系教育为主线，将“忠心献给祖国、爱心献给社会、关心献给他人、孝心献给父母、信心留给自己”的“五心”传统美德教育融入其中，采取孩子们喜闻乐见的形式，如举行棋类比赛、绿色环保小队进社区、为孤寡老人贴春联、进行家务劳动、观看红色影片、演唱红色歌曲等。活动从社区延伸到每一个家庭，孩子在家里认真学习、完成作业、孝敬父母、尊敬长辈，节约每一粒米、每一度电、每一滴水、每一张纸等，更在学校蔓延，孩子们懂得了尊敬老师、团结同学、刻苦学习，并在活动中发挥特长，尽展才艺。

在课程建设与实施上，我们一直在落实“三不”政策。

（1）不改学制，改学程。我们无权更改学制，但是可以改变学生学习的进程。按照学科或实践活动的特点划分“新三好”课程，每周两节长时段课；每两周一次学科实践课程；每月一天超学科课程；每学期一个主题周；每学期一个项目月。

（2）不改总量，改课时。把40分钟一课时变成35分钟或30分钟一课时，从而实现整体上的全盘考虑。

（3）不做加法，做整合。拓展性课程不能只做加法，实现整合之后，课程的作用得到了积极的发挥。

最近又读到了杨四耕教授关于课程3.0层次说的文章。杨教授指出，面对中小学普遍存在的碎片化、大杂烩的学校课程，基于提升中小学课程品质的诉求，学校课程变革应有三个层次：一是1.0层次。这个层次的课程变革，以课程门类的增减为标志，学校会开发一门一门的校本课程，并不断增减，这是“点状”水平的课程变革。二是2.0层次。在这个层次，学校会围绕某一特定的办学特色或项目特色，开发相应的特色课程群。在一定意义上，这个层次的课程变革是围绕办学特色的“线性”课程进行设计的。三是3.0层次。在此层次，学校课程发展呈“巢状”，以多维联动、有逻辑的课程体系为标志，将课程、教学、评价、管理以及师生发展融为一体，这是文化创生层次的课程变革。3.0层次的学校课程具有五个基本特征：一是倾听感，聚焦原点，关注学生的学习需求；二是见识感，以丰富学生的学习经历而不以知识拓展或加深为取向；三是逻辑感，严密的而非大杂烩或拼盘的；四是统整感，更多地以嵌入的方式实施，而非简单地做加减法；五是质地感，课程建设触及课堂教学变革，教学有效性的提升倚赖课程的丰富与精致。

迈向3.0层次的学校课程变革是有逻辑的学校课程发展的要求，是“立德树人”的深切呼唤，这将成为我们今后课程资源开发与建设的新方向。

“悦读”引领幸福成长

美国心理学家大卫·埃尔凯特说过：“无论一个人的生活环境如何，当好父母，最基本的是要给孩子两样东西：根和翅膀。”这一观点，用在学校教育上也同样适用。所谓“根”，就是培养儿童良好的习惯，引导他们做一个品正行雅的好人，并活得健康快乐；而给儿童“翅膀”，就是给他们搭建各种成长的平台，给予最大的自由和机会，让他们充分发挥自己的智慧和潜能，遇到更好的自己，成为所能做到的最出色的人。

每天课间或中午休息时间，是孩子们最轻松、最惬意的幸福时光，因为他们可以在走廊书吧或阅览室或班级教室里尽情阅读，看自己喜欢的书籍。

“学校教学楼设立了三层‘流动书吧’，里面有许多我喜欢的书籍，尤其是各种绘本，让我们随时随地都能读到自己喜欢的书籍。”提起走廊里的“流动书吧”，孩子们总是难掩喜悦，一脸自豪。

近年来，学校把开展师生读书活动作为提升学校办学品位和师生文化素养的重要途径，将读书活动纳入校本课程，以共建“传承经典、浸染书香”为目标，从鼓励读书、鼓励学习入手，引导广大师生徜徉书海、开阔视野，用持续读写引领幸福成长。

一、整合资源，让师生有场所读

人，是教育创新的关键因素。只有在每个人的精神世界里筑起巢穴，才能安放好教育的灵魂。从 2013 年开始，学校努力打造“读好书、写好字、做好人”的办学特色，把读书富脑修身作为每个人成长的力量源泉，坚信只有从每个人内心深处生发的阅读需求，才会点燃和唤醒“悦读”的热情。为此，我们主张静读书、慢读书，并以丰富多彩的校园“生命对话”活动为实践平台，努力打造书香校园，让家长和广大师生在亲近书籍和广泛阅读中促进精神成长。

1. 走廊“流动书吧”——流动的风景线。

由于学校空间有限，在综合考虑各种安全因素的基础上，我们针对学校空间资源多次进行风险评估。最后在二、三、四层走廊正厅开阔处，设置了形状各异的小书柜，放置着精心挑选的各类图书，形成了一个个开放式的阅读图书角，供师生闲暇时间阅读。

把图书室打开，让一本本书流动起来。课间，孩子们静静地徜徉于知识的海洋，构成了校园里一道道流动的风景。每天看到孩子们随时随地读书的身影，我们无比喜悦。有人担心书吧里的书会变少，但那又有什么关系呢？我们认为，“流动书吧”里的书，无论变多还是变少，都是幸运而又幸福的事情。我们不奢望孩子们 6 年里能有立竿见影的收获，但若干年后如果他们依然能保有阅读的兴趣，就是人生中最宝贵的财富。

在这里，无需借阅证，不填阅读单，随看随放，随心阅读。书架上的书签是为了方便孩子们流动阅读而放的，也是由他们自己设计的。

在平时的走动管理中，我最喜欢在旁边悄悄观察孩子们阅读的状态，他们或站，或坐，或趴，或躺；或忍俊不禁，或凝眉深思……这种沉浸的状态，总会深深地感染我。

那日中午，看到一个一年级的小男孩趴在座椅上惬意阅读，本想去提醒纠正，却怕惊扰了他的这份投入，转念一想，只要不伤眼睛就无伤大雅，于是，便在欣欣然中任由他“无拘无束”了。

其实，这么多年来，孩子们千奇百怪的读书状态我都见到过，可最触动我的，让我有流泪的感觉的还是学校那两个特殊的孩子——桦和琪。桦患有唐氏综合征，琪是因遗传导致的智力低下。但没想到，她们不知从什么时候开始，也开始光顾“书吧”了，那读书的姿态，着实令人动容。

直到那时，我才更加深刻地领会到了潜移默化的无痕力量之大！我也更加坚信：她们是来自外星球的天使，在书海中徜徉，也让她们的世界有了天堂！

其实，在读书这件事上，我们一直主张“静”读书，“慢”读书。“静”追求的是轻松和自如，“慢”讲求的是享受和幸福。还记得林志颖的儿子在法国参加读书活动时被提前劝退的事情吗？“因为你的孩子是为了读书而读书，只想争第一，而不理解内容，没有感觉到读书的乐趣。读书不是比赛，没有功利性，他这样疯狂地读书，要是得了第一，会给其他孩子做出不好的榜样。所以我们提前发给你礼物，他退出了，别的孩子就没有了忧虑感，才会用心去感受阅读的快乐。”这是市立图书馆工作人员给出的不可置疑的理由。

仔细思考，这些话着实震撼心灵。是啊，读书是“为己之学”，个体的感受至关重要。一个人只有身心两忘、沉浸其中，才会真正享受到读书的乐趣。作为教育人，我们切不可急功近利，拔苗助长。

为保证读书活动的长期开展，学校图书管理员随时根据“流动书吧”图书的破损情况，每月及时补新替旧，让南苑小学的莘莘学子在长效阅读中启智、润行、端己、慧心，真正成为有自信、懂尊重、会合作、能健体的书香阳光好少年。

2. 班级红领巾读书角——温馨的手拉手。

我校 24 个教学班，班班都有亮丽的风景。在“手拉手”红领巾图书角，橱柜的摆放别具一格，书籍数目各不相同，布置十分别致。教师和孩子们齐动手，通过查阅资料、个性设计、亲手制作，设计出一个个凝聚了师生智慧的漂亮图书角。“书香阁”“书香满屋”等一批富有个性的图书角名称，诠释了孩子们无穷的智慧。课间、阅读课时，孩子们在班级“图书专管员”的指导下，各借所需，尽情徜徉在书籍的海洋里。在彼此的交流和知识的碰撞中，以己之长补他人之短，以他人之长补己之短，在读书中收获自信，快乐成长。

3. 学校开放的阅览室——庞大的书海库。

我校（图书室）阅览室占地 100 多平方米，现有藏书四万余册，种类繁多，采用电脑管理，是一个现代化的图书馆。课余时间，不仅是教师，渴望读书的孩子们，都能从这里找到自己心仪的书籍。手不释书，乐此不疲。

二、共荐书目，让师生有好书读

在读书行动的坚守上，我们更坚信“行动”的力量，以执着的信念求持久。阅读重要，比阅读更重要的是读什么、怎么读。为此，我们根据不同教师（新教师、骨干教师、班主任）、不同年龄的学生和家长的需求，采用自荐和他荐的方式建立了精品书目资源库；成立校长书屋和“幸福书吧”读书会，定期开展读书论坛、读书沙龙等联谊活动；启动“走进经典　浸染书香”大阅读行动，不断提升学校软实力，改建图书室、阅览室；与所在社区联合开展图书室援建活动，策划读书漂流和亲子共读活动，精心编写经典诵读教材，进行古诗考级和越级竞赛……

后来，我们发现在孩子们自选的图书中绘本比较多，于是学校通过开源节流，为孩子们购买了大量经典绘本。为了让绘本真正走进每个孩子的心灵，我们还邀请绘本阅读专家为师生和家长做了绘本阅读方法的培训讲座，同时，我们还借助绘本阅读微视频对家长进行专业指导，并把网络上的很多绘本故事作为校外资源推荐给教师和家长。

近年来，学校先后投入 10 余万元，更新增配图书 10 万余册，并通过社会公益捐赠、师生捐献、与社区开展图书室援建资源共享等多种渠道，为师生的读书活动创造条件。目前，学校人均图书达到 36 册。

三、融入课程，让师生持续“悦读”

有了舒适便捷的读书场所和丰富优质的读书资源还不够，关键还得有充足的读书时间。为确保学生的读书时间，学校统筹安排，每周开设一节阅读课，让阅读进课表、进课堂。我们以晨诵、午读、暮省为主要形式，以阅读课为辅助形式，将阅读与教学紧密结合，设立阅读导读课、主题阅读课、绘本阅读课。

如今我们已经开发了一系列的阅读课程，主要有古诗考级、绘本阅读、阅读银行、经典诵读、朗诵、演讲、讲故事、课本剧表演、辩论赛等。

古诗考级课程是我们坚持多年的核心阅读课程。针对学生实际，我们开发了 3 本古诗考级校本教材。其中初级版共收集小学阶段必背古诗 80 首（8 级），供一至四年级学生使用；升级版共收录初中古诗词 60 首（14 级），供五至六年级学生使用；越级版共收录初中古文 15 篇（15 级），供四至六年级学有余力的学生使用。

在学校的有效引领之下，截止到目前，很多学生又开发了第四本教材——自我超越版。为了补充校本资源，我们把网络资源中的《跟着唐诗去旅行》《每日一诗》也补入其中。每学年上学期我们先进行必背篇目的考级活动，下学期再由学生自愿申请升级或越级篇目。在每年考级或升级、越级考核时，学校要对原有篇目进行循环式不定期的复查，以保证考级质量的持续提升。

正是因为有了 6 年的丰厚积淀，2018 年上学期我们尝试着按照中央电视台组织的《中国诗词大会》的节目形式进行了南苑小学诗词大赛。我们以 5 轮试题、14 种形式灵活多变地检验了学生的古诗词积淀，取得了非常好的效果，这是我们在坚持了 6 年古诗考级的基础上进行的成果展示。6 年来，我们坚持持续缓慢地渗透，不疾不徐地行走，不刻意，不功利，不迎合，不取悦，面向每一个学生，成全每一个学生，让南苑的每一个孩子浸润在诗词书海之中。我们追求的不是为了一次活动的短暂呈现，而是基于每一个学生厚积薄发的自然成长。

绘本阅读课程是我们针对低年级开发的经典阅读课程。根据《义务教育语文课程标准（2011 年版）》的要求，我们将绘本阅读作为阅读教学的拓展课程，力求基于儿童视角，从培植儿童阅读兴趣出发，提高他们的审美能力和创造能力，关注儿童的心灵世界和精神成长。目前，我们购置的绘本有语文绘本、数学绘本、科普绘本、英语绘本、故事绘本和名著绘本等。在绘本阅读方法的指导上，我们邀请区域专家、借助网络资源进行阅读方法指导，并向师生及家长推荐了400多个绘本音频故事来补充阅读。

阅读银行课程是我们基于亲子阅读开展的多元阅读课程。把阅读作为资本存入“银行”，是我们在阅读课程建设上的新举措。学校大部分学生都自愿开设了“账户”，拥有自己的“阅读存折”。“存折”的每一页都设计了包括书名、作者、字数、家长签字、伴读老师等多项内容的表格，供学生和家长共同填写。为了保证学生能真正地完成阅读任务，学校规定每本“存折”需要家长签名与打分。各班级还根据“存折”上的积分设置了“VIP客户”，成为“VIP客户”的学生会获得“读书小达人”奖状。

为了让悦读课程持续发酵，学校设立“校园读书节”，创办《明德》校报，举办各种读书论坛、读书报告会，开展书香班级、书香学子评比活动，倡导亲子共读、经典诵读比赛等主题活动，对表现优秀的学生进行古诗小才子、古诗小才女、读书小博士、读书小硕士的评比，对优秀的教师、班级、家长进行书香教师、书香班级、书香家庭的评比。

如今，“读书富脑”活动深入人心，读好书成为南苑人的立身之本。我们以读书为契机，让每一个学生亲近书本，养成读好书、好读书的习惯；在阅读中与大师对话，塑造高尚心灵；与书为伴，与经典为友，与博览同行，开阔视野，享受读书的快乐、学习的快乐。近几年来，南苑小学的全体师生沐浴在书香中，徜徉在书海里，我们惊喜地发现，读书让师生的视野更开阔、思维更敏捷、气质更高雅，让我们的校园焕发出勃勃生机。

附：

你的世界亦有天堂

李亚楠

中午，从食堂吃完饭回来，在二楼的走廊图书架旁，我看到了让人惊喜的一幕：三五个孩子或站或坐，共同分享着书籍的芳香。这在我校已经是司空见惯的事了，有什么可惊喜的？别着急，听我慢慢道来。

坐在凳子左边的孩子是我班的琪琪，她刚上学的时候，不会吃饭上厕所，不懂人情世故，更不会拿书来看、拿本来写了。她是典型的因父母遗传的因素造成的智力低下，再加上父母离异无人管教，造成了她不明事理的状况。我和孩子们尽力帮助她解决生活自理问题——学会及时上厕所，上课不要随意大声说话，以免影响其他孩子的正常学习。但她有时还是控制不住的自娱自乐地唱起来、说起来、睡起来。我和孩子们尽量“充耳不闻”“视而不见”，但也有个别“淘气鬼”总被她吸引，笑着看她学她。每当这时我都会用手势告诉她不许说话，而她对我的手势却总是茫然无措不知如何回应。我也只好摇摇头，回到黑板继续讲课。而她的感受，我也总想不明白，也无法走进她的世界里，因为她从不和我搭话。她的爸爸也曾多次无奈地叹息：就让她学多少是多少吧。

而今天，她居然安静地坐在这里看书，端书姿势很正确很优雅，这是我的教育熏陶和同学们指引的结果吗？她的头发又黑又亮梳得很整齐，红领巾洗得干净戴得端正，二郎腿翘得自然又随意，可见书籍带给她的是幸福和满足、快乐和愉悦。在书的世界里，你一定找到了你的天堂吧？不然，你怎么那么认真专心呢？连我几次拍照的声音都没惊到你！

坐在右手边的孩子，头发已散乱开，前面几缕几乎挡住了额头和眼睛。她紧抿着嘴唇，把书端到了眼皮子底下，专注地盯着书上的内容。这是一个患有唐氏综合征的孩子，据说智力不受影响，只是外表和常人不太一样，一个眼睛大，一个眼睛小，且有些斜视的样子，还有着胖胖的体型。她居然那么认真地盯着书看！这是我所想不到的，也是我停下来想偷拍的原因。她的耳朵确实很灵，我的手机只“叮叮”响了两下，她便迅速地挑起左边大大的眼睛，右边的眼睛斜成了一条缝，无神地看了我一下，那眼神吓到了我：对不起，孩子，我是感动于你比那些正常的孩子还要可贵的精神！他们吃完了午饭，都欢天喜地地跑到外面玩耍去了，而你们，却在这里找到了自己的世界。你是在看漫画书呢还是在看故事书呢？我想靠近你瞧一瞧，你却戒备地站起来瞪着我。我渐渐地退步、退步。那个世界属于你，我不便进入。

后来，又有几个老师相继上楼，看到了这俩孩子——她们也是我们二年组比较特殊的孩子，所以老师们都认识，大家七嘴八舌，孩子们听到在说她俩的故事，就不敢再待下去了，各自拿着手里的书，并肩走出了教学楼，到操场上找了个僻静的角落继续看起来。

我的视线随着她俩移动，而我的心却走不进她们的世界。她们有时趴在地上开心地大笑，不管地上是积水还是尘土飞扬；有时悄悄地哼哼唧唧唱起歌来，不管你是正在讲课还是同学们正在安静地写作业。无数次我和孩子们感慨：她们的未来会是什么样呢？但今天之后，我不再担忧了：她们的世界里亦有天堂！

别具一格的写作课程

闫学校长说，阅读是远方的光亮，写作是向上的天梯。在开设丰富多彩的阅读课程的基础上，我们又开发了别具一格的写作课程。在开发写作课程的时候，我们运用整合、融合和联系的思维，巧妙地把学科教学融入学生的实际生活之中。

一、自然笔记重观察

自然笔记是让学生以手写、手绘的形式，记录在大自然中观察到的物、事、人，从与一草一木的交流中，感悟生命的伟大、生活的智慧，学会与万物平等、友善相处，懂得爱物知恩、节用惜福。学生由于缺乏生活体验，写作文时常常无话可说、无感可发，而这种形式基于观察、基于生活、基于体验，能在潜移默化中提高学生的写作水平。

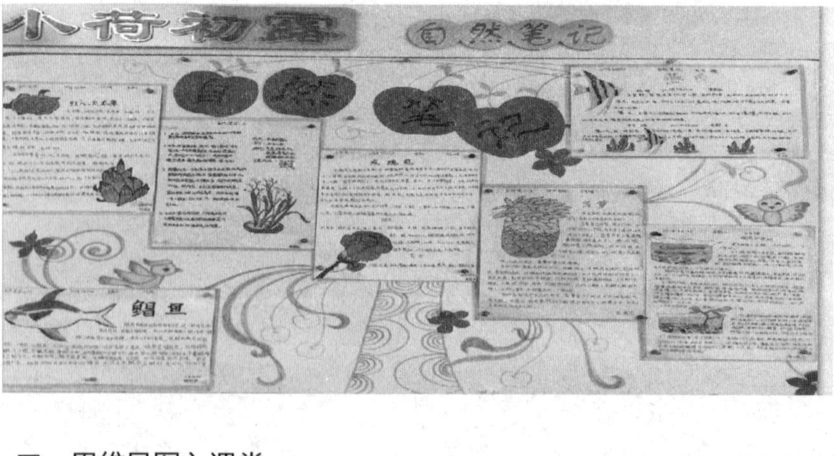

二、思维导图入课堂

说起思维导图，大家并不陌生，很多学生用它来梳理知识结构，构建自己的记忆“数据库”。思维导图作为一种教学辅助工具，给严谨的课堂增添了活跃的气氛，使得教师能更好地为学生搭建新旧知识间的桥梁，促进了师生课堂中的对话交流与合作创新。几年前，我校教师就开始引导学生通过画思维导图进行自主思考和学习了，而且效果很不错。比如，单元知识的梳理、学习规划、阅读书目的介绍等。

尤其是在写作训练上，思维导图更利于培养学生的思维能力。写作文一直被很多学生视为难事，其实，这是件很简单的事情：有了写作目标后，教师可以引导学生把有关主题的知识从脑子中“倒”出来，运用思维导图列出写作提纲，然后再练笔润色，一篇作文就写出来了。

三、创意默写重创造

这门课程是我们基于识字开发出的学科课程。尤其是低年级，每篇课文中需要学生认识和会写的字很多。如果教师每节课都采取枯燥的方式让学生背一背、写一写，时间长了，学生就会心生厌倦。甚至个别缺乏教育艺术的教师还会惩罚错字连篇的学生默写几遍，甚至几十遍。这样的教育效果可想而知。

创意默写课程主要针对的是小学一、二、三年级的学生。由于识字教学记忆量过大，我们便把抽象的识字教学融入有趣的绘画、联想和创造之中，鼓励学生围绕中心词联想—创造写字，锻炼了学生相异构想的能力。

创意默写是这样操作的：一张大纸，中间印好“春天”“科学”“早点”“泥土”之类的词语作为主题；学生围绕这一主题，按照自己的想法，写出有关的词，写得越多越好，最少写6个；每个正确的词得3分，错的不扣分，总分不设上限。

在一节三年级的语文课上，教师要求学生围绕“春天”这个词语进行创意默写，学生联想到了与春天有关的词语、诗词、名言。其中一个学生写了“赵本山”，教师仔细追问才明白其中的缘由：赵本山的小品特别好玩，每次看完他的小品心情都特别好，就像沉浸在春天里一样。

显然，这位教师采用的创意默写充分鼓励了学生的相异构想，给我们诸多启示：只设下限、不设上限的评价，既可以有质量保底，又可以使学生的潜能得到充分发挥。鼓励学生围绕中心词联想—创造写字，旨在让学生发展他们的心理词汇，帮助他们建立自己的文字库、知识树，这大大激发了学生的学习热情。

四、艺术课程巧融合

在课程整合中我们越来越发现，儿童天生就是画家。对儿童来讲，绘画是其最初、最简单的语言，它作为儿童情感生活世界的潜在载体，可以表达儿童内心世界矛盾的、困惑的，或用语言难以表达的情感。而自动绘画即信手涂鸦更易于让儿童绘出内心的“情感”。正如美国著名的艺术治疗大师 Rubin 所言：“与表达感情同等重要的是儿童通过运用绘画艺术材料，获得一个独立个体的感受，他不仅可以体验到掌握一种艺术媒介的自豪感和快感，而且可以体验到完成工作的成就感，在艺术中进行创造性活动，能够增强儿童对于自身以外的他人的敏感性，那么，人际关系的改善便有可能。”在学校社团开发上，我们充分利用儿童的这一天性，引导其将绘画才能运用到各种综合实践活动之中。同时，在开设各种艺术课程，诸如七巧板、折纸、刮蜡画时，在学生创作完成后，引导他们写下来。高度融合的课程开发，既发挥了学生的创造力和想象力，又为其写作提供了素材，多渠道、多角度地提高了学生的写作能力。

这是七巧板课程中学生的作品：

七巧板是中国传统的玩具之一，具有悠久的历史。它又名“益智图”“智慧板”，起源于宋朝的“燕几图”，经过明清两代的发展，逐渐演变成现在的结构。

七巧板是由一个平行四边形、一个正方形和五个三角形共七块板组成的，而且它们有不同的颜色。简简单单的七巧板，拼出的图形千变万化，能拼成孔雀、海狮、鸭子等各种各样的图案。七巧板真是又好玩又开发智力，还增强了我们的动手能力！

在今天的社团活动中，我们小组拼了一个放风筝的场景，看着拼好的图案，我仿佛来到了春天，来到了另一个世界！

春天真美啊！天空中，太阳暖洋洋地照耀着大地，小树仿佛穿上了绿色的新衣，焕发出勃勃生机！嫩绿的小草着急地挣破了土地的束缚，呼吸着春天的气息！小蝴蝶也不知道从哪里飞了出来，翩翩起舞，要为美丽的春天献上最美的舞姿……孩子们来到一片草地上，手里拿着五颜六色的风筝。一个孩子高声说："咱们比赛放风筝吧！"另一个孩子说："好哇！好哇！"两只风筝高高地飞上了蓝天。"我的风筝飞得好高啊！""我的风筝飞得最高！""我的高！""我的高！"两个孩子高声争吵起来，争吵声回荡在春天里……

蓝天、白云、绿树、红花、五颜六色的风筝、放风筝的孩子们，这就是春天的世界！这就是我的七巧板世界，是不是很美啊？快，快，你也赶快来拼一个属于你自己的七巧世界吧！

［五年级（1）班　石韵涵；指导教师　孙学丽］

五、诗歌绘本显能力

俗话说："熟读唐诗三百首，不会作诗也会吟。"在多年古诗考级和经典阅读课程的开发中，我们发现很多学生已经达到熟读成诵、熟读能写的程度了。就这样，我们又开发了诗歌和绘本创作课程。

在这里分享几首学生撰写的小诗：

草绿杏花开 / 泥融燕子来 / 仲春颜色好 / 童子乐开怀［《春》，三年级（3）班马诗琪］

跟你握握手 / 你就冒气 / 请你脱脱帽 / 你就生气 / 干干脆脆 / 一口把你喝下去 / 看你还神气不神气［《汽水》，四年级（1）班胡涵宇］

风走遍了世界的各个角落 / 她来到了草地，小草向她弯下了腰 / 她来到了小溪，泉水向她叮咚歌唱 / 风走遍了世界的各个角落 / 她来到了树梢，叶子为她沙沙作响 / 她来到了人们的身边 / 人们为她的温柔拍手叫好 / 人们为她的凉爽欢快舞蹈 / 风是无情的，她可以摧残人们的心 / 风是柔和的，她可以爱抚人们的心 / 风走遍了世界的各个角落…… [《风，走遍了世界的各个角落》，六年级（3）班刘鸥漫]

下面是六年级绘本创作课程中学生的作品：

小精灵历险记

今年我参加了学校的绘本写作社团。绘画是一件十分有趣的事情，当绘画遇上写作，那更是妙趣横生。

当我们第一次上绘本创作课时，人家都不知道该画什么，我也被难住了。正当我毫无头绪的时候，我前面的同学拿出了一本漫画书。这给了我一个很好的启发，我从书包里拿出我们的英语课本，与我们小组的人商议用一篇英语小故事来做这次绘本创作的主题。故事很短，我们正好可以发挥想象力丰富这个小故事，大家都同意了。

我们组的每个人都拿出一张草稿纸，一起商量如何将故事填充得恰到好处，组员们七嘴八舌议论开了，谁都不忍心把任何人的建议否掉。最后，我们决定把每个人的意见都用上，这是一个再好不过的方案，不同人的意见有着不同的意义、不同的趣味，这让我们的绘本更加有趣、生动、真实。

我们很快进入了操作阶段，我们根据自己的特长做好分工，我画画好我就画人物，琪琪画细节好细节就交给她，子涵颜色搭配得好她就是我们的“调色师”，婷婷写字好故事就由她来写……

在操作过程中我们也遇到了许多问题，比如，在画第 4 张画的时候，背景白白的，琪琪就想让子涵画上蓝蓝的天空，但是婷婷认为应该画上绿油油的小草，她们两个各有各的理由。琪琪认为：“这儿的娜娜应该在空中和小鸟们一起飞舞、玩耍。”婷婷认为：“娜娜没有了羽翼，应当在草地上思考。”最后大家举手表决，一致通过了婷婷的意见，所以第 4 页一翻开就是满眼的绿色。终于，我们的第一部作品《小精灵历险记》诞生了，这是我们合作创作的作品，所以在封面上标注了我们团队每个人的名字。

我们在绘本写作中学到了许多，团结、分工、想象、寻找灵感，我们的作品虽然只有几张纸，但充满了我们的向往和真诚。

[六年级（1）班张馨仪，指导教师孟凡静]

几年来，别具一格的写作已然成了校园一道亮丽的风景。我以身示范，积极阅读和写作，已经出版了三本在全国有一定影响力的教育专著，主编或参编书稿十余部，百余篇文章在《人民教育》《中国教育报》等国家、省、市级报刊上发表。在我的影响下，一些优秀教师、学生撰写的各类文章也在省、市、区各级报刊上公开发表，并多次出版了随笔集、作文集，一些优秀家长还整理出版了自己的育子心得、读书心得。当地媒体对学校的读书活动多次进行宣传报道，我校被评为全国传统文化百佳实验学校、全国读书活动先进集体。

让传统节日成为课程

中国传统节日包含了许多中国民俗文化和传统人文因子，是中华传统文化的重要组成部分和表现形式，具有悠久的历史，培育了一代又一代中国人的民族情感。但是在互联网时代，各种文化冲击着学生的视野，尤其是在一些别有用心的商家的推动下，各种“洋节”进入了学生的生活。

作为学校的管理者，我们有责任守护民族文化的魂，有义务在学生的心中播种传统文化的根。而中国传统节日正是传统文化教育有效又有益的载体。多年来，我们以“多彩的节日”为主题，开发了一系列活动课程，以校本课程为载体，重温传统节日、传统文化，倡导学生爱中国、爱中华民族、爱科学，进一步发挥中国传统节日的内在价值，让传统节日与拓展课程有机融合，既锻炼了学生观察与动手的能力，又丰富了学生的精神文化生活。

实践中，我们发现教材中编排了许多让学生参与的民族节日活动内容，为此，我们本着“活动 + 学科”融合的宗旨，借力、挖掘、提升，做好“加减法”，重点在内容上做“减法”，在形式上做“加法”，开发了一系列校本课程。

一、话节日

将各种传统节日活动与语文学科相融合，以使学生了解各种节日的由来，让学生观看各种节日的相关视频、了解各种节日的习俗等，从源头上感受传统文化的丰富多彩。

二、画节日

将各种传统节日活动与美术学科相融合，通过节日海报、手抄报、灯笼、香包制作、家族图谱绘制、彩塑展览，让学生的创意在传统文化、传统习俗的传承中得到表达。

三、赛节日

将各种传统节日活动与综合实践课程相融合，借力家长和社区等校外资源，开展家本课程和合力课程，以“家长进课堂”“亲子进社区”等形式，开展家长教、孩子学的包粽子、做汤圆、水果拼盘等厨艺大赛，既培养了孩子的劳动意识，也传承了传统食品的制作技艺。

四、乐节日

将各种传统节日活动与音乐学科相融合，以文艺演出的形式，诠释传统乐器的独特魅力，以经典诵读、特色舞蹈、歌曲唱响等培养学生对传统节日、传统文化的情感。

五、写节日

将各种传统节日活动与语文学科和学校的读写课程相融合，引领学生创编节日童谣、诵读节日诗歌等，让传统文化的优秀因子在学生那里进一步升华和延伸，做好传统文化的传承。

一件件作品、一声声朗诵、一个个表演，展现了各种节日活动与学科融合后的独特风景，融合后的合作学习、成果分享等，使学生的学习方式发生了改变。“多彩的节日”课程为学校“新三好”教育提供了一条将特色教育成果相融合的良好途径。

附：

大红灯笼高高挂，别样深情闹元宵

元宵佳节的热闹场景莫过于“花市灯如昼”，挂上大红灯笼已成为元宵节人们不可或缺的庆祝形式之一。当元宵节遇到开学季，学生们在学校里会如何庆祝呢？少先大队向全校学生下发活动方案后，家长和学生积极响应，一起发挥聪明才智，利用塑料瓶、红包袋、吸管、糖果盒、丝袜等各种各样的废旧物品制作富有创意的花灯……当奇思遇到巧手，便碰撞出别样的火花，经过他们的巧手打扮，这些普普通通的物品变成造型独特、色彩艳丽、别具特色的花灯出现在了大家眼前，不禁让人眼前一亮。

五彩缤纷的花灯悬挂在教学楼走廊里，将校园装扮得美丽又温馨。学生们来到花灯前，有的驻足观看，有的轻声交流，有的兴高采烈地说着花灯的制作过程，还有的看到花灯触景生情，不禁吟诵起：“谁家见月能闲坐，何处闻灯不看来？”校园里充满欢声笑语。学生在热闹的氛围中学到了知识，进一步领略了中国传统文化，享受着元宵佳节的欢乐。

"品民俗文化，庆元宵佳节"活动，是我校师生每年学习传统文化知识的一个起点，是我校与家长沟通的良好平台。全体师生通过了解元宵节的来历、巧手制作灯笼、诵读元宵节童谣诗歌、制作元宵节手抄报、写元宵节感受等活动，了解民俗文化和非遗文化技艺，传播传统文化知识。同时，我校还将传统文化知识融入课程建设中，使传统文化知识扎根在学生心中，推动了传统文化的发展。

富有创意的入学课程和毕业课程

为了重点培养一年级学生的良好习惯和六年级学生的感恩情怀，我们在多年来一直开展的丰富多彩的入学活动和毕业活动的基础上，进行多方咨询、考证，梳理提升，陆续开设了富有创意的入学课程和毕业课程，期望能为学生的童年留存一份珍贵的记忆。

一、入学课程重习惯

刚刚入学的"小豆丁"，对学校的一切都充满了好奇。为了培养他们的良好习惯，自入校起，我们就系统地对学生的好习惯进行了培养，如开展"走进新校园""新生第一课""德育大讲堂"等活动，并在实践中注重对学生进行过程性评价和表现性评价。

1. 入学课程之走进新校园。

从一年级学生报名的那一刻起，我们的教育计划就在潜移默化中开始了。面对和蔼可亲的面试老师，各种趣味问题让学生对校园充满了好奇；精心设计的拼音版入学手册，让学生感受到校园对他们的期待。美丽的校园，让家长和学生们纷纷合影留念。

2. 入学课程之新生第一课。

一年级学生的开学第一课是我们根据“做好人”课程群中的《开学第一课》，专门开设的“新生成长营”活动。“小耳朵，仔细听……”“小眼睛，看黑板……”“一二三，坐端正……”在一年级的课堂上，学生和教师积极互动，教师用亲切的语言一遍遍耐心地教学生如何坐端正、如何举手、如何放好书本等，昔日的“小宝贝”在教师的引导下，成为真正的“小学生”，他们整齐地喊着口号，并很快交了许多朋友，一年级的教室里充满了欢声笑语。

3. 入学课程之德育大讲堂。

在学校“做好人”课程群的整体规划下，每周一第五节课的“德育大讲堂”成了一年级学生进行课程学习体验的阵地。学校对学生课间文明、用餐礼仪、课间游戏、摆放物品等生活习惯，课前准备、上课听讲、写字姿势、课外阅读等学习习惯进行了序列化的训练。

学校的入学课程充分关注一年级学生的心理特点，开拓了“做好人”课程实施的新路径。一是教师用 PPT 或视频激发学生的学习兴趣，避免枯燥说教，让学生乐于接受；二是教师通过讲述学校里大哥哥大姐姐的道德模范小故事，让学生学有标杆；三是六年级对口班级的大哥哥大姐姐以身示范的帮扶，为学生树立榜样。

4. 入学课程之评价改革。

在德育课程的实施过程中，学校注重对学生进行过程性评价和表现性评价，以帮助他们逐步养成良好的习惯。

12 月 23 日，学校组织了“好习惯我能行”活动。学校在一年级的家长中选了 20 名义工，交叉担任各个班级的好习惯观察员，由学校德育处统一培训。在活动中，家长义工全程跟踪学生一天的在校生活，从学习习惯与生活习惯两方面对学生进行观察。学校给每位学生发放了“好习惯门票券”，观察员根据一天的观察情况对学生的习惯进行评价。

一大早，家长义工们早早就来到学校，随着进校特色诗词音乐的响起，他们也来到各自要跟踪的班级，对学生进行一天的观察。课堂上，学生坐姿端正，小眼放光，小手高举，认真思考、积极回答问题；课间休息，学生规范摆放文具，有序出入教室；午餐时，学生文明就餐，不挑食，不浪费……这一切的一切，都被家长义工们详细地记录下来，将学生在学习和生活上的表现写在“好习惯门票券”上。

一年级是学生习惯养成的关键期，家长义工的配合不光为了监督学生的言行，学校更希望他们在比照中查找自身家庭教育的差距，可谓一举多得。相信，在以后的生活中，家长会以身示范，做好学生的表率，成为家校双赢的合伙人。

二、毕业课程重感恩

即将毕业的六年级学生，充满了对同学、对老师、对学校的留恋。为了让这份感恩情怀得以进一步升华，我们又陆续开设了毕业课程。

2014年，在少先大队和大队干部的策划下，六年级的所有班主任盛装走上领奖台，在学生雷鸣般的掌声中，每位老师都发自肺腑地对学生说出了自己的离别赠言。回顾与展望，深情与嘱托，六年前的那份懵懂的记忆随着师者的回眸一一铺展。学生与他们真情相拥，每个人都禁不住热泪盈眶。

2015年的毕业典礼，应学生们的申请，以“成长的足迹”为主题，为他们展示个性特长搭建了展示的舞台。声情并茂的诗朗诵，悠扬婉转的笛子合奏，激荡着青春脉搏的健美操，铿锵有力的管乐齐奏……最后，典礼在《明天会更好》的合唱中缓缓落下帷幕，校长颁发成长礼的环节是最隆重的环节。典礼结束，学生们还意犹未尽。

2016年的毕业典礼以“感恩启程”为主题，在优美舒缓的《毕业之歌》中拉开帷幕。各班的家长代表一起走上舞台，以对联的形式表达了对学校的敬意。从他们的口中，我们获得的是精神的支撑和合力的汇聚。当我把优秀家长的获奖证书和有关家教的书籍发到每个人的手中时，他们颤抖的指尖传递的真情让我们久久难忘。富有创意的典礼在《同一首歌》的音乐声中结束，就像一位家长最后所说的："无论再过多少年，无论你走到哪里，学校都将是学子们慈祥的母亲，每位同学都是母校优秀的孩子！希望全体毕业生把学校的殷切期望，把老师的几多叮咛，化为学习的动力，在未来的日子里，以优异的成绩回报家庭，回报母校，回报祖国！"

当氢气球带着对联在会场上空升起时，全场爆发出长时间的热烈掌声，有人带头喊起了口号"南苑，南苑，勇夺桂冠"。顷刻，对母校、对教师的真情和音乐融为一体，那么自然，那么和谐，充满了浪漫的诗意。

2017年的毕业典礼更是热闹非凡，学生的才智得到了极大的发挥。那天，学生是最好的"指挥官"，我们和教师则坐在台下，等待学生为教师颁奖。伴随着舒缓而深情的歌曲《感恩的心》，由学生自己写的颁奖词在妙趣横生中流淌出对教师的一片真情。一位位教师走上领奖台，接受学生颁发的荣誉证书。仔细品味，每一段颁奖词都饱含着一段感人的师生情谊。之后，每个班级都播放了6年来活动的剪影。一张张发黄的老照片，一次次精彩的活动，一篇篇富有诗情画意的文章，6年的时光里珍藏的记忆瞬间开启……

最后，我饱含深情地对学生说："南苑，已经成了你们与我们无法解开的情结，请记住，无论你们多大，你们永远都是南苑最牵挂的孩子。今天，你们将从南苑出发，走向新的人生旅程。老师真心地祝福你们，祝福你们学有进步，幸福永远。"

典礼结束了，笑声还回响在会场内外，笑容还洋溢在每一个师生的脸上。

正是因为我们看重每一次毕业典礼，所以学生不管是升入上级学校，还是大学毕业，在其人生的特殊时刻，我们总能看到他们回到母校的身影……

惯性思维往往会禁锢我们的头脑。如果能打破常规，勇于创新，那么一切都会是另一番天地。入学课程和毕业课程“年年岁岁花相似”，作为管理者，我们完全可以“岁岁年年各不同”。让每一个节日富有情趣和诗意是校长在校园文化创建上别具一格的修炼。

理财课程从爱心义卖开始

“走过路过，千万不要错过……”2016 年 10 月 13 日下午，南苑小学的校园内不时传来这样的叫卖声。这是我们学校的学生正在参加学校少先队大队部组织的“秋日暖阳爱心无限”纪念“十·一三”建队日爱心理财义卖活动。

从发起倡议到进行义卖，整整花了一周的时间，队员们在班主任的指导下设计展台、收集义卖品、标价。各中队自行设计制作的海报精彩纷呈，大大吸引了师生们的眼球。

活动场地设在学校操场上，几十张课桌椅设置成多个“义卖”摊位，各班自创的“爱心海报”成了义卖活动中一道亮丽的风景。义卖员们热情地吆喝叫卖着，其他学生则兴高采烈、三五成群地拥到各个摊位，精挑细选，寻思着买件心仪的物品，同时也献一份暖暖的爱心；连教师们也都按捺不住，积极参与到献爱心的行列中来，“抢”走了不少宝贝。

各中队的义卖展台前，人群熙熙攘攘，一派繁忙景象。义卖员们热情地招揽顾客，作为顾客的师生被琳琅满目的商品所吸引，争相购买自己喜欢的物品。学生热情高涨，积极参与到爱心义卖活动中，纷纷慷慨地将自己心爱的物品捐献出来，有的捐出了珍藏的书籍，有的捐出了心爱的小挂件、小玩偶，有的捐出了学习用品、生活用品，有的捐出了亲手种植的花草……物美价廉，应有尽有。现场人头攒动，很多家长也加入到爱心捐助的队伍中。

在本次义卖活动中，全校师生积极参与，学生们怀着满腔的热情与浓浓的爱心上演了“一秒钟变集市”的现场秀。人潮涌动的市场中，卖家各出奇招，只有想不到的，没有买不到的，买家也倾其所有，需要的、不需要的通通拿下，大家不仅买到了自己心仪的物品，更重要的是为爱心工程尽了自己的绵薄之力。本次活动从前期准备、物品登记、现场买卖到志愿引导、检查监督等工作全部由学生参与完成。

看着一张张纯真的笑脸，我们心中流过一股股暖流。因为他们捧着的，不仅仅是件普通的物品，还是一颗鲜活跳动的心！活动现场暖意涌动，爱心浓浓。

有一个场面令人非常感动。一位家长拉着女儿的手来到义卖箱前，非要捐 20 元钱。细问才明白，原来这个学生和家长忙着为班级做服务工作，没来得及买心仪的物品。“20 元钱是孩子的一番心意，请你们一定要收下，下次有这样的活动我们还要积极参加……”

多好的家长，多好的学生！这感人的一幕，使我看到了家校联手后的广阔前景。

五年级（3）班的一个小男生在活动接近尾声的时候，发现自己小组的商品有些“滞销”，于是想出了“五折”销售的促销方法。我发现后及时捕捉到了这一场景，并购买了他们的书籍、玩具等物品，学生们欢呼雀跃，我也为他们的“灵机一动”欣喜不已。

活动进行了近三个小时，经过核算，义卖金额 10787.8 元，所有义卖所得捐入南苑小学“爱心基金”。这是我们学校专门为贫困学生设立的扶助资金，每年的开学典礼或毕业典礼我们都要为贫困学生购买一些学习用品和生活用品。数额虽然不多，但体现的是一份爱心。

活动结束后，我们收到了很多家长的反馈，其中六年级（3）班的一位家长感慨地说："今天，我有幸作为家长代表参加学校举行的义卖活动，亲眼见证了我们六年级（3）班全体同学的积极、认真、全力以赴和非常强的集体责任感。从主动捐出大量物品，到定价、装箱保管、分类摆放、制作爱心款箱，从制作头饰、用气球营造现场气氛，到记账、收款、推销、讨价还价、找零钱等，孟老师全部交由孩子们自己完成。宝贝们表现非常出色！感谢孟老师为孩子们提供了锻炼、成长的机会。每个宝贝都使出了浑身解数，这是凭自己的能力，用义卖所得独立捐款献爱心，与向父母要钱捐款意义不同，这一活动增强了他们的责任感和节约意识……"

金钱有价，爱心无价。正如一首歌所唱："只要人人都献出一点爱，世界将变成美好的人间。"是的，当我们的爱心汇聚起来的时候，那股爱的暖流是无限大的。通过本次义卖活动，南苑小学的学生不仅弘扬了"人道、博爱、奉献"的红十字精神，也懂得了关心和帮助身边的人，亲身体验了奉献与给予的快乐。同时，本次义卖活动也为我校学生提供了模拟社会商场的实践平台，给了学生一次真切的商业职场体验，提高了学生的组织能力、宣传能力和合作交往能力，对学生进行了一次消费、理财和爱心的教育。

由此，我也深有体会：管理者要善于从各项活动中捕捉契机，让德育的有效因子渗透在学生的一言一行中。相信，用感恩和奉献浇灌的德育之花会开得更艳丽。

社区"五星争章"促成长

多年来，我所任职的两所学校与所在的社区一直保持着良好的共建关系，社区熟知学校的办学理念和办学特色，成了学校教育不可多得的社会力量。

其中，“五星争章”活动就是我们和社区针对学校“做好人”的办学特色开展的一项长期的特色实践活动。我们多次商议探讨，认真学习领会党和国家关于进一步加强和推进未成年人思想道德建设的有关文件，对多年的未成年人思想道德建设工作实践进行了研究总结，并根据未成年人的成长规律、接受能力和心理特点，结合《中小学生守则》《小学生日常行为规范》，进行了研究、梳理、归纳，总结出学生应具备的最基本、最主要的五种素质：热爱学习、塑造心灵，热爱劳动、学会自立，展示才艺、发挥特长，节约点滴、生活简朴，尊敬长辈、乐于助人。

从2007年开始，我们把以上五种素质的每一种素质做为一颗星，组织中小学生开展了“争五星”活动。为使“争五星”活动的内容更加好懂、好记、好做，我们首先对“五星”（“学习之星”“劳动之星”“才艺之星”“节约之星”“敬老之星”）的内容进行了细化。

（1）把“学习之星”的内容细化为，积极参加集体教育学习，每半年自觉读一本好书，学习一位英模人物事迹，看一部红色影视片，写一份心得体会等。

（2）把“劳动之星”的内容细化为，在家自己能做的事情自己做，如收拾房间、洗衣服、洗餐具等，在外自觉参加义务劳动。

（3）把“才艺之星”的内容细化为，琴、棋、书、画，说、演、唱、跳，吹、拉、弹、奏，至少学会一样，展示一项。

（4）把“节约之星”的内容细化为，自觉节约每一滴水、每一度电、每一粒米、每一张纸、每一分钱。

（5）把“敬老之星”的内容细化为，在家孝敬长辈，在外关爱老人、尊重他人、助人为乐。

以上内容，简洁明了，便于学校组织和操作，便于学生掌握和践行，他们每做到一项就能得到一颗星，五项都做到了就能得到五颗星。

在和社区联合共建的过程中，我们把组织开展集体活动与引导个体自觉养成紧密结合起来。集体活动，就是学生在校期间组织的集中、大型的教育活动，以及在寒暑假、双休日、重大节日、纪念日时，以街道社区为单位组织中小学生开展的主题突出、形式多样、丰富多彩的“争五星”活动；个体养成，就是引导、鼓励学生无论是在社区、在家、在学校还是个人独处时，都能自觉地按“争五星”的内容去做，从点滴做起，逐渐养成良好的个体素质。

每年寒暑假，社区本着“学校放假，社区开学”的原则，由学校组织，家长带着孩子积极参与“争五星”活动。

自从开展这项活动以来，一些家长明显感到，孩子懂事了，不乱花钱了，也知道孝敬老人了，还能干些力所能及的家务活。孩子身上发生的变化让家长认识到，假期活动对孩子能力的培养和素质的提高有着不可低估的作用。“我下班回家，孩子马上给我打来一盆洗手水。看到邻居也会热情打招呼，比以前懂事了，知道关心别人了。”“社区开展未成年人教育，不但对孩子的教育意义很大，对我们家长的教育意义也很大，关心集体、同学互助这股劲儿，在孩子身上都有充分体现。”“有些活动体验是花钱都买不到的，只有孩子自己亲身去经历、去感悟，才能真正转化成能力。”

三年级学生李博情不自禁地说：“我特别喜欢这里，这里是我的第二个家。在这里我交到了很多朋友，还学到了很多课本以外的知识，这里也是我快乐学习的课堂。”

对于这项活动的后续保障工作，我们也着实动了一番脑筋。“争五星”活动每半年测评一次，即在每年寒暑假结束前测评。为保证测评结果的公平、公正，切实起到对学生的激励作用，我们采取了社区、学校和家庭“三位一体”的综合测评方法。测评结果确定后，先由社区为获得五颗星的学生颁发奖章，新学期开学时，学校再次召开隆重的总结表彰大会，由社区和学校关工委对这半年的“争五星”活动情况进行总结，对获得五颗星的学生进行表彰，并颁发挂戴奖章。表彰大会，有“五老”（老党员、老模范、老军人、老教师、老干部）骨干和家长代表参加，以扩大影响。

一直以来，我们和社区共同开展的“争五星”活动，从引导到实践，做到了常规工作有创新、重点内容有新意，且成效显著。迄今为止，学校已经有千余名学生获得五颗星，有 14 个班级获得优秀班级的称号。

"争五星"活动拓展了学校的课程资源，既是一种激励与评价策略，更是一项增强未成年人思想道德建设工作实效的重要举措，蕴含着爱国、平等、公平、诚信、文明等诸多社会主义核心价值观和"爱学习、爱劳动、爱祖国"的"三爱"系列主题教育的基本内容，成为中小学生健康成长不可或缺的动力与方向，受到了学生和家长的欢迎，得到了社会和上级关工委的认可。

我认为，作为学校的管理者更应该有这样的资源开发和利用意识，要学会借助社区、团委、妇联等各种社会力量办学，他们的力量不仅是对学校教育的有益补充，还会于无形中提升学校的知名度和美誉度。

附：

社区活动评价标准："五颗星"

评价者：社区辅导员

被评价者：社区活动参与者

评价时间：每年寒暑假

评价内容："学习之星""劳动之星""才艺之星""节约之星""敬老之星"

完成一项内容荣获一颗星。

社区活动“五颗星”评价表

班级：　　　　　　姓名：

“争五星”活动测评内容					“争五星”测评结果
“学习之星”	“劳动之星”	“才艺之星”	“节约之星”	“敬老之星”	
积极参加集体教育学习，学习党的十八大精神，每半年自觉读一本好书，学习一条法律、一点科普知识、一位英模人物事迹，听一次爱国主义、革命传统故事，看一部红色经典影视片，写一份心得体会等。	在家自己能做的事自己做，学会收拾房间、洗衣服、洗餐具等。在社区参加社区“老少共建”对子义务护绿环保责任区劳动，捡白色垃圾、清除小广告。	琴、棋、书、画，说、演、唱、跳，吹、拉、弹、奏，春节期间，每个中小学生在家至少为亲人展示一项才艺与特长。	在日常生活中自觉节约每一滴水、每一度电、每一粒米、每一张纸、每一分钱。认真总结五个“节约点滴”好的做法，为适时召开争做“节约之星”专题汇报会做好准备。	在家孝敬长辈，在外关爱老人、尊重他人、助人为乐。春节期间各社区“老少同学雷锋”小队成员至少开展一次以贴春联、送福字、唱红歌为内容的集体敬老活动。	

家长、教师、同学、自我评价“五颗星”：针对学生综合应用知识的能力及实践能力、社会参与意识、社会责任感、服务社会的态度等进行评价，级别为一至五颗星。

社区服务与社会实践活动“五颗星”评价表

班级：　　　　　　　　姓名：

评价方式	评价内容				
	评价项目	评价等级			
		A	B	C	D
自评	对本次活动的兴趣	浓厚	较浓厚	一般	弱
	在本节课独立思考的次数	强	较强	中	弱
	增强了自信心，体验到活动成功的愉悦	多	较多	一般	少
	理解他人，具有与同伴互助的意识	好	较好	一般	弱
	在服务与实践等方面获得收获的程度	高	较高	一般	低
互评	参与次数	多	较多	一般	少
	在活动中作用的发挥	好	较好	一般	差
	课堂练习的正确性	高	较高	一般	低
师评	参与活动的专注度	专注	教好	一般	有时分心
	参与活动的深入程度	高	较高	一般	低
	活动反映出的能力	强	较强	一般	弱
	发现问题的角度与能力	强	较强	一般	弱
	解决问题的能力	强	较强	一般	弱
评价说明	在评价等级下，相应的栏只选一项，打“√”。				

微信群沟通贵在“交心”

在学校管理上，我们一直注重联合家长的力量共同办好教育。家校沟通并非易事，贵在“交心”。为此，我依据最初在西苑小学开展“漂流日记”的经验，建立了学校和班级家长微信群。事实证明，这样的方式比“漂流日记”更便捷、更高效，它能快速、切实地为广大家长搭建一个有效的沟通交流平台。在畅谈感悟和互动中，大家集思广益，相互学习，相互借鉴，共同分享所思所得，一起行走在快乐的成长和育人之路上。

班级微信群由班主任或家长代表负责建立，主要功能是“传达”和“分享”，即班级日常事务的管理和学生日常活动的分享。在这里，教师以提醒和帮助为主，少做正面批评，保护孩子和家长的隐私。家长最愿意看到孩子每天在学校的学习、生活状态，哪怕只是一页作业、一顿午餐、一次劳动、一次站队、一次比赛……班级微信群无形中传递的正能量还能消除个别家长对教师、对学校的误解，实现双方的良性沟通。

学校家长微信群由学校指派专人负责管理，主要功能是“学习”和“成长”，随时发送一些家教文章，谈一谈自己的教育经验，议一议学校的建设和教育方向，讲一讲和孩子之间的成长故事……对于大家的建议，我们都能及时予以回复。

对于学校的办学理念和办学特色，起初家长可能并不了解，但是随着家校沟通方式的改变，大家坦诚沟通、畅所欲言，使家校合作有了更好的基础。

你看，这是六年级（3）班一位家长发自肺腑的感慨：

今天的开放日，我深刻地感受到南苑小学无痕教育的魅力！看起来无痕，却充满无穷的力量：高素质的领导团队和师资队伍，以潜移默化的正能量影响着孩子们的日常学习和行为习惯；温馨的校园环境和氛围，一点点地引领孩子们爱上阅读，使孩子们提高了文学素养。学校还从多方面启迪孩子们积极向上。孩子马上要小升初了，作为家长，我很担心与孩子的沟通会越来越不顺畅。今天的参观与学习，对我有很大的启发，我要为自己植入无痕式家教理念，探究操作性强的方法，为当好孩子的心灵向导努力前行！

令我惊讶的是，我们的“新三好”特色和无痕管理理念早已深入人心。家长通过孩子在学校、家庭、社会中的一言一行、一举一动对“新三好”特色和无痕管理理念都能或多或少地洞悉一二。只有达成理念、认知上的共识，家校合育才会顺风顺水，真正的理想教育才能实现。

在微信群里，家长们更多的是畅谈自己在家庭教育上的诸多困惑。其中五年级（1）班的一位家长在日记的最后提出了教育中的困惑：“我女儿马上就上五年级了。她非常聪明，很多奥数题都是一点就透。但她也特别马虎，几乎每次考试都得不了高分，这也是我最大的困扰。我该怎么帮她改正这个缺点呢？我试图分析了一下原因：会不会是她上学太早了（5 周岁上一年级）？会不会我把她的学习时间安排得太紧了（她要学奥数、奥语、古筝、素描，整个假期能让她自己支配的时间很少，但必要的休息和玩的时间是有保证的，特长班也是她喜欢的）？会不会是我管得太多了（她特别贪玩，特别爱看电视、玩电脑，经常边学边玩，所以我一点也不敢放手）？陈校长，我非常迫切地需要您专业的指导。恳请您在百忙之中帮我解惑。感激之至。”

看到这条微信后，我首先帮她分析了孩子容易马虎的原因，然后提出一些有针对性的建议：

1. 适当放手，培养孩子的自理能力，使其学会自主学习。减少“看、管”，多“远望”，做手握风筝线之人，但线一定不要拉得过紧。

具体策略：让孩子自己检查作业、整理书包及生活用具等，使其逐步减少对父母的依赖。

2. 做作业时帮助孩子集中注意力，千万不能让她一边学一边玩。学就静心学，玩就放松身心玩。学中惦记玩、玩中还被动学的孩子，到青春期最容易有逆反心理。

具体策略：在孩子写作业的时候，初期可以试着逐步放手，制订“限时作业”“限量作业”，孩子完成得好、准确率高时有适当奖励，让孩子尝到认真、按时完成作业的甜头。

3. 改正孩子马虎毛病的“即时贴”——建立错题本。让孩子在改正因马虎而做错的题的过程中降低失误率。

具体策略：作业或考试中出现的一些错误，要让孩子分析原因，是审题不清错误理解了某个条件？还是看错了、看丢了某个符号？抑或是想当然地思维跳跃弄错了某个逻辑环节？总之，改正错误时，要有意识地分析原因，在更正中强化容易出错的环节。必要时把错题记下来，建立一个错题本，坚持做下来，马虎出错的情况就会越来越少了。

4. 多引导孩子动手做精细活，多进行耐心训练。如让她穿针，试着缝补袜子或衣服上的洞，玩多米诺骨牌，做手工模型等。

5. 父母一定要以朋友的身份多和孩子聊天，多交心，随时了解她的心理动态。这一点对即将上初中的孩子来说很重要。如果有一天我们的教育"失控"了，就会让亲子关系更尴尬。

"马虎是病，不改致命。"逐步养成良好的学习习惯对克服马虎这一毛病很重要。每个孩子都是独立的个体，同一问题的原因也各不相同，因此，要多研究自己的孩子，用别人的教育经验催生自己的教育智慧。

微信群中，大家的讨论也非常热烈，纷纷出谋划策，分享了自己引导孩子改变马虎毛病的策略。

很多时候，家长不仅关注自己孩子的成长，对于学校方方面面的建设也给予了高度的关注。从他们发自肺腑的文字里，我感受到了这种沟通方式的良性效应。以前家长有什么意见，不好意思当面向教师、学校反映，甚至有个别家长因为不理解校方的做法而上告的现象。自从建立了微信群，很多家长把不好意思当面提出的建议发在了这里，为我们的管理提出了很多合理的建议。

学校努力打造书香校园，这样的做法我们十分欢迎。但是女儿告诉我，班级里有些孩子因为家庭条件所限，购买课外书有一定困难。我想，学校每年在表彰的时候是不是可以把奖品换成书呢？另外可以为这样的孩子办借阅卡，让学校阅览室的图书也"漂流"起来！

针对这个建议，我们开放了学校图书馆，建立了班级图书角和走廊“流动书吧”。

咱们学校的旱厕历史够悠久了，不仅卫生难以清理，对于低年级孩子来说，在安全上也存在很大问题。校长能否向上级部门反映一下，尽早解决这一问题？必要的时候，我们家长也可以联合助力引起相关部门的重视。

学校在上级部门的支持下，重新改建了水冲厕所。

爱心大卖场和风筝节活动搞得有声有色，孩子喜欢，家长也乐于参与。在关注成绩的同时，希望学校多开展些有益孩子身心的活动，家长一定大力支持！

学校经常开展各种亲子活动，如元宵节制作灯笼、秋天树叶画比赛、亲子阅读等。

很多时候，家长的心声就是我们工作的方向。小创意，大世界。流动的文字构成了一道道亮丽的风景。徜徉其中，感动之余更多的是理性的思考。我们利用微信群，不仅实现了家校沟通，更传递了真情、信任和智慧，微信群成为凝聚和发挥家校合力的纽带和使者。

融合思维是创建平安校园的重中之重

学生是学校中的主体人群，学校的安全工作必须以学生为重点，“时时刻刻讲安全，时时处处做安全”。工作中，我们重点以融合和法治的思维看待教育的复杂性，坚持抓细节、重落实，全方位、多层次纵深推进安全教育，在安全内涵上做减法，在安全渠道上做加法，乃至做乘法，让安全教育融入学校的各项活动之中，形成安全格局的全员化、立体化和多元化。

运用融合思维，我们紧紧围绕学校“读好书 写好字 做好人”的办学特色，重点在基于“根”文化的“做好人”的“微德育”上下功夫——“做好人”是南苑人的修养底色，也是南苑人的精神追求。“好人”的核心是体魄健康，具有良好道德品行之人。重点围绕“文明礼仪”“生活习惯”“安全教育”“感恩教育”“生命教育”“心理健康教育”六大主题开展一系列特色活动。“微德育”力求从小处入手，大处着眼，基于问题、基于情境、基于生活、基于体验，坚持在活动中丰富教育内涵，使学生在活动中熏陶思想感情，充实精神生活，升华道德境界，用潜移默化的熏陶、感染取代盲目空洞的说教，让“微德育”深入人心、落地生根。

一、课堂整合，学科渗透安全教育

学校充分发挥课堂教学在学生思想政治教育中的主导作用，让安全教育“进课堂”“进教材”“进头脑”，通过整合安全教育课、品德生活课与其他各学科教育内容，将安全教育有机融入日常教学中。在设计各学科教案时把课前1分钟安全教育纳入其中，让学生的安全教育观念和意识逐步提高，从而使学生形成良好的行为习惯和成熟健康的心理。同时，班主任还利用学期初的“开学第一课”、每周一的“德育大讲堂”、晨会课等，采取各种形式对学生进行《中小学生守则》《中华人民共和国未成年人保护法》、防恐防暴防欺凌等安全教育。

二、创新形式，节日宣传安全教育

学校利用全国中小学生安全教育日、全国法制宣传日、世界环境保护日、国际禁毒日、全国消防日、宪法日等组织开展专项安全宣传日、宣传周、宣传月活动。通过开展全员参与的安全宣传活动，为各项专项整治活动营造良好的教育氛围。

在节日活动开展上，我们精心设计了节日安全系列活动，重点通过话节日（了解各种重大节日的由来，观看有关各种节日的视频，讲述节日故事等，从源头上感受节日里隐含的安全教育因素）、诵节日（查找、积累并诵读相关的节日安全教育童谣、儿歌）、画节日（通过节日手抄报、画安全漫画等形式，让学生的创意得到表达）、赛节日（开展讲安全故事、法制演讲比赛等，让学生受到节日安全教育）、写节日（通过创编节日童谣、撰写安全警示语）等活动，让安全教育得以进一步升华和延伸。

三、拓宽育人渠道，全方位凸显安全教育

在安全教育上，学校努力拓宽育人渠道，开展丰富多彩的安全教育活动，凸显教育的实效性。

1.“三防”并重规范化。

在上级部门的支持下，进行标准化警务室建设、一键式报警和视频联网建设，配备校园辅警和驻校民警，完善校园安防治理体系使其规范化。同时，学校开源节流，在校园内安装了全覆盖的视频监控系统，重新购置了消防设施，并派专人定期维护和修理。

2. 公共空间常畅通。

学校加强了对公共空间的管理，让其安全畅通。学校指定教师的车要停放在专门区域，校外车辆一律不准驶入校园（特殊车辆除外），教学楼、办公楼走廊及楼道严禁堆放杂物，完善楼道内的“安全出口”标志和应急照明设施。对于校内的公共设施，我们都有具体的管理制度和相应的管理人员，按照要求专人定期对公共设施进行检查、维修、更换等，实行周查周报、月查月报，确保常安无患。

3. 疏散演练重改进。

学校每月都要按照安全演练计划开展各种形式的疏散演练，重点基于问题、基于体验进行有的放矢的演练活动，做到活动目的明确、组织有序、循序渐进。基于问题的演练，让我们逐步克服了最初的秩序混乱、路线不熟练、人员职责模糊和时间过长等问题，疏散的针对性逐步提高；基于体验的演练，使我们强化了安全教育的效果。我们邀请消防队、派出所、交警队、红十字会救助员等专业人士，设置火灾、地震、交通及防空等体验

情境，通过各种灾难场景的搭建，让学生切身体验 3~6 级地震、火灾逃生、心肺复苏、结绳急救等，学习和掌握各种安全技能，提升自救自护能力。这种“情景式”的模拟体验，实现了理论与实践的紧密结合。

4. 主题活动系列化。

在校内安全教育活动的开展上，学校每周都要进行主题升旗仪式、每学期进行主题班队会展示；针对生活中的实际问题，组织师生观看安全自护宣传片并撰写观后感，模拟“可疑人进校园”进行自护演练；定期举办以“普法教育”为主题的手抄报比赛、“法在我心中”学生演讲比赛、交通安全知识竞赛等活动。

5. 校园矛盾多调解。

我校德育处有专人负责校园矛盾协调，尽早发现校园中可能存在的矛盾隐患，并在其未形成前进行情况调查和沟通，及早发现，尽快化解。对于已形成的矛盾，要在调查事实、摸清情况的基础上动用各方力量多方调解，使大矛盾化小，小矛盾化了。尤其是近来全国各地校园欺凌事件频发，我们通过个别座谈、问卷调查、心理咨询等方式，力求把隐患消灭在萌芽之中。迄今为止，校园无重大激化矛盾出现，也无群体矛盾爆发。

6. 周边治理成合力。

学校多次配合教育局、公安局、工商局等部门对侵害青少年权益的突出问题进行集中整治，对补习班、游戏机室、网吧等娱乐场所和校园周边环境进行清理整顿，着力治理影响青少年健康成长的不良社会现象，优化学校周边环境，净化社会风气，为学生的身心健康发展创造良好的外部环境。

7. 部门联动破难题。

学校充分发挥家长学校、社区街道、法院、派出所、交警队、消防大队等各种社会力量的合力作用，拓宽安全教育的渠道。学校先后聘请法制副校长、辖区派出所民警、交警大队队长开展师生校园防暴力和交通安全系列讲座；邀请社区“五老”人员到学校进行安全宣传，组织学生参加社区开展的普法讲座、参观社区国防教育馆；到法院近距离观摩庭审活动。

尤其是每年寒暑假，我们和社区联合开展的“五星争章”活动，从合力教育的角度为我们的安全工作提供了有益的补充，迄今已经坚持10余年，它不仅成为学校安全工作的重要载体，也已成为合力教育不可或缺的途径。

这些安全教育工作的开展，带动了学生、教师和家长共同知安全、学安全、用安全、保安全，以丰富的活动，践行着“安全惠及每一个人”的郑重承诺。

8. 隐患排查重整改。

安全工作重在“防患于未然”。对于此项工作，学校领导高度重视，坚持日巡、周查、月结、随改工作制度，定期进行自检自查，并号召全校师生都来做“安全监查员”，随时发现问题随时上报，及时整改，绝不拖延。同时，上级主管领导更是严格督导，每学期定期或不定期地多次到学校进行检查和指导，为我们的自检自查工作提供了切实有效的帮助，也对学校的各项工作起到了促进作用。

教育部部长陈宝生曾说过，要牢固树立安全发展理念，切实把校园建成最阳光、最安全的地方，确保教育系统的安全、稳定、和谐。他的话振聋发聩，告诉我们教育人应该如何办人民满意的教育。

多年来，安全教育工作已成为我校的一项常态工作，我们始终把“安全大于天，生命重如山”作为安全工作的坚定信念，以“校园安全，人人有责”“人人都有安全眼，人人都是安全人”为核心理念，把发展学生、幸福教师、构建和谐平安校园作为永恒的教育追求，坚持走“高质量、有特色、创一流”的内涵发展之路。

家长学校开启家校合育幸福新篇章

每月最后一个周五下午两点半，学校会议室总是座无虚席，不论酷暑严寒，我们的家长学校总是这样火爆。

我一直认为，学校管理最重要的是人的管理和关系的处理。尤其在争取家长这一教育合力上更是如此。来到南苑小学不久，我就发现学生家长的文化程度普遍不高，而儿童成长需要家校共育，所以提升家长的科学养育素养迫在眉睫。如何探究家庭教育改革，落实家校合育工程，践行有温度的幸福教育？经过精心筹划，我们的家长学校在开学后的第一个月便拉开了序幕。一次次有的放矢的集中授课，一场场精彩暖心的专题讲座，一项项与众不同的开放活动，让家长的心与学校同频共振，家校合育的幸福新篇章正式开启。

一、常抓授课，提高质量

为提高家长学校的办学质量和家长学习的兴趣，加强教学内容的针对性、实用性，学校每学期都精心安排有教学经验的校领导、教师和知名人士担任家长学校授课教师。以前我们经常推荐家长阅读一些教育专家的家教书籍，如《父母改变　孩子改变——张文质家庭教育讲演录》《新父母学校——刘良华家庭教育讲演录》《告诉孩子，你真棒》等。后来，家长自愿订购了省统编教材《小学生家长学校必读》。为确保每次上课教师都有详细的讲稿，学校采取集中备课与个体备课相结合的方式，将每一课都以详案的形式呈现，并出版了有关《小学生家长学校必读》备课的书，分上下两册。学校每学期授课两次，每次上课前都根据教学计划提前通知学员，教导处会对学员的学习、纪律、出勤等方面进行考核，以确保学员学有成效。

同时，依据学员特点、学生实际情况和教师的行业特点，我们采取灵活多样的授课方式，利用家长会和学校印发的学习材料对家长进行集中和分散教育，让他们在集体授课和自由学习中掌握良好的教育方法。由于授课质量的提高，家长参加学习的热情高涨，每次上课出勤率均达95%以上。我们通过征集家长学习心得、评选优秀学习笔记等途径，做好学员的学习成效评价和反馈工作，还将家长的优秀学习心得整理出版，以便让更多的家长学习交流。

二、分层教学，分类指导

在访谈、问卷调查、班主任家访等基础上，我们确定了家长学校教育的重点和目标，按学生所在年级分两个层次对家长开设有关课程。例如，对低年级学生家长，重点帮助他们了解孩子的生理、心理特点，教家长如何帮助孩子形成良好的学习习惯、尽快适应学校生活。对高年级学生家长，教学侧重于让家长防止孩子在思想、行为、学习上出现较大的偏差，防止两级分化，教家长如何帮助孩子掌握基本的学习方法、树立远大理想、尽快适应紧张的学习生活。同时，针对孩子的不同问题，我们分类进行指导。如就隔代教育、零花钱的使用和上网等问题进行互动研讨，向他们传授适合自己孩子的教育方法，以使孩子健康愉悦地成长。

三、特色活动，寓教于乐

学校适时组织“致妈妈的一封信”评比、“感恩父母”演讲比赛等活动，让家长切身体会孩子的感恩情感。邀请家长一同参与趣味运动会，让家长和孩子在亲子项目中共同努力，体验乐趣。

尤其是我们开展的“爱心奉献　快乐无限”红领巾爱心大卖场活动更是得到了家长们的大力支持，他们不仅鼓励孩子积极参与，还亲自到现场购买商品。活动进行得非常顺利，不到 40 分钟，所有商品便被抢购一空，家长们被当时的场面所感动，纷纷留言说：“此次活动不仅让孩子们体验到义卖有价、爱心无价的活动宗旨，更让家长们体会到感恩教育的实质。希望这样的活动多搞、常搞。”

同时，在学校组织的开学典礼、毕业典礼、少先队入队仪式、主题大队会等活动中，我们也邀请家长前来观摩，让家长见证孩子的成长。学校还经常开展“英雄中队创建”“四好少年”“五好小公民”等评比活动，在这些评比活动中，我们邀请家长当家庭监督员，根据评比要求，真实记录孩子在家的日常行为表现，学校定期检查，及时反馈。通过家长督促，学校检查、评比，促进孩子的成长与提高。

在家校互动活动中，主题班会最受欢迎，因为它不受时间和场地的限制，家庭教育中的问题，随时发现随时就可以班队会的形式研究解决。

如许多家长都被这个问题困扰：孩子过生日想请客，家长如果不同意，孩子不高兴；家长如果同意了，又容易助长孩子盲目攀比、奢侈浪费的习气。针对这个问题，各班召开了家长、学生共同参与的主题班会，孩子、家长、教师共同探讨，终于让孩子理性认识到这一行为的弊端。

四、专家授课，精彩多元

为促进家长家庭教育方式的转变，我们除定期讲课外，还聘请知名教育专家为家长做讲座。2009 年 5 月，我校在船厂文化宫举行了“1+1 新父母学校”家庭教育报告会，请来全国著名的家庭教育专家刘良华、张文质为家长做报告。2009 年 7 月，我走进龙港区电视台、龙港论坛，为家长做题为“今天我们怎样做父母”的讲座，竭力转变家长的教育观念，共同关注孩子的健康成长。2009 年 5 月至 6 月期间，我和大队辅导员朱萍、教师李欣、家长赵笑与郭凤杰分别做客辽宁电视台智趣频道《智趣 1+1 新父母课堂》，与张文质、刘良华两位教育专家共同探讨孩子的教育问题。

六年级（1）班的梁肖家长说：“感谢学校给我们家长搭建了这个教育平台，使我们受益匪浅，把我们从以前教育孩子的误区中引导出来，使我们掌握了正确的方法，也使我们有信心与学校共同为孩子赢得更美好的未来。”

五年级（2）班的郑婉璐家长在接受电视台采访时说：“作为父母，无论我们有多大的成就，如果孩子的教育失败了，整个人生就彻底失败了。家是孩子成长最好的摇篮。一个和睦幸福的家庭能造就一个合格的人才。我们做父母的要更好地培养孩子，培养孩子各种有益的兴趣，与孩子做知心朋友。无论孩子遇到什么挫折、困难，我们都要给予鼓励与支持。要相信，自己的孩子是最优秀的。”

五、和谐同心，初见成效

古语有云：“上下同欲者胜，风雨同舟者兴。”近年来，我们充分发挥了家长学校在学校管理中的作用，家长教育孩子的水平和能力普遍得到提高。我校家长学校引导家长树立民主意识，指导家长同孩子沟通情感，帮助家长走进孩子的心灵。在家教老师的指导下，家长对孩子的教育讲方法、讲策略、讲科学，提高了家庭教育的水平。

一位家长开小吃部，他从来不过问孩子的学习和在校表现，孩子经常和同学打架，班主任要求他加强对孩子的管教，他却说：“我把孩子送到学校，就是让你们教育的，要我管，我还把他送来干什么？”他的话充分暴露了其错误的教育思想。经过反复做工作，他来到家长学校学习，经过学习，他认识到自己思想中存在的问题，认识到教育孩子不只是学校的事。后来，他经常来学校与教师交流，在家也经常和孩子谈心，孩子在校进步很快，还被评为校“三好学生”。

事实证明，家长学校的工作，不仅帮助家长树立了正确的教育思想，为孩子创设了良好的成长环境，而且有力地推进了学校的学生管理工作。

附录：

初心永在情深志坚，大爱无痕品正行雅

——记葫芦岛市龙港区南苑小学陈兴杰校长修身治校之道

“善始者实繁，克终者盖寡”，这是陈兴杰校长的座右铭。作为全国优秀校长、全国小学骨干校长、辽宁省专家型名校长、辽宁省校长培训专家、辽宁省教师培训专家、葫芦岛市首批名校长之一，二十多年来，她聊以欣慰的是自己依然保有一颗不变的“初心”，并能在勤能补拙的良训教导下坚持一份“始终”。

实践中，陈校长一直推崇德行教育，主张无痕管理——不求立竿见影改变人，只求潜移默化影响人。她给自己的定位是：一个在夹缝中生存但仍为理想而不懈奋斗的教育人。为此，她不断地告诉自己：如果想做事，夹缝中的一点点儿微光也能照亮脚下的路。可能正是这份“若只如初”的执着，让她在教育管理的道路上越走越坚定……

保有修炼成长的“初心”，做孜孜以求的学习者

认识陈兴杰的人，都知道她是一位学者型校长。她酷爱读书，勤于笔耕。1992 年毕业后先后担任过班主任、教导主任、教学副校长、支部书记和校长等多种职务，职务的变化带给她更多的是心智的磨炼和使命的担当。2008 年 11 月，区教育局的突然任命让年轻的她成为一所薄弱学校的一校之长。从最初的跌跌撞撞到今日的快速成长，连续 8 年的两所普通学校的校长经历，让她从一名管理新兵一跃成为日渐成熟的资深校长。

陈校长博客签名上这样写道："只有初恋般的热情和宗教般的意志，人才能成就某种事业。"这是她对教育执着信念和痴情守望的真实写照。在"骨感"的现实面前，她的梦想依然"丰满"。在求知路上，她总有一种时不我待的紧迫感和使命感，为此她不断地修炼，修炼做人的心胸，修炼做事的谦逊，修炼做学问的严谨。

陈校长的网名是"无痕"。她追求前尘往事渺然无痕的人生境界，更欣赏"无痕如海"有容乃大的胸襟与气度。事实证明，多年来她用"面朝大海"的心态，收获了"春暖花开"的精彩。

在专业成长路上，陈校长如饥似渴地徜徉书海，不疾不徐地读书、写书、荐书、赠书、品书，是阅读路上的先行者和推广者，读书写作俨然成了生命的常态。迄今为止，她在"1+1"教育网的博客（无痕）访问量已经达到110多万人次。

除了读书写作之外，陈校长还把培训当福利，珍惜每一次学习提高的机会：2011年，她在北京师范大学参加了辽宁省"十二五校长高级研修班"；2015年，她在上海参加了"辽宁省专家型名校长培养对象"培训。2010—2013三次参加了国家教育行政学院中小学校长在职提高远程培训，并被评为国家级优秀学员。"学—思—行"结合是她每次学习后最切实的行动。在她以身示范的引领下，教师们潜心学习，静心研究，学习共同体悄然形成，书香型校园馥郁芬芳。

陈校长虚心求教，取人所长。网络和现实中的优秀校长都是她躬身学习的榜样，多种形式的交流助力自我成长：2009年《中国教育报》上"兴杰看校长"系列专栏就是她交流成长的专业印记。"我是山上一棵草，不是我高，是山高。"正是因为她一贯的低调谦逊，才使她赢得了很多"重要他人"的帮助和支持。

天道酬勤。几十年如一日的修炼成长有了丰厚的回报，陈校长出版了三部在全国有一定影响力的教育专著。其中《优秀校长8堂修炼课》重印2次，入选"教育部2014年中小学图书馆（室）推荐书目"。主编、参编书稿十余部，其中《优秀班主任99个成功的教育细节》重印8次，荣获

“2010年影响中国教师的100本图书”；《优秀校长99个成功的管理细节》重印7次，入选“教育部2013年中小学图书馆（室）推荐书目”；《教师一定要知道的99个健康细节》，重印10次，成为2010年《中国教育报》教师暑假阅读推荐图书，入选2010年安徽省中小学图书馆（室）推荐书目，各省市图书装备书目。在《人民教育》《中国教育报》《中国教师报》等国家级、省级核心报刊上发表文章百余篇。曾多次参与省、市送教培训和公益助学活动，在各级学术研讨会、专题现场会上作经验介绍；承担的多项科研课题荣获国家、省、市科研成果奖。

参加工作至今，陈校长很少休过假期。她认为执着追寻的过程是积淀，是修炼，更是成长。“凡事不做则已，做便做到最好。”她用扎实的行动对这句话做了最精彩的诠释——她是教育征途上孜孜以求的学习者。

葆有坚守求索的初心，做痴心不改的开拓者

陈校长管理岗位上的“初恋”是龙港区西苑小学。刚接手这所学校时，面对管理无序、人心涣散、生源流失等诸多现实问题，她认为凝聚人心最重要。为此，她不急不躁，理性思考对策，秉承“信、公、实”三字秘诀，及时调整管理策略，让这所薄弱学校逐步走出了困境，并有所成就。

“信”是改变观念最强大的力量。接任校长的第一天，正是学校教师因为中级职称聘任与市、区领导闹得不可开交的时候。陈校长多方调查、沟通、反馈、协调，逐步化解了积压多年的各种矛盾。这件事的成功，让这位年轻的校长在教师心目中的地位有了一定的提升。

“公”是凝聚人心最核心的力量。陈校长充分发挥民主参与决策的作用，建立了公平、公正、公开的良性管理机制，让教师工作有方向，前行有动力，成长有希望。阳光成长奖励方案的实施、青蓝工程的梯队建设、直言纳谏的额外奖励、感动地带的正能量传播都激发了教师内心潜藏的斗志，矫正着外界对这个群体的不良言论。

“实”是学校发展最本真的力量。陈校长带领团队成员积极为学校的发

展办实事，为师生的成长办好事，努力以高效的服务温暖人心、以高尚的品行赢得人心、以高超的智慧滋养人心、以高远的文化引领人心。

短短三年，校园环境焕然一新。现代化的教学设施、高品位的校园文化、崭新的塑胶操场、洁净的水冲厕所、标准化的教工食堂，让师生身心愉悦、激情倍增；日常管理中的点滴细节更是鼓舞人心：一张贺卡、一封书信、一则短信、一次体检、一束鲜花、一碗寿面、一本台历、一个故事、一方书屋等都潜移默化地影响着教师的思想和行动。

爱心成长服务站，对贫困学生和留守学生从思想到学习、到生活的各种细节的亲情关注，让更多的孩子和家长充满感动，心暖情浓。与此同时，陈校长的爱心也播撒到社会的各个角落，各种公益助学活动都能见到她的身影。在汶川地震、玉树地震、芦山地震、葫芦岛爆炸事件等大型灾害发生时，她都第一时间率先垂范，积极捐款捐物，用实际行动为社会播撒爱心和温暖。

不知不觉中，学校管理规范了，教师心安了，学生增多了，声望提高了。最难能可贵的是学校的教学成绩由最初的倒数一路飙升到全区第二名。不仅如此，学校各项活动的水平也在逐步缩小和区内窗口名校的距离，省、市级现场会的召开提升了学校的知名度和美誉度。各种荣誉也接踵而至，接连被评为教育部关工委主题教育示范校、全国科研课题示范校、东北内蒙四省信息工作先进集体、省社区工作先进集体、省家长学校示范校、省课程改革示范校……

随之而来的，是人们对这位身材瘦小、内心强大的校长的刮目相看。都说“金碑银碑，不如老百姓的口碑”，直至今日，西苑小学的师生仍对这位好校长念念不忘。

“向上的路，总是坎坷又崎岖。”困难面前不退缩，压力面前不放弃，挫折面前不妥协，陈校长坚信：路虽远行则必至，事虽难为则能成。困境中突围，她用责任和担当作出了最响亮的回答——她是教育征途上痴心不改的开拓者。

葆有创新拼搏的初心，做永不言败的领跑者

“做一个好校长，办一所理想的学校”是陈兴杰的教育梦想。一直以来，她从未停止思考和创新的脚步。一路走来，岁月作证。陈校长任职的两所学校虽不是窗口名校，但她凭着自己丰厚的学识底蕴、过人的教育智慧、出色的管理能力，让每一所学校都成为记录她成长业绩的里程碑。

2013年2月，陈校长来到南苑小学，站在一个新的起点上，她又有了宏大的构想。学校以“弘德明信”为核心理念，坚持走特色发展之路，把建设和谐文化，创建幸福校园作为永恒的教育追求。三年来，学校积极打造“读好书 写好字 做好人”的办学特色，用高雅品行、书香墨韵影响学生，培育了一批有品行、有个性、有特长的优秀学生，为创办精品名校奠定了坚实的基础。

“读好书”是南苑人的立身之本。在打造书香校园上，学校积极开展“读书富脑”活动，校长书屋、幸福书吧读书会、国学经典诵读、古诗词动态考级、各种亲子阅读活动的开展，让全校师生和家长在广泛阅读中夯实底蕴，促进精神成长。

“读书富脑”活动深入人心，也为课程改革的深入发展提供了持续动力。学校始终用终点思维研究课改，用扎实行动践行课改，用执着信念坚守课改，构建了“三环五步”教学法，并大胆尝试运用观察法进行校本教研活动，形成了“小问题 低起点 勇创新”的教研特色，在市、区产生了广泛的影响，在接受省课改示范校和省教育强区评估时，受到资深专家的高度赞誉。

“写好字”是南苑人的养身之道。学校把传统文化中的书法、古诗词及国学经典融入素质教育的实践活动中，编写了校本课程《硬笔书法字帖》，聘请专业教师开设书法课程，全面提高学生的书法水平。此后还将此项特色课程逐步延伸到其他课程的研发之中，开设了围棋、国学、素描、立铜、葫芦丝、二胡等二十几门特色课程，组建了足球队、毽球队、合唱队、舞蹈队、管乐队，丰富了学生的课余生活，提高了学生的艺术修养。

每年的体育节、艺术节，学生展示特长、张扬个性，让校园充满了生机与活力。学校的大型团体操、课间操、学生的各种才艺多次在省、市、区级现场会和竞赛中崭露头角。今年学校还被推荐成为国家级足球示范校、辽宁省体育艺术 2+1 示范学校。

“做好人”是南苑人的修身之魂。学校倡导的德行教育，其核心是“做好人”的教育。弘扬“有德”“守信”的做人精神，以微观的“做好人”为基点，以养成教育为突破口，引导学生不仅要成为“讲文明、守礼仪、有爱心、有志向”的好人，也要成为全面发展的、有特长的、适应时代的、有国际视野的好人。

德行教育的载体是无痕管理。陈校长善于用故事引领师生的文明雅行——通过环境文化展示故事、会议培训讲述故事、感动地带书写故事等方式，引领师生在潜移默化中受到教育，努力做一个“品正、行雅”的好人。

德行教育的特色是“主题系列活动”。学校本着“和谐共赢”的原则，努力挖掘家长、社区等社会资源，结合重大节日和纪念日，定期开展绿色行为教育、感动教育、心理教育、感恩教育、法制教育、安全教育等各种主题系列活动。每次活动不求轰轰烈烈，但求扎扎实实，让学生在丰富的体验中受到潜移默化的教育，学做“好人”，让校园真正成为学生的精神家园。

做仰望星空的思想者，做脚踩大地的实践者。陈校长与时俱进、开拓创新，激活了学校建设的一池春水，付出的是心血，收获的是幸福。辽宁电视台、葫芦岛电视台、《葫芦岛日报》《葫芦岛晚报》《葫芦岛经济杂志》等媒体先后报道了她和学校的先进事迹，这是她超越自我最有力的证明——她是教育征途上永不言败的领跑者。

俯首，回望；凝眸，远眺。陈校长的成长之路，也许思不深邃，追寻却通达悠久；求索之路，也许行不高远，坚守却弥足珍贵；创新之路，也许果不硕大，事业却广博无限……

兰芳不厌谷幽，君子不为名修。漫漫教育征途上，我们完全有理由相信陈校长会一如既往，初心不改，在“始”“终”之间不断追寻，不断超越，不断创造，用激情和智慧书写基础教育崭新的篇章！

后 记

让岁月见证

终于可以长吁一口气了。我的“第四胎”，在六年后诞生了！早已没有了“头胎”的欣喜与惬意。有的，更多的是经年光阴里默默深耕的淡定与从容。

总有人忍不住发问：作为一名校长，你怎么有那么多闲暇时间用来读书和写作？我浅笑坦言：我是一个无趣之人，没有更多的爱好享受生活的丰富多彩。只有沉浸在文字中才能寻到本色的自我，才能遇到更好的自己。我自知无法与伟人比肩，做不到在闹市中读写静思，我的诸多文字都是夜深人静或假日里催生的灵感。作为校长，总会有很多的烦心事让我身心俱疲，如履薄冰，只不过更多的时候学会了抽离与沉潜。因为我深知：这个世界从不美好，只在平衡之中。在时常妥协、不断热爱之中，我学会了物我两忘，学会了禅定静修。

博尔赫斯说：我写作不是为了名声，也不是为了特定的读者，而是为了光阴流逝使我心安。黑塞在《德米安》中也说：对于每个人而言，真正的职责只有一个：找到自我。在那之中尽情生活，全心全意、不受动摇地生活。于我而言，找到自我最好的方式，就是把一颗在俗世中躁动不安的心浸泡在文字酿造的美酒中，慢慢发酵，慢慢沉淀……渐渐，文字便成了心灵的氧气。用文字呼吸，如荣格一样感受心灵的悸动，排解已知的未知的苦难；用文字呼吸，如尼采一样感受理性的润泽，体味化悲痛为哲学的释然。我知道自己不可能成为作家，也不想像遁世之人那样寻找一个树洞，所以只能任情于阅读，任性于文字。这，是我找到生命福祉的唯一路径，因为有一种幸福，就是在写作中重新抵达明亮的诗意与远方。

正如此刻，实践中的点点滴滴在脑海中一遍又一遍地回放，咀嚼、品味、反思、怀想、憧憬……本书从酝酿、策划、编写至完稿，历时一年有余。寻求出版的过程，一波三折，尤其面对出版行业书号的一再缩减，作为一个名不见经传的草根作者，能够得到出版社的垂青，实属幸运。编撰的过程精益求精，一再打磨，好在最终在不断的自我否定中渐达圆满，得偿所愿。

向上的路总是荆棘丛生，崎岖又坎坷。在多年的管理实践中，我最深的体会是，校长要有一种宗教般的情怀，不左顾右盼，要能够忍受内心的煎熬，不抱怨不放弃，方能有所成，有所得。而且我始终相信：如果想做事，夹缝中的一点点儿微光也能照亮脚下的路。现在仔细想想，正是当初的薄弱学校锻炼了我，也成就了我。

而本书就是其间不凡经历的最好印证。这是一本关乎"痛痒"的管理之书。基于场域文化，全书分为三篇，我重点从关系场、动力场和能量场三个方面直面学校管理中的诸多问题，展示了我在无痕管理场域建设中的思与行。书中没有高深理论的系统阐释，有的只是针对教育现实中热点难点问题的具体而又理性的实践与建议；书中也没有更多成功经验的智慧分享，有的只是面临现实困境不断突围的自我言说。唯有抛砖引玉的"建议"与鼓足勇气的"分享"，才能让我有短暂的宽慰和些许的底气。因为于我而言，更期待这本小书能与您产生心理的共鸣，使您生出更多的"行动变革"。当下各种教育理念甚嚣尘上，我从不相信，某一个体能有"最佳的实践方式"，理性的选择是，应该与其开展积极的对话，发出"更多可能性的邀请"。①

坦陈比照咀嚼之余，我深知，和名师大家的"俊男靓女"相比，我的"孩子"或许相貌丑陋，羞于示人，但我仍然"敝帚自珍"。因为她是我"十年磨一剑"苦心孤诣的结果。读书写作，是业余时间的自我修炼，称不

---

①［美］肯尼思·丁．格根．关系性存在：超越自我与共同体［M］．杨丽萍译．上海：上海教育出版社，2017：2.

上有多专业，只是在文字中与自我的心灵对话。希望您品读之余，能引发或深或浅的些许共鸣——我一直信奉："生命有裂缝，阳光才能照进来"①；我总是期待：剥开我的痛苦，给您前行的路②。

对于发表或出版，我执拗地以为：金钱是"试金石"。自费与否是判断优劣的标准之一。速成的，都是缺乏营养的。尽管我见识浅薄，底蕴欠缺，但也无需"激素催肥"。机会，需要等待，也需要顺其自然；成长，需要磨炼，更需要厚积薄发。

为此，面对生命里出现的人与事，我都心怀感恩，衔草以报。2018年，走进"国家队"，参加教育部第十一期小学优秀校长高研班学习，结识了我的导师——北京师范大学朱志勇教授，他的学识与人品让我心生敬佩，而能够得到他于百忙之中撰写的序言，我又何其幸运啊！辽宁教育行政学院干训部韩民主任也是我专业成长路上的"重要他人"，他悉心的指点，中肯的建议以及撰写的序言，都是对我莫大的鼓励与鞭策。同时，湖南师范大学刘铁芳教授、河北张丽钧校长、浙江闫学校长、山东孙明霞老师也都不遗余力地倾情推荐本书。此等心意，更让我顿觉语言苍白，无言以谢。

好在，偶然间读到张小娴的《在你最美的时候，你遇见了谁》，她的文字再次开启了我翩飞的思绪：

岁月静好，此刻安稳。在最美的时刻，我遇见了你和你们。我景仰的恩师，我亲爱的孩子，我荣辱与共的兄弟姐妹，我心意相通的挚友亲朋。指缝太宽，时光太瘦，谢字太轻，情义太重。唯有感恩和珍存才不负这份美好与幸福。

是啊，人生本没有意义，是我们用丰富的精神滋养了跌宕起伏的生活，使其或素朴无华，或色彩斑斓。但我知道，无论何种，都是生命的常态和本真——这样的人生昂扬向上，意义非凡。

在书稿即将付梓之际，将这些能够表露心迹的最真实的文字，一并送

① 毕淑敏．愿你与这世界温暖相拥［M］．南京：江苏文艺出版社，2013：168.

② 梅洪建．家校沟通，没有痛过你不会懂——知名班主任梅洪建的心路历程［M］．北京：中国轻工业出版社，2017：1（目录）.

给曾给予我鼓励、关注、宽容和支持的亲人、恩师、同事、挚友们，祝福你们！

不过，限于本人的学识和能力，加之时间仓促，书中不妥之处在所难免，也敬请诸位读者朋友不吝斧正。谢谢你们！

时光清浅，微笑向暖。有人说，与其虚度光阴，不如优雅地老去。那好，就让岁月见证，边走边爱吧。

世间万物，希望最美；心存感恩，美好常在。为了配得上拥有的一切，回头望，更向前……

陈兴杰

2019 年 1 月 12 日于家中

江苏凤凰教育出版社
《行知工程》系列丛书目录

系列	序号	书名	作者	定价
教育管理力系列	1	《学校管理“非常道”——无痕管理的场域建设》	陈兴杰	45.00
	2	《缔造唯美教育——延奎小学素质教育实施策略》	易增加	30.00
	3	《让普通学校崛起的20个细节——“生命为本”教育团队成长密码》	李其玉	30.00
	4	《“走”出教育的精彩：走动式学校管理文化构建》	罗　军	30.00
	5	《校长兵法：学校管理四十六计》	皮大鹏	30.00
校本研修系列	6	《成为研究型教师的实践智慧——中小学有效教科研76问》	徐　洁	40.00
	7	《徜徉语文教研》	肖俊宇	35.00
	8	《校本研修资源的开发与利用》	陈朝林	30.00
	9	《校本研修与教师专业成长》	吴积军	30.00
	10	《卓越教师经典研修成长策略》	刘天宝等	30.00
	11	《特色校本课程开发范例解读》	刘永平　李秀伟　张雪梅	30.00
	12	《高效校本研修模型构建艺术》	刘素雁	30.00
	13	《走向实践的教研——中小学教育科研引领与应用》	江　敏	30.00
名师感悟系列	14	《追寻教育的精神力量——品悟教育名家的智慧与情怀》	侯登强	45.00
	15	《让心灵伴着歌声成长——22位音乐名师的教育智慧》	陈　璞	30.00
	16	《超越自我的教师——32位名师的成长感悟》	李卫东　李秀伟	35.00
	17	《心灵的守护者——19位名班主任的教育智慧》	王晓松　曲文弘	30.00
	18	《名师感悟班主任有效工作艺术90例》	符礼科	30.00
	19	《名师感悟有效教学90例》	林高明　徐玉烟	30.00

系列	序号	书　　名	作者	定价
教育思想者系列	20	《治校之道——小学名校长的办学智慧(1)》	陶继新	35.00
	21	《治校之道——小学名校长的办学智慧(2)》	陶继新	32.00
	22	《治校之道——中学名校长的办学智慧(1)》	陶继新	40.00
	23	《治校之道——中学名校长的办学智慧(2)》	陶继新	35.00
	24	《名校之道——陶继新对话名校长(1)》	陶继新	30.00
	25	《名校之道——陶继新对话名校长（2)》	陶继新	35.00
	26	《名校之道——陶继新对话名校长（3)》	陶继新	42.00
	27	《名校之道——陶继新对话名校长（4)》	陶继新	40.00
	28	《名校之道——陶继新对话名校长（5)》	陶继新	42.00
	29	《父母要成为子女的精神导师——五个孩子走向卓越的奥秘》	陶继新	43.00
	30	《品鉴教育文化盛宴——陶继新序跋屯集》	陶继新	45.00
	31	《为什么而出发——一位研究者对教育本质的沉思》	齐　健	35.00
	32	《高效教学的道与术——陶继新教育讲演录》	陶继新	30.00
	33	《铸造一流教育品质——陶继新区域教育巡礼》	陶继新	35.00
	34	《教育，一切从孩子出发》	黄　俭	30.00
教育艺术提升系列	35	《不犯错误的学生不是好学生——把错误变为成功教育的拐点》	程莉霞	35.00
	36	《藏在师生体态语言里的教学智慧》	张　宇　廖生波	30.00
	37	《教师最应该规避的教育误区》	杨坤道	30.00
名师成长系列	38	《音乐名师成长启示录——20 位音乐名师的心路历程》	陈　璞	35.00
	39	《情怀·智慧·境界——教育名家演讲录（1)》	钟惠河　李韫琬	30.00
精彩课堂系列	40	《让孩子零起点爱上阅读——上好阅读指导课的实施策略)》	彭小山	25.00
	41	《主题整合阅读教学（小学语文)》	成孟武	35.00
	42	《基于核心素养的数学教学》	赵红婷	35.00
	43	《中学生核心写作能力培养》	陶　波	36.00

系列	序号	书名	作者	定价
精彩课堂系列	44	《给孩子更好的数学课堂》	易增加	30.00
	45	《小学生阅读素养的提升策略》	邵巧治	35.00
	46	《从语文素养走向生命成长——小学语文读写课堂教学密码》	曾海玲	30.00
	47	《真实的品德课》	朱淑秀	30.00
	48	《英语课堂学习共同体——新型的师生交互学习场》	杨延从	30.00
	49	《指导自主学习——初中数学学与教的研究与实践》	刘其武	30.00
	50	《玩出精彩的课堂——小学低年级教与学方式转变研究》	陶红松	30.00
	51	《让生命之花自主绽放——语文个性化教学建构策略》	商德远	30.00
	52	《让学生亲历知识——主体参与下体验式学习的实施策略》	何世祥	30.00
教育求索系列	53	《做有智慧的班主任——班主任讲述自己的反思与智慧》	李　楠　李志远	35.00
	54	《成语育人——成语文化课程的开发与实践》	张红梅	35.00
	55	《做有思想的教师》	张玉彬	45.00
	56	《区域规范性教研共同体建设及其实践》	陈宗成	40.00
	57	《让诗意润泽心灵——德育校本课程的开发与实施》	陈亚兰	40.00
	58	《联想形象识字教学——让学生感悟汉字神韵》	侯忠彦	50.00
	59	《思维导图教学法：一位历史老师的教学探索》	罗培生	35.00
	60	《让经典滋养人生——名著导读教学策略（中学）》	郑建忠	35.00
	61	《关注每一位儿童的发展——语文小班化教学的探索和实践》	何慧玲	40.00
	62	《让生命诗意地栖居——诗意教育的理念建构与实践探索》	钱丽美	40.00
	63	《怎样上好语文课——时鹏寿解析精彩课例》	时鹏寿	45.00
	64	《让书香浸润生命——时鹏寿伴你品读经典》	时鹏寿	35.00
	65	《开在手心里的花——一位优秀教师的教育情怀》	詹雪莲	40.00
	66	《学科建设与教师发展——中学数学》	杨志文	30.00
	67	《欣说教育那“一亩三分地”——一位一线教师的教育微思考》	王庆欣	30.00
	68	《爱的守望——一位一线教师对教育的坚守》	林卫红	30.00
	69	《思政教学的人文力量》	戴晓华	30.00
	70	《师道新说——给教育者的30条箴言》	徐　卫	30.00
	71	《快乐数学——初中数学教学方式探索》	孙国芹	36.00

系列	序号	书　　名	作者	定价
教育探索者系列	72	《教育，静待花开——陪伴孩子一起成长》	武际金　王玉英	40.00
	73	《悦读立人——校园阅读文化体系构建策略》	杨世臣	30.00
	74	《教育智慧何处来——一位特级教师的思考手记》	付立金	30.00
	75	《和雅文化——校本课程的创新构建》	汤善香	30.00
	76	《让个性绽放精彩——学校课程体系整合与创生》	谢建伟　徐淑萍	30.00
	77	《让每个学生都幸福——最能润泽生命的学校文化建设》	谢建伟　张新喜	30.00
创新教学探索系列	78	《让阅读滋养学生语文素养——语文阅读教学策略与实施》	李洪芹	38.00
	79	《学校体育密码》	连仁都	36.00
	80	《我家住在〈诗经〉里》	李日芳	40.00
	81	《〈红楼梦〉里的语文课》	李日芳	30.00
	82	《品世界名画，学精彩作文 ——特级教师的“名画”作文教学法》	李日芳	36.00
	83	《学生数学整体思维培养 ——小学数学结构化教学的探索与实施》	颜春红	45.00
	84	《基于核心素养的体育与健康校本课程建设》	赵卫新	35.00
	85	《把古文教活——激活文言文课堂的教学策略》	刘小华	35.00
	86	《做童年面前最合适的人——我和孩子们的“童化语文”》	曹丽秋	30.00
	87	《玩出精彩作文——张化万活动作文教学经典策略》	张化万	35.00
	88	《让学生把母语用精彩——“语用课堂”的探索与实践》	佘小红	30.00
	89	《“备”出课堂精彩——备学式教学的课堂实践与思考》	张旭兰	30.00
	90	《神奇的阅读教室——带学生踏上美妙的阅读之旅》	李祖文	30.00
	91	《打造有生命力的课堂 ——“两步八环节”教学模式探索与实践》	查联智	30.00
	92	《最能培养学生探究能力的课堂 ——小学科学与信息技术单元整体课程实施与评价》	李怀源	30.00
	93	《最能激发学生运动天赋的课堂 ——小学体育单元整体课程实施与评价》	李怀源	30.00
	94	《最能提升学生艺术素养的课堂 ——小学艺术单元整体课程实施与评价》	李怀源	30.00
	95	《“生命语文”探索——焕发语文生命力的思考与实践》	王自成	30.00
	96	《粘连作文教学：让习作成为有个性的自我建构》	黄瑞夷	30.00

系列	序号	书名	作者	定价
创新教学探索系列	97	《备学式教学——在体验中建构数学思维》	单广红　范雪梅	30.00
	98	《向着自主进发——自主教育的创新实施智慧》	朱亚红	30.00
	99	《写中学——让学习更有效的学科写作教学》	钟传祎	30.00
	100	《小学科学实验总动员——大科学课堂有效提升学生创新力》	江美华	30.00
	101	《小学语文单元整体课程实施与评价》	李怀源	30.00
	102	《小学英语单元整体课程实施与评价》	李怀源	30.00
	103	《小学数学单元整体课程实施与评价》	李怀源	30.00
	104	《让教学更能激发智慧——“思维碰撞”课堂的建构与实施》	程和方	30.00
	105	《构建语文综合课新模式——家庭、社区、学校协同教学》	黄瑞夷	40.00
	106	《自主创新让教学成为有效引领》	蔡　隽	30.00
新父母教程	107	《一年级的孩子》	陈文芳	28.00
	108	《二年级的孩子》	陈文芳	28.00
	109	《三年级的孩子》	钱静霞	28.00
	110	《四年级的孩子》	谢　云	28.00
	111	《五年级的孩子》	陈　春	28.00
	112	《六年级的孩子》	袁卫星	28.00
	113	《七年级的孩子》	焦晓骏	28.00
	114	《八年级的孩子》	钟　杰	28.00
	115	《九年级的孩子》	凌宗伟	28.00
国际教育系列	116	《美国教育面面观——一位特级教师眼中的美国教育》	邵淑红	35.00
教师软实力系列	117	《教师人际沟通力》	黄爱华　夏丽娟	38.00
	118	《班主任教导力》	黄爱华　戴诗银	38.00
	119	《教师执业道德力》	黄爱华　夏丽娟	38.00
名校系列	120	《从校本课程走向学校课程——锡山高中课程探索之路》	唐江澎等	35.00
	121	《让每个孩子都成志——清华附小主题阅读课程的实施探索》	窦桂梅	30.00
	122	《让每个孩子都成志——清华附小主题实践课程的实施探索》	窦桂梅	35.00
	123	《向着朝阳走去——清华附小合作办学实践探索》	窦桂梅	30.00

系列	序号	书　　名	作者	定价
校长领导力系列	124	《学校细节管理的执行力》	林文明　王林发	30.00
	125	《校长智慧统筹的领导力》	谢耀丰　蔡丽姗 王林发	30.00
	126	《学校持续发展的研究力》	林文智　宋佳敏 王林发	30.00
	127	《学校和谐融洽的协作力》	陈一平　郭雪莹 王林发	30.00
	128	《学校教育提升的引领力》	谢文东　关敏华 王林发	30.00
	129	《学校团队成长的学习力》	黄纪　蔡美静 王林发	30.00
	130	《学校高效管理的创新力》	张　旭	30.00
	131	《学校成功管理的决策力》	邱黎明	30.00
	132	《高品质学校生长要素》	王益民	30.00
	133	《校长高效教学领导力提升策略》	徐世贵　郭文智	30.00
新思维系列	134	《让后进生学习有后劲之36计》	严育洪	30.00
	135	《教育中的“不一定”——打破教育的19种思维惯式》	严育洪	30.00
教师修炼系列	136	《如何炼就课堂好声音——教师美嗓保健实用宝典》	薛建洲	30.00
	137	《与学生一起成长——90后教师的心路反思》	王　晗	30.00
	138	《教育，爱与宽容——教师心灵礼仪修炼》	许力争	30.00
教育家核心思想系列	139	《叶圣陶论写作》	叶圣陶 著 李怀源 选编	30.00
	140	《叶圣陶谈阅读》	叶圣陶 著 李怀源 选编	30.00
	141	《多元智能理论的本土化应用》	刘治富	30.00
	142	《大教育家最具施教力的教学思想》	白刚勋	30.00
学生心理解码系列	143	《在人生的春天播种 ——十四岁，写给青春的一封信》	白宏宽	30.00
	144	《孩子问题行为一点通 ——只有好老师才知道的学生心理谜底》	严育洪	30.00
班级文化系列	145	《活力班级的文化建设》	胡　珏	30.00
	146	《做幸福的班主任》	吕　丽	26.00

系列	序号	书名	作者	定价
高效能教学系列	147	《高效能教师的10个好习惯（中学卷）》	张　瑾	30.00
	148	《让作文落地生根——提高写作实效的教学策略》	黄桂林	30.00
	149	《高效能作文教学5项修炼》	陈步华	30.00
	150	《高效能校长的10个好习惯》	张　勤	30.00
	151	《高效能教师的10个好习惯（小学卷）》	谢　英	30.00
	152	《高效能语文教学5项修炼》	王其华	30.00
新课程探索系列	153	《语文新课程的批判与重建》	葛桂斌	30.00
美国名师教学译丛	154	《美国名师游戏教学本土化应用：幼儿园》	（美）玛西娅 L. 泰特 著 胡珍　瞿菁　编译	30.00
	155	《美国名师游戏教学本土化应用：小学英语》	（美）玛西娅 L. 泰特 著 杨永华　张心影　编译	30.00
	156	《美国名师游戏教学本土化应用：小学数学》	（美）玛西娅 L. 泰特 著 谢艳红　编译	30.00
	157	《美国名师游戏教学本土化应用：小学科学》	（美）玛西娅 L. 泰特 著 刘丽萍　编译	30.00
	158	《美国名师游戏教学本土化应用：小学社会》	（美）玛西娅 L. 泰特 著 姜梅芳　编译	30.00
	159	《美国名师游戏教学本土化应用：小学音体美》	（美）玛西娅 L. 泰特 著 尹立志　编译	30.00
生态化校园系列	160	《文化管理——构建生态和谐校园的必由之路》	付全新	30.00
	161	《点燃学习的激情——构建校园生态化学习型组织》	杨树岳	30.00
	162	《课改突围——构建学校生态化教学体系》	杨树岳	30.00
教育新思考系列	163	《语文教育向何处去》	王　丛	26.00
	164	《教育，就是做好普通的事》	孙志毅	27.00
	165	《走出语文的偏见——让学生体悟文本的原义》	丛智芳	30.00
	166	《让语文教学更高效——批注式阅读教学探索》	韩中凌	30.00
	167	《读写互促——探寻学以致用的语文教学》	曹　龙	30.00
	168	《跳出数学教数学——用文化融通数学教学》	马建秀	27.00

系列	序号	书　　名	作者	定价
信息化教学系列	169	《巧用白板教语文——信息技术与语文教学操作指南》	蒋丽清	30.00
	170	《跨越式实现高效课堂 ——信息技术与课程整合高效教学方案评析》	陈　玲　刘　禹	30.00
教师必读系列	171	《教师必学的16堂修养课》	武宏伟	30.00
	172	《教师不可不知的教学心理效应》	叶勇军	30.00
	173	《班主任不可不知的管理效应》	奚一琴	30.00
	174	《教师不可不知的教育心理效应》	孙　媛	30.00
	175	《校长不可不知的管理效应》	谢申刚　张金豹	30.00
	176	《成为好教师的7项修炼》	王福强　李维华	30.00
	177	《如何让学生会学习》	龙　冰	30.00
	178	《如何让学生爱学习》	周震宇　许小燕	30.00
核心教学主张系列	179	《新生代语文名师核心教学主张》	许友兰	30.00
行思讲坛系列	180	《为了儿童的深度学习——问学课堂的建构与实施)》	潘文彬	45.00
	181	《灵动而朴素地教语文——潘文彬的微格教育生活》	潘文彬	30.00
	182	《师爱无疆——润泽学生心灵的教育故事》	侯忠彦	30.00
	183	《怎样反思更有效 ——促进教师专业发展的反思策略》	诸贝贝	30.00
	184	《成为高度自觉的教育者 ——写给后课标时代的数学教师》	许卫兵	30.00
	185	《哲思数学课》	刘全祥	30.00
	186	《智慧数学课——黄爱华教学思维的实践策略》	黄爱华	30.00
	187	《童趣数学课》	徐　芳	30.00
	188	《把学生教聪明》	严育洪	30.00
	189	《用语文的方式教语文 ——潘文彬教学主张与实践智慧》	潘文彬	30.00
	190	《怎样让阅读教学更有效 ——提升教学能力的十种读诵模式》	汪秀梅	28.00
	191	《让生命在润泽中起舞 ——当代小学生最需要的主题班会》	吴联星　罗　琳 冯卫东	30.00
	192	《让生命欢快拔节 ——当代中学生最需要的主题班会》	冯卫东　吴联星	30.00

系列	序号	书　　名	作者	定价
行思讲坛系列	193	《课堂因生成而精彩——高效教学的生成智慧》	张文质	30.00
	194	《回到每一个人的生命化教育 ——张文质二甲中学教育行动录》	张文质	30.00
	195	《中小学生如何学会合作》	张玉彬　刘昕昱	40.00
中国教育变革之路丛书	196	《百年树人师何为 ——教师队伍建设困顿与出路》	将丽珠　李玉向	30.00
	197	《入园何时不再难 ——学前教育困惑与抉择》	曾晓东 范　昕　周　慧	30.00
	198	《三尺书桌何处寻 ——流动人口子女教育困难与破解》	范先佐	30.00
	199	《苦旅何以得纾解 ——高考改革困境与突破》	郑若玲	30.00
	200	《择校纠结何时了 ——择校问题困局与治理》	曾晓东　周文海 曾娅琴	30.00
创新教学思想系列	201	《“大问题”教学的形与神》	黄爱华　张文质	30.00
教育漫笔系列	202	《课堂，诗意地栖居》	吴书华	30.00
教学提升系列	203	《有思想地教阅读 ——让学生学会品读文字真意》	王学东	30.00
教学全手册系列	204	《小学习作教学全手册》	郭家海	30.00
	205	《中学写作教学全手册》	郭家海	30.00
	206	《情境教学操作全手册》	冯卫东	35.00
	207	《合作教学操作全手册》	李春华	35.00
	208	《探究教学操作全手册》	周新桂	35.00
	209	《自主教学操作全手册》	诸葛彪	35.00
	210	《创新教学操作全手册》	王　玮	35.00
	211	《班主任工作全手册》	刘沛华	35.00
	212	《新教师工作全手册》	周震宇	35.00
	213	《学生心理健康教育全手册》	刘海莉　刘春杰	35.00
	214	《高效教学操作全手册》	马友平	35.00

系列	序号	书　　名	作者	定价
创新人才培养系列	215	《创新人才培养校园科普精品课程开发与指导 ——人大附中创新人才培养》	罗　滨	30.00
	216	《创新人才培养特色校本课程开发与创新人才培养 ——清华附中"国际安全下的科学技术"课程构建与实施》	王殿军　方　研 赵宏雁	30.00
	217	《创新人才培养：学校实验室建设与管理》	刘克文 杨发丽　杨　平	30.00
	218	《创新人才培养：数学探究活动开发与指导》	马云朋　韩继伟	30.00
	219	《创新人才培养：化学研究活动开发与指导》	王　磊	30.00
	220	《创新人才培养：物理探究活动开发与指导》	廖伯琴	30.00
	221	《创新人才培养：地理探究活动开发与指导》	张建珍　陈　澄	30.00
	222	《创新人才培养：生物探究活动开发与指导》	张迎春	30.00
	223	《创新人才培养：理念探索与思维突破》	王晶莹	30.00
新生代通派名师系列	224	《简约数学教学》	许卫兵	30.00
	225	《语文教学的本真——情意课堂展现母语之美》	吴建英	30.00
	226	《语文课堂的理想追求——欢快达成三维目标》	董一红	30.00
	227	《阅读教学的真髓——意象构建读出文学的真美》	祝　禧	30.00
	228	《美术教育的真谛——审美人生教育让生命绚丽成长》	陈铁梅	30.00
	229	《语文教学的理想境界——无痕教学润泽生命》	李　凤	30.00
	230	《儿童作文的本义——嬉乐作文让儿童乐并成长着》	王笑梅	30.00
	231	《名师是怎样炼成的》	王建明　王笑君	35.00
幼师成长系列	232	《幼儿行为背后——教师如何读懂幼儿的心思》	吴亚英	30.00
	233	《最具教育力的22种幼儿教育思想》	杨　达	30.00
	234	《幼儿教师必知的安全应急措施》	杨　达	30.00
	235	《幼儿教师必备的教育技能》	李　玲	30.00
	236	《卓越园长21条幼儿园管理策略》	周　丹　江东秋	30.00